REIHE BILDBIOGRAFIE

MICHAEL MÄRKER

LUDWIG VAN BEETHOVEN

Kamprad

IN DIESER REIHE SIND BEREITS ERSCHIENEN:

BAND 1:
Michael Märker. Martin Luther
Festeinband, über 100 Abbildungen, 144 Seiten, ISBN 978-3-95755-610-3, 19,80 €

BAND 2:
Michael Heinemann. Heinrich Schütz
Festeinband, über 100 Abbildungen, 136 Seiten, ISBN 978-3-95755-617-2, 19,80 €

Impressum:
Titelbild: Beethoven-Porträt von Max Wulff (um 1900)
Layout/Satz: Ines Linke
Korrektorat: Roland Ludwig
Technische Herstellung: Multiprint, Slavyanska 10A, 2230 Kostinbrod, Bulgarien

ISBN 978-3-95755-648-6

INHALT

VORWORT

Wenn von einem Genie oder gar vom Mythos, der sich an einer historischen Persönlichkeit entzündet, die Rede ist, wird weit über die Musik hinaus Ludwig van Beethoven als beispielhaft genannt. Er, der das Neuartige, das bisher Ungehörte und damit Unerhörte, ja, das Umstürzlerische in der Musik suchte und fand, individualisierte die musikalische Sprache über nahezu alle Gattungen hinweg in einem ungeheuren, zuvor nicht gekannten Maße. Ein ebenfalls neuartiger Universalitätsanspruch führte dazu, dass sich Beethoven mit bestimmten herausgehobenen Werken gleichsam an die gesamte Menschheit wandte.

Mit dem Geniekult um Beethoven verband sich das Persönlichkeitsbild eines finster dreinblickenden, in höhere Sphären entrückten, sozial wenig kompetenten und soziale Normen verletzenden oder gar ignorierenden Einzelgängers. Ist dieses Bild tatsächlich stimmig? – Welche Rolle spielte Beethovens über etwa zwanzig Jahre fortschreitende Ertaubung, die zum vollständigen Verlust seines Gehörs führte?

Die biografische Forschung war lange von dem Wunsch erfüllt, Beethoven möglichst ungebrochen als Heros erscheinen zu lassen. Unter diesem Aspekt wurden „Selbstzeugnisse" häufig gedeutet oder ggf. umgedeutet – selbst dann, wenn sie auf zweifelhafte Quellen zurückgingen. So prägt jede Generation ihr eigenes Verhältnis zu Beethoven, zur Interpretation und zur Rezeption seiner Werke aus. Doch er bleibt ein Mythos. Alle wiederkehrenden Versuche einer Entmythologisierung werden daran nichts ändern. Seine Musik ist ebenso einzigartig, erhebend und verstörend wie der Mensch, der sie hervorgebracht hat.

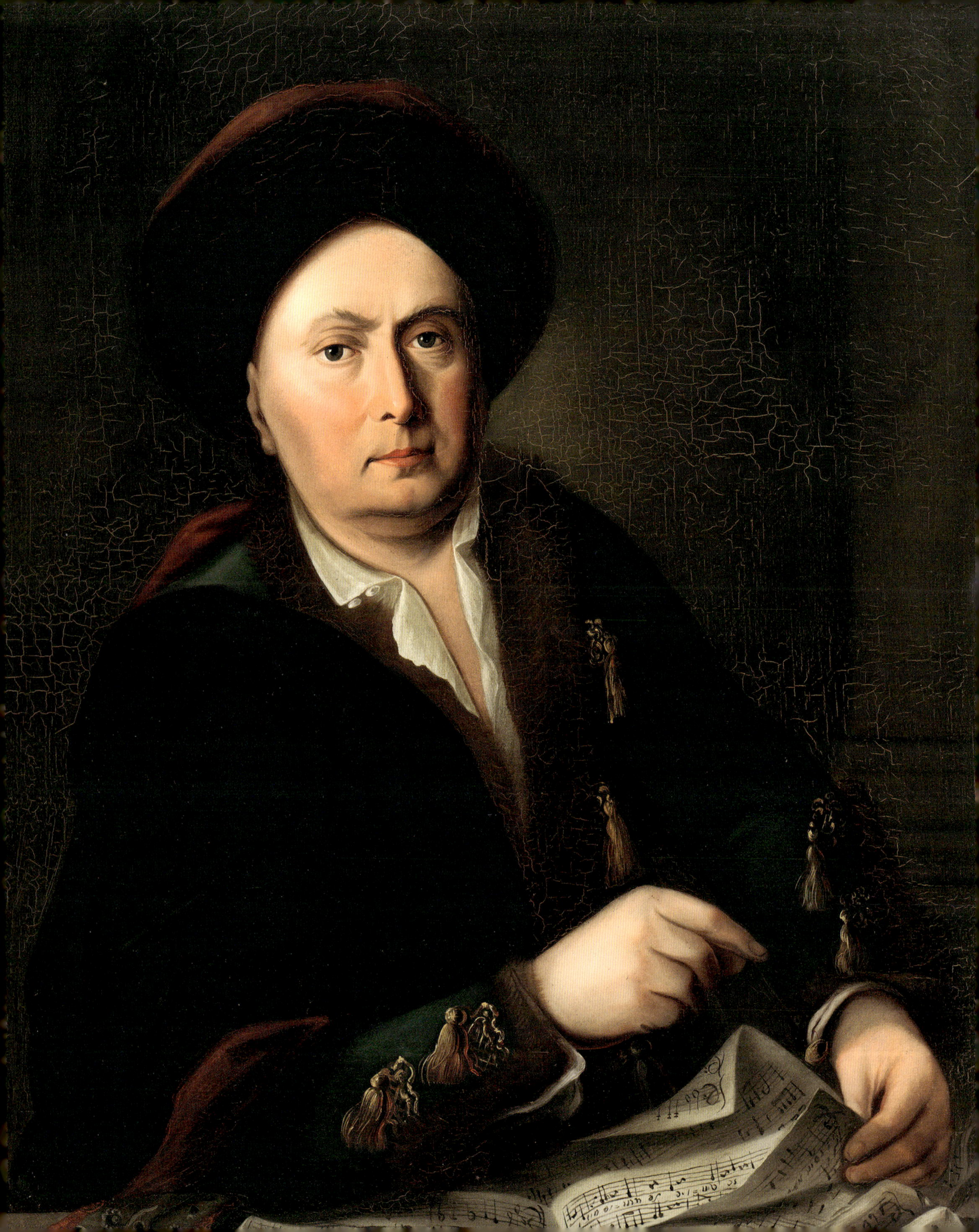

HERKUNFT UND KINDHEIT

◄

Leopold Radoux: Ludwig van Beethoven d. Ä. (Großvater), Ölgemälde, 1772/73. Der Großvater – repräsentativ dargestellt als Kapellmeister in „türkischer" Tracht – blättert ein Notenheft auf, das Zitate aus Giovanni Battista Pergolesis überaus erfolgreichem Intermezzo „La Serva Padrona" (Die Magd als Herrin) enthält. Beethoven hütete das Original dieses Gemäldes wie seinen Augapfel. Seit 1801 hängte er es in jeder seiner zahlreichen Wohnungen in Wien erneut auf.

Die Wurzeln der Familie van Beethoven – der Name bedeutet „vom Rübenfeld" – lassen sich bis nach Mecheln im Herzogtum Brabant zurückverfolgen, in eine Region, die bereits 300 Jahre vor der Geburt Ludwig van Beethovens ein herausragendes Zentrum der Musikentwicklung war. Gerade in Mecheln hatte sich damals eine der besten Hofkapellen aus hervorragenden Sängern etabliert. Zwischen der Welt der Bauern und Handwerker, die Beethovens Vorfahren dort prägte, und der des Klerus, unter dessen Aufsicht sich eine hochprofessionelle Kirchenmusik (die „franko-flämische Musik") hatte entfalten können, bestanden jedoch keine Verbindungen.

Für den Urgroßvater Michael van Beethoven (1684–1749) ließ das klar strukturierte alltägliche Leben als Bäcker wenig Freiräume zum Entdecken oder gar Entwickeln einer künstlerischen Begabung zu, obwohl er nebenbei u.a. mit Immobilien und Gemälden handelte. Hochspekulative und teilweise illegale Geschäfte führten 1740 zum Bankrott. Einer daraus resultierenden drohenden Verurteilung entzog er sich gemeinsam mit seiner Frau rechtzeitig durch Flucht an den Niederrhein.

Der Großvater Ludwig van Beethoven (1712–1773) – ausgebildet als Sänger und Organist – wechselte nach kurzen Anstellungen in Löwen und Lüttich im März 1733 nach Bonn, in die Residenzstadt des Kölner Erzbischofs und Kurfürsten Clemens August von Bayern (1700–1761). Hier wirkte er zunächst als Sänger und ab 1761, nachdem Reichsgraf Maximilian Friedrich von Königsegg-Rothenfels (1708–1784) Kurfürst geworden war, zusätzlich als Hofkapellmeister (allerdings wegen des Sparzwangs im Siebenjährigen Krieg bei nur mäßig aufgestockten Bezügen).

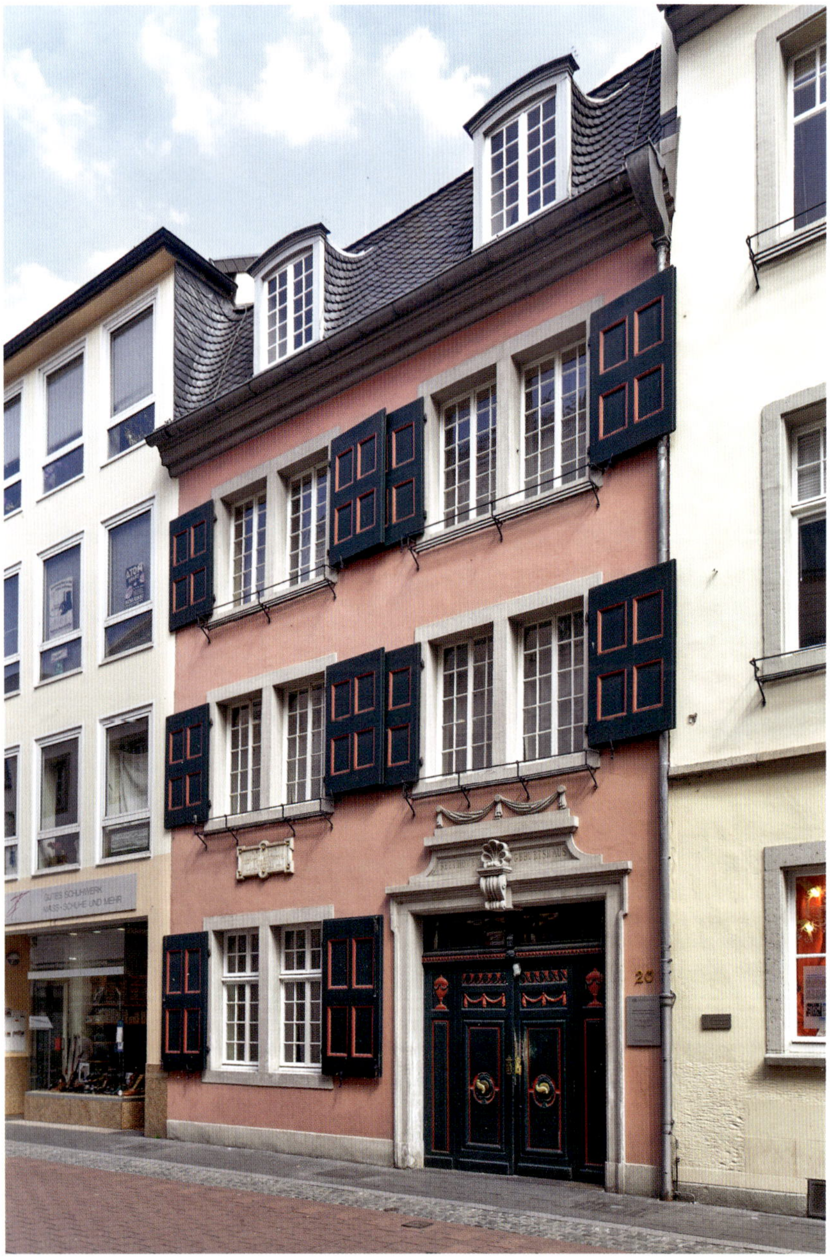

◄ *Das Geburtshaus Ludwig van Beethovens in der Bonngasse, Vorderansicht. Es beherbergt als „Beethoven-Haus Bonn“ heute ein Museum mit der größten Beethovensammlung weltweit, dessen Ausstellung 2019 neu konzipiert und erweitert wurde. In benachbarten Gebäuden, von denen eines dafür einbezogen wurde, befinden sich außerdem das Beethoven-Archiv mit Bibliothek und Verlag sowie ein Kammermusiksaal.*

Obwohl der Großvater starb, als sein Enkel Ludwig gerade erst das dritte Lebensjahr vollendet hatte, war er für ihn das große Vorbild, das er zeitlebens verehrte und liebte – so ungebrochen wie kaum einen anderen Menschen. Noch lange stand ihm das idealisierte Berufsbild eines Hofkapellmeisters, das der Großvater mit 49 Jahren endlich hatte verwirklichen können, als Ziel vor Augen.

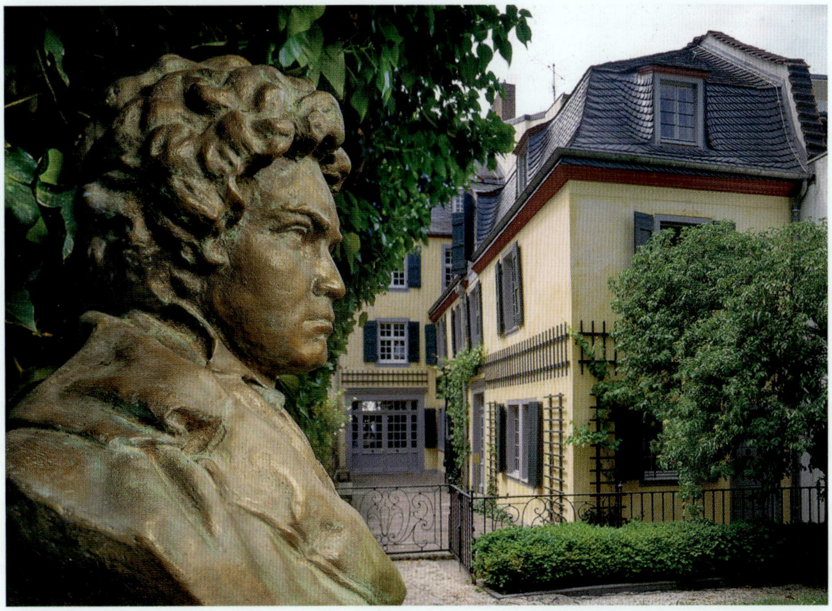

▶ *Das Geburtshaus Ludwig van Beethovens, Gartenansicht*

Neben seinen musikalischen Aufgaben am Bonner Hof betrieb Ludwig van Beethoven d. Ä. einen Weinhandel, der den eigenen Weinkonsum und den seiner Familie unglückseligerweise über Gebühr begünstigte. Gravierende Folgen ergaben sich daraus u. a. bei seinem Sohn Jean van Beethoven (1740–1792), dessen Vorliebe für den Wein zwar lange in rheinlandtypischem Rahmen blieb. In den letzten beiden Lebensjahrzehnten belastete der inzwischen übermäßig gewordene Alkoholgenuss jedoch zunehmend seine Stimme, auf die er als Sänger (Tenor) am Bonner Hof angewiesen war. Ausgebildet vom eigenen Vater in Gesang, Klavier- und Violinspiel, hatte er ihm seine höfische Anstellung zu verdanken und ihn dort bis zu dessen Tod auch als Vorgesetzten zu akzeptieren. Nach dem Tod seiner Frau Maria Magdalena (1746–1787, geborene Kevenich, in erster Ehe verheiratete Leym) und seiner Tochter Maria Margaretha Josepha (1786–1787), des jüngsten von sechs Geschwistern Ludwig van Beethovens, verlor Jean van Beethoven, der sich auch als Polizeispitzel betätigte, den Halt und setzte wegen häufiger Trunkenheit seine berufliche Position aufs Spiel. Er starb isoliert und entehrt.
Als Ludwig van Beethoven am 16. Dezember 1770 (oder am 17., seinem Tauftag) geboren wurde, war Bonn eine florierende Residenzstadt mit repräsentativen Barock- und inzwischen auch Rokokobauten. Wenige Jahre später nahm ein deutschsprachiges Nationaltheater den Spielbetrieb auf; auch kam es zur Gründung der Kurkölnischen Akademie Bonn, die bereits 1786 durch Kaiser Joseph II. zur Universität aufgewertet wurde.
Beethoven wuchs dank eines kleinen geerbten Vermögens des Vaters, das zum Zeitpunkt des Todes der Mutter 1787 allerdings aufgebraucht war, in materiell geordneten Verhältnissen auf. Er besuchte zwar nur die Trivialschule – und auch dies

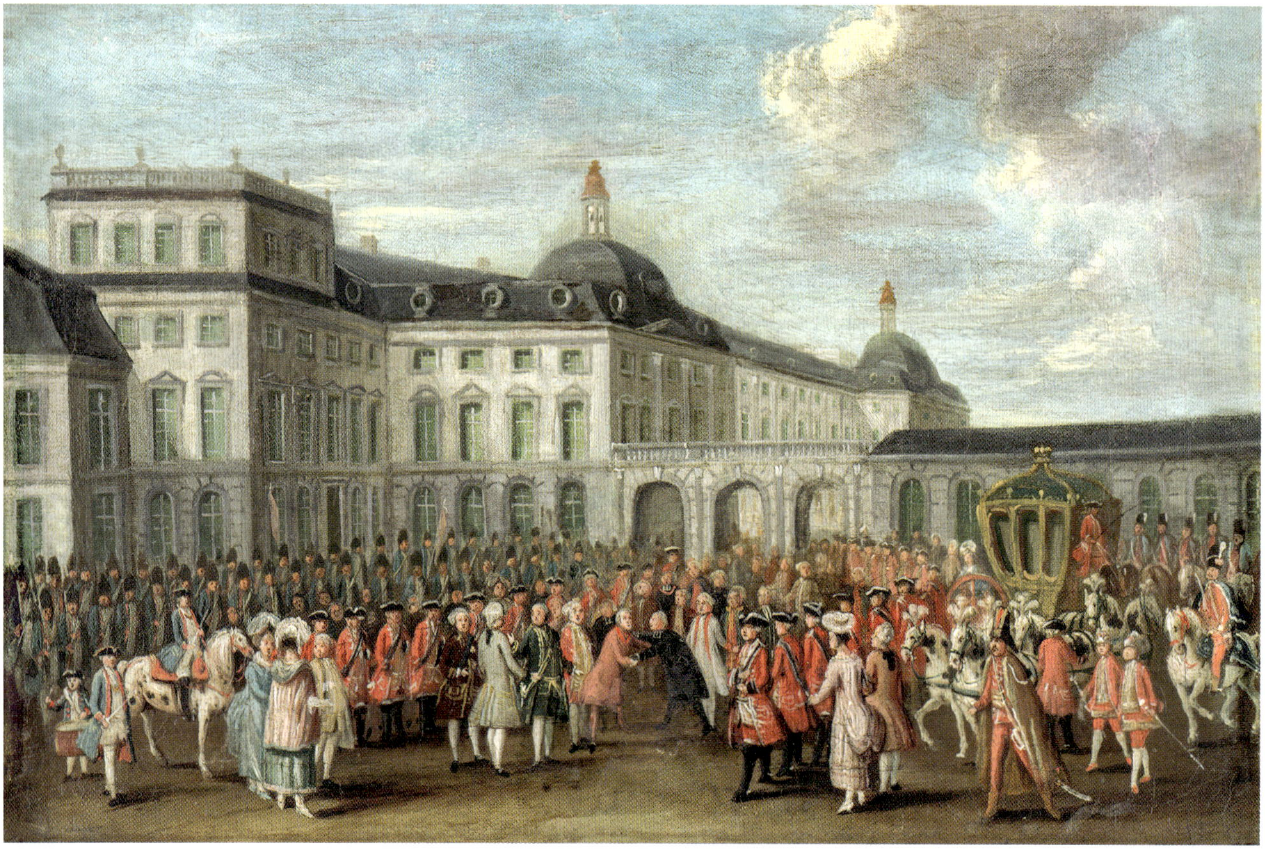

vermutlich nicht in vorgesehener Vollständigkeit –, wo er elementares Rechnen, Lesen und Schreiben sowie die Grundlagen von Religion und lateinischer Sprache erlernte; doch der Vater sorgte dafür, dass er eine vielseitige musikalische Erziehung und Anregung erhielt. Nachdem er den Eindruck gewonnen hatte, dass der eigene Unterricht dem Talent seines Sohnes nicht mehr gerecht wurde, engagierte er dazu (zu verschiedenen Zeiten) mehrere Organisten, einen Sänger und zwei Geiger aus dem Kollegen- und Verwandtenkreis, die den jungen Beethoven im Generalbass sowie im Orgel-, Klavier-, Geigen- und Bratschenspiel unterwiesen.

Zu Hause standen ein Cembalo und ein Clavichord. Beim Unterricht musste der Knabe anfangs eine kleine Fußbank besteigen, um die Tastatur überhaupt zu erreichen. Dass des Vaters pädagogische Unvernunft den jungen Beethoven in seinem Klavierspiel nicht entmutigte, ist ein keineswegs selbstverständlicher Glücksfall. So missfiel ihm das bei dem Kind besonders beliebte freie Fantasieren, und er erzwang korrektes Spiel nach Noten mit Hieben auf nicht perfekt funktionierende Finger; auch ins Gesicht setzte es regelmäßig Schläge. Und wenn der Sohn gegen diese Behandlung aufbegehrte, wurde er zuweilen – bei angetrunkenem Zustand des Vaters – in den Keller gesperrt. Es geschah sogar mehrmals, dass dieser, wenn er nach

▲

François Rousseau: Besuch des Koadjutors Maximilian Franz in Bonn, 1780: Ankunft vor dem Bonner Residenzschloss. Maximilian Franz war von 1780 bis zu seiner Ernennung zum Kurfürst und Erzbischof von Köln 1784 Koadjutor und begann in dieser Zeit, Bildungs- und Verwaltungsreformen vorzubereiten.

einem Trinkgelage nach Mitternacht gemeinsam mit einem jener Musikerkollegen nach Hause kam, das weinende Kind aus dem Bett holte und zwang, stundenlang neue Stücke zu üben. (Diese Praxis dürfte selbst dann nicht zu rechtfertigen sein, wenn – wie geschehen – als Motiv Rücksichtnahme auf den ungewöhnlichen Schlafrhythmus des als Bäcker tätigen Hausbesitzers in der Rheingasse, wo die Familie ab 1775 wohnte, unterstellt werden soll.) Der Bonner Musikverleger Nikolaus Simrock (1751 – 1832) erinnerte sich später: „Ermahnungen und Bitten unter vier Augen an den Vater von seinen Freunden, den armen Knaben mit Liebe zu behandeln, waren vergeblich." Zweifellos entfalteten solche Erlebnisse eine traumatische Wirkung, die auch manche spätere, kaum verständliche Verhaltensweisen Beethovens erklären kann.

Die Mutter, die als verschlossene, niemals lachende Frau beschrieben wird, vermochte diesem Erziehungsdesaster nichts entgegenzusetzen. Sie hatte den Haushalt gut im Griff, überließ allerdings lieber dem Dienstmädchen die Kinder, von denen nur drei Söhne das Kleinkindalter überlebten. Dies waren Ludwig (1770 – 1827), Kaspar (Anton) Karl (1774 – 1815) und Nikolaus Johann (1776 – 1848).

Die Familie vererbte Beethoven nicht die günstigsten psychischen Grundkonstellationen; so waren beide Großmütter gegen Ende ihres Lebens in eine Irrenanstalt eingeliefert worden.

Bereits im Alter von sieben Jahren, am 26. März 1778, trat Beethoven zum ersten Mal als Pianist öffentlich auf – beworben durch eine Annonce des Vaters, in der das Alter des Kindes zu niedrig angegeben ist. Die erfolgreiche Wunderkind-Präsentation wurde alsbald in Köln wiederholt und leitete eine Serie von Konzerten ein, die entweder in der elterlichen Wohnung oder in den Häusern verschiedener Bonner Musikliebhaber stattfanden.

Der Orgelunterricht mündete bald in einen regelmäßigen Organistendienst zur Frühmesse des Bonner Minoritenklosters (der späteren St. Remigiuskirche) für Beethoven. Er befand sich musikalisch auf vielversprechendem Wege. Der Preis dafür war die Vernachlässigung seiner schulischen Ausbildung.

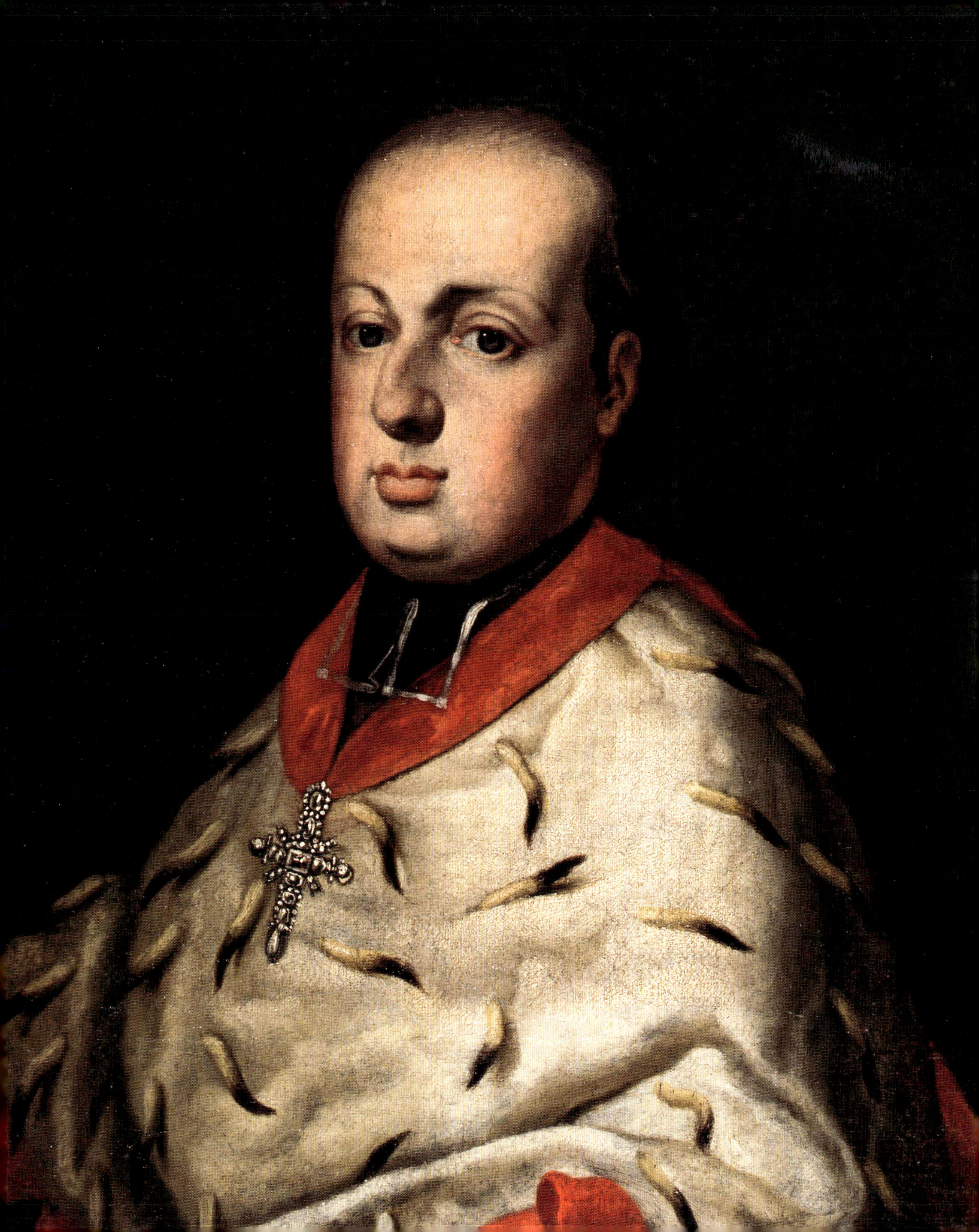

JUGEND

◄

Anonym: Maximilian Franz, Erzherzog von Österreich, seit 1784 Kurfürst und Erzbischof von Köln, Brustbild, Gemälde, um 1780

Als erster Kompositionslehrer außerhalb des väterlichen Einflussbereichs trat Christian Gottlob Neefe (1748–1798) um 1780/82 in das Leben des jungen Beethoven. Neefe stammte aus Chemnitz und hatte in Leipzig nicht nur Jura studiert, sondern auch Kompositionsunterricht bei dem bedeutenden Singspielkomponisten Johann Adam Hiller (1728–1804; dieser sollte später der erste Gewandhauskapellmeister und noch später Thomaskantor in Leipzig werden) erhalten sowie Kontakte zu Philosophen und Literaten wie Christian Felix Weisse (1726–1804) unterhalten. Nachdem Neefes Bemühungen, am Dresdner Hoftheater Fuß zu fassen, fehlgeschlagen waren, schloss er sich der Theatertruppe Großmann-Helmuth in Bonn an, die 1778 am kurfürstlichen Hof gegründet worden war und sich die Pflege deutscher Opern auf die Fahnen schrieb. Vier Jahre später übernahm er als protestantischer Musiker das Amt des Hoforganisten des katholischen Erzbischofs in Bonn – eine ungewöhnliche Konstellation, die nach inzwischen klar geregelter Gesetzeslage in beiden großen Kirchen bis heute verboten wäre. Daneben unterrichtete er zahlreiche Schüler im Klavierspiel. Nach eigenem Bekenntnis war er zudem „Accompagnist im Kabinett und Regisseur der Oper bei der neu errichteten Nationalbühne" – insgesamt also ein musikalischer Multifunktionär, an dem keiner, der es musikalisch in Bonn zu etwas bringen wollte, vorbeikam. Dennoch scheint seine Stellung bei Hofe angesichts mehrmaliger Kürzungen und Wiedererhöhungen seines Gehalts nicht unangefochten gewesen zu sein.
Inwieweit Neefe den jugendlichen Beethoven tatsächlich als Komponist beeinflusste, lässt sich schwer entscheiden. Eher schon dürfte für ihn die Möglichkeit, über Neefe

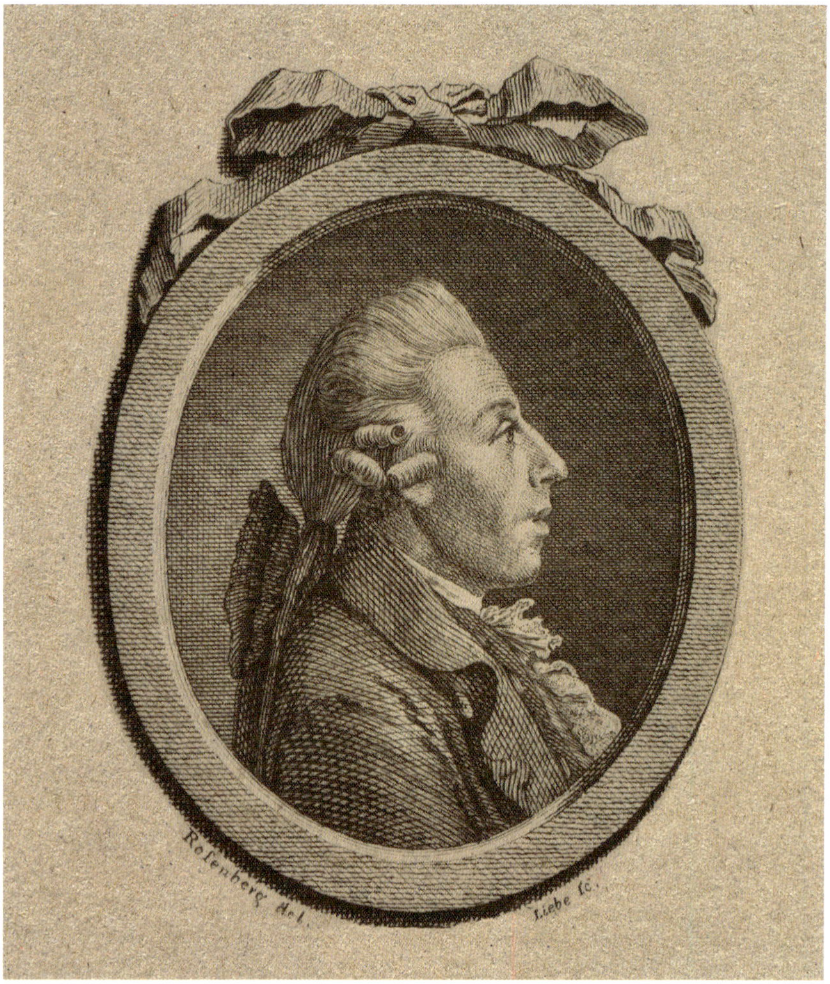

Gottlob August Liebe: *Christian Gottlob Neefe, Kupferstich nach einer Zeichnung von Johann Georg Rosenberg, um 1790*

Werke von Johann Sebastian und Carl Philipp Emanuel Bach, Haydn oder Mozart kennenzulernen, eine Rolle gespielt haben. Die erste veröffentlichte Meldung über Beethoven lancierte Neefe im März 1783 in Hamburg in Cramers *Magazin der Musik*, einer frühen Musikzeitschrift: „Louis van Beethoven spielt sehr fertig und mit Kraft das Klavier, liest sehr gut vom Blatt, und um alles in einem zu sagen: Er spielt größtenteils das Wohltemperierte Klavier von Sebastian Bach … Dieses junge Genie verdiente Unterstützung, dass er reisen könnte. Er würde gewiss ein zweiter Wolfgang Amadeus Mozart werden, wenn er so fortschritte, wie er angefangen." Der visionär anmutende Verweis auf die notwendige Förderung eines „Genies" sollte einige Jahre später auf fruchtbaren Boden fallen.
Neefe, der bereits in Leipzig Freimaurer gewesen war, stand der neu gegründeten Bonner Ortsgruppe des Geheimbunds der Illuminaten vor. Hier ging es nicht nur um ein humanistisches Weltbild, sondern auch um politische Orientierung mit dem

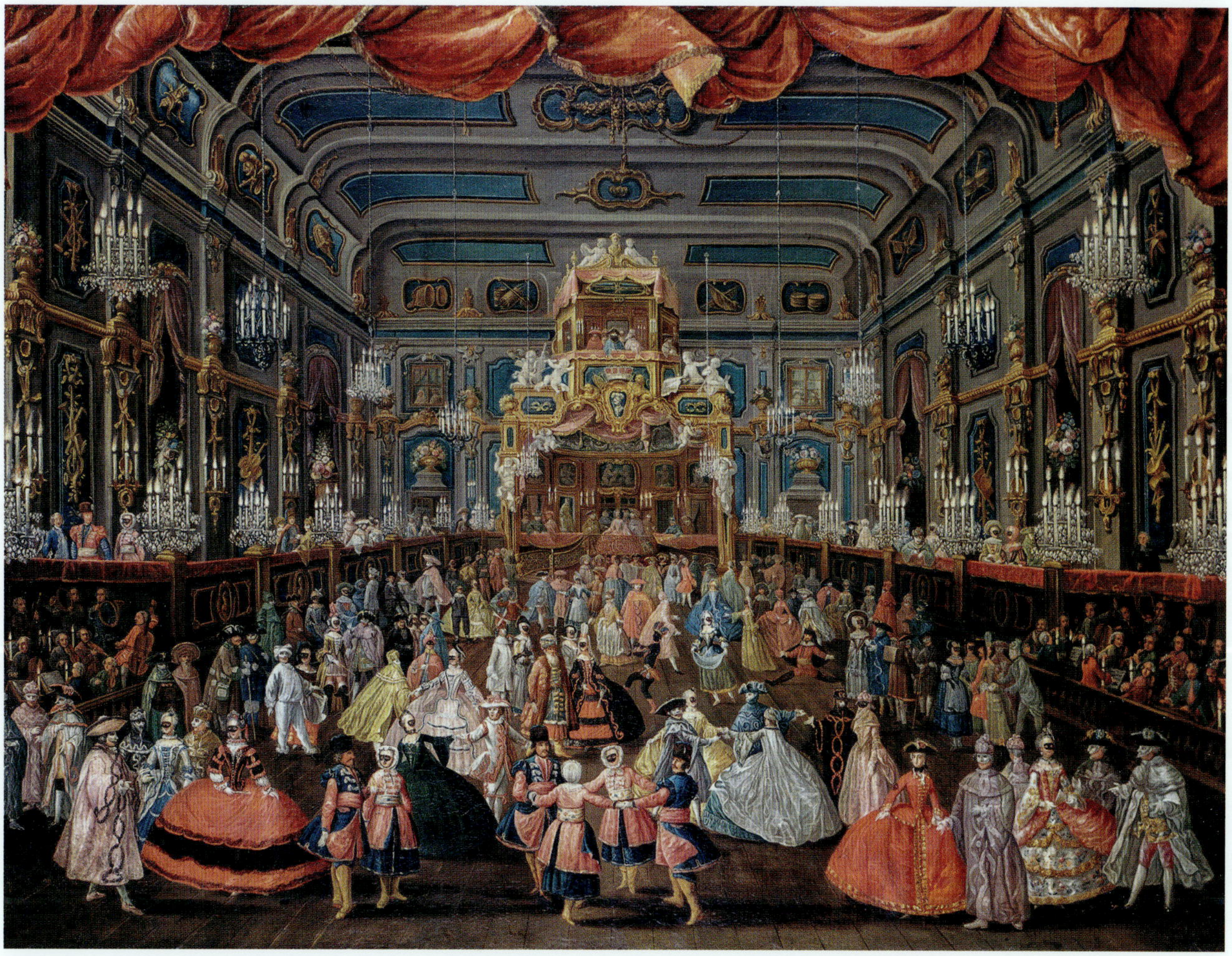

▲

François Rousseau: Das Hoftheater Bonn um 1789, Gemälde, 1789

Anspruch auf Weltverbesserung. Solche Gedanken – verbunden mit einem hohen Berufsethos als Musiker – beeinflussten auch Beethoven. Obwohl ihn Neefe offenbar nur wenige Monate unterrichtete, wurde er ihm ein wichtiger Kontaktgeber. So vermittelte er ihm auch die Möglichkeit, zum ersten Mal ein eigenes Werk zu veröffentlichen (*Variationen c-Moll für Klavier über einen Marsch von Ernst Christoph Dressler* WoO 63). Als der konservativ ausgerichtete Kompositionslehrer allerdings wenig Verständnis für das unorthodoxe Komponieren seines Schülers aufbrachte (und ihn zunehmend mit der Strenge seines Illuminatenordens bedrängte), kam es zu einer Entfremdung der beiden. Immerhin wird Beethoven (spätestens) 1793 von Wien aus seinen ehemaligen Lehrer in einem (nur ausschnittweise über einen Zeitungsabdruck bekannten) Brief würdigen: „Ich danke Ihnen für Ihren Rat, den Sie mir sehr oft bei dem Weiterkommen in meiner göttlichen Kunst erteilten. Werde ich einst ein großer Mann, so haben auch Sie Teil daran." Hier zeigt sich

freilich auch, dass für den selbstbewussten Beethoven mit 22 Jahren schon festzustehen schien, dass Neefe ihm als Komponist dereinst nicht das Wasser würde reichen können.
Doch zunächst – im Sommer 1782 – wurde der Elfjährige während einer Tournee Neefes mit der Großmannschen Theatertruppe mit dessen offizieller Vertretung als Organist am Bonner Hof betraut. Bald darauf verschaffte Neefe ihm die (undotierte) Stelle eines Substituts als Generalbassspieler und Korrepetitor in der Hofkapelle. Und im Sommer 1784 führte man Beethoven auf der höfischen Gehaltsliste als Organist an der Schlosskirche mit einem Jahresgehalt von 150 Gulden. Er bezog dieses Gehalt, mit dem sich das Grundeinkommen der Familie um die Hälfte erhöhte, bis März 1794, obwohl er sich zu diesem Zeitpunkt schon fast anderthalb Jahre nicht mehr in Bonn aufhielt. Zusätzlich war er spätestens ab 1790 Bratschist der Bonner Hofkapelle, die sich seinerzeit zu einem der (nach Mannheim) besten und mit etwa 50 Musikern zugleich größten deutschen Orchester entwickelt hatte.
Eine erste Konzertreise führte ihn im November 1783 gemeinsam mit seiner Mutter nach Rotterdam und an den Hof des Prinzen Willem von Oranje-Nassau in Den Haag. Zwar zeigte man sich dort gegenüber dem Wunderknaben durchaus großzügig, doch Beethoven missfiel die kaufmännisch ausgerichtete Mentalität, die er im Nachbarland meinte ausmachen zu können: „Die Holländer, das sind Pfennigfuchser, die lieben das Geld zu sehr, ich werde Holland nimmermehr besuchen."
Um 1782 lernte Beethoven seinen wichtigsten Jugendfreund, Franz Gerhard Wegeler (1765–1848), kennen. Dieser studierte in Bonn und Wien Medizin und wurde mit 24 Jahren an der Bonner Universität zum Professor für Geburtshilfe und Gerichtsmedizin berufen. Später war er über zwei Jahrzehnte lang Regierungs- und Medizinalrat in Koblenz. Wegeler führte Beethoven in die Familie der vermögenden verwitweten Hofrätin Maria Helene von Breuning (1750–1838) in Bonn ein, deren Tochter Eleonore Brigitte (1771–1841) und Sohn Lorenz (1776–1798) Beethoven bis zu seiner Übersiedlung nach Wien 1792 Klavierunterricht erteilte.
Häufig spielte er in den Salons der von Breunings. Während Helene ihn wie eine zweite Mutter hinsichtlich des gesellschaftlichen Umgangs behutsam in geordnete

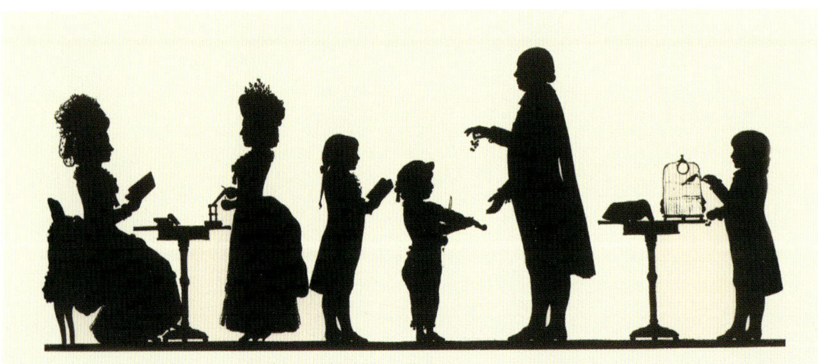

Anonym: Gruppensilhouette der Familie von Breuning, geschnittener und getuschter Schattenriss, 1782 (Gerhard von Kügelgen zugeschrieben). Von links: Mutter Helene, Eleonore, Christoph, Lorenz, Onkel Kanonikus Johann Lorenz (er war nach dem Tod des Vaters 1777 Vormund der Kinder geworden) und Stephan.

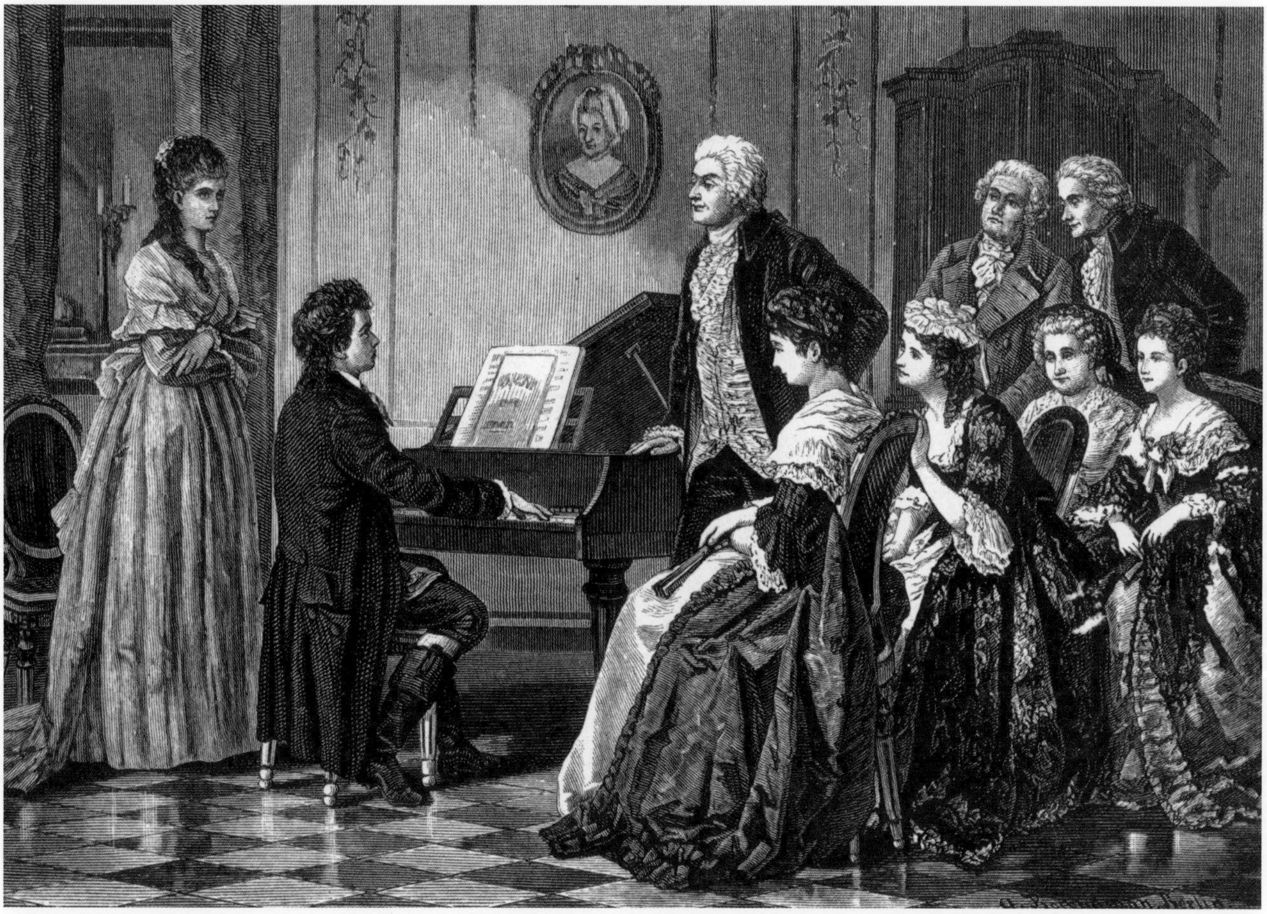

▲

Ad. Rottmann: Der junge Beethoven bei Mozart, Holzschnitt nach einem Gemälde, um 1880. Die Szene beruht auf einer späteren ungesicherten Überlieferung und ist fiktiv. Kaum realistisch dürfte auch die Anwesenheit mehrerer Personen im „Gefolge" Mozarts bei einer solchen Erstbegegnung zwischen Meister und hoffnungsvollem Talent sein – sofern sie tatsächlich stattgefunden haben sollte.

Bahnen lenkte, warb Eleonore – auch in offenherzigen Briefen – um seine Liebe. Beethoven scheute letztlich vor einer Bindung zurück, blieb Eleonore, die später seinen Freund Wegeler heiratete, jedoch bis zum Lebensende zugetan.

Beethoven freundete sich 1785 auch mit dem gleichaltrigen böhmischen Komponisten Anton Reicha (1770–1836) an, der gemeinsam mit seinem Onkel nach Bonn gekommen war und dort zweiter Flötist in der Hofkapelle wurde. Die beiden immatrikulierten sich 1789 an der jungen Bonner Universität.

Als am 5. August 1784 Maximilian Franz von Österreich (1756–1801), der jüngste Sohn Kaiserin Maria Theresias (1717–1780) und somit auch jüngste Bruder Kaiser Josephs II. (1741–1790), zum Kurfürst und Erzbischof von Köln – damit auch zum neuen Dienstherrn Beethovens – ernannt wurde, wandelte sich die historisch gewachsene Frankreich-Orientierung Kurkölns hin zu den Habsburgern und somit nach Wien. Kurfürst Maximilian, der selbst eine gründliche musikalische Ausbildung genossen hatte und nahezu lebenslang als Musiker aktiv war, begann zu erkennen, welches besondere Talent er mit Beethoven an seinem Hof hatte, und beschloss

1786, ihn auf eine Weiterbildungsreise nach Wien zu schicken. Dort sollte er sein Klavierspiel verfeinern. Auch hielt man ihn wohl für würdig, bei einem unangefochtenen Meister wie Mozart, mit dessen Kompositionen sich Beethoven ein Leben lang befassen sollte, noch einmal in die Kompositionslehre zu gehen.
Beethovens Abwesenheit von Bonn dauerte von Ende Dezember 1786 bis Mai 1787. Wenig Gesichertes ist über diese Reise bekannt. Ob die unter dem Eindruck eines vermeintlichen Vorspiels von Beethoven geäußerte Prophezeiung Mozarts, der junge Komponist aus Bonn werde in der Welt noch viel von sich reden machen, mehr ist als eine wohlfeile Anekdote, ob Beethoven Mozart in Wien überhaupt aufgesucht bzw. angetroffen und bei ihm Unterricht genommen hat, wie er die Zeit dort (sonst) zugebracht hat, warum er spätestens am 28. März 1787 die Heimreise angetreten hat – all das sind offene Fragen. Die rekonstruierbare Zickzack-Rückreise-Route *Wien – München – Regensburg – München – Augsburg – Bonn* deutet darauf hin, dass außer in Augsburg zuvor in München und in Regensburg Zwischenziele angesteuert oder kostengünstige Mitreisemöglichkeiten, die den Umweg legitimierten, genutzt wurden.

Beethoven an Johann Andreas Streicher, Wien, August/September 1796:
Es ist gewiss, die Art das Klavier zu spielen, ist noch die unkultivierteste von allen Instrumenten bisher, man glaubt oft nur eine Harfe zu hören, und ich freue mich lieber, dass Sie von den wenigen sind, die einsehen und fühlen, dass man auf dem Klavier auch singen könne, sobald man nur fühlen kann. Ich hoffe, die Zeit wird kommen, wo die Harfe und das Klavier zwei ganz verschiedene Instrumente sein werden.

In Augsburg besuchte Beethoven die Klavierbaufirma von Johann Andreas Stein (1728–1792), die durch eine von Mozart begeistert aufgenommene, klangdifferenzierende neue Anschlagmechanik berühmt geworden war. Bei einem Konzert, das Beethoven an der von Stein erbauten Orgel in der dortigen Barfüßerkirche gab, lernte er auch die Tochter Maria Anna kennen, genannt Nannette (1769–1833), die die Firma nach dem Tod des Vaters weiterführen und später gemeinsam mit ihrem Ehemann Johann Andreas Streicher (1761–1833) ein eigenes Klavierbau-Unternehmen gründen und leiten sollte. Beethoven bekannte 1817, dass er seit 1809 die Streicherschen Instrumente „immer besonders vorgezogen" habe. Mit Nannette verband ihn eine (mit Unterbrechungen lebenslange) tiefe Freundschaft voller gegenseitiger Wertschätzung. Sie war eine der wenigen Frauen in Beethovens Leben, bei der sich das enge Verhältnis nicht mit einer erotischen Komponente verband. Auf seinen Wunsch beriet sie ihn 1817/18 wie keine andere in Fragen der Haushaltsführung, der Anschaffung von Haushaltsgegenständen, der Ernährung und Gesundheit, der Einstellung und Entlassung von Dienstmädchen und Köchinnen oder der Wohnungssuche. Um Klaviere ging es in der zeitweise sehr intensiven Korrespondenz Beethovens mit der berühmtesten Klavierbauerin ihrer Zeit demgegenüber nur am Rande.

Nicht etwa bereits in Wien, sondern erst nach der Abreise aus Augsburg erreichten ihn unterwegs mehrere Briefe des Vaters, die ihn zur Beschleunigung seiner Heimreise aufforderten, da die Mutter todkrank war. Sie starb am 17. Juli 1787 an den Folgen der Tuberkulose (damals sprach man von Schwindsucht). Damit fiel Beethoven als ältestem Sohn die Verantwortung für die Versorgung der Familie zu. Sie bestand nach dem Tod der anderthalbjährigen Schwester Maria Margaretha Josepha im November 1787 einzig aus vier Männern, darunter drei Minderjährigen und einem zunehmend selbst versorgungsbedürftigen Vater. Dieser verfiel in den folgenden Monaten und Jahren immer stärker dem Alkohol.

Ein nach dem Tod der Mutter vom Vater erbetener Gehaltsvorschuss wurde vom Kurfürsten abgelehnt, so dass man Kleidungsstücke der Verstorbenen inkognito auf dem Gebrauchtwarenmarkt verkaufen lassen musste.

In dieser schweren Zeit war es vor allem die Familie von Breuning, die Beethoven sowohl in lebenspraktischer als auch emotionaler Hinsicht „auffing" und unterstützte. Wegeler bezeichnete das Breuningsche Haus („das Haus meiner Schwiegermutter") rückblickend als das eigentliche Heim Beethovens jener Jahre. Helene von Breuning wusste auch mit seinen keineswegs seltenen unkontrollierten Wutausbrüchen bis hin zur Raserei umzugehen. Instinktiv spürte sie, dass diese wohl unabänderlich zur Persönlichkeit eines energisch aufstrebenden musikalischen Talentes wie Beethoven gehörten, und gab ihnen die Bezeichnung „Raptus". Beethoven empfand dies als eine besonders subtile Form der Ehrung und gebrauchte dieses Wort fortan selbst, um sein ggf. abstoßendes Verhalten gegenüber Dritten selbstironisch zu erklären und damit zu beschönigen.

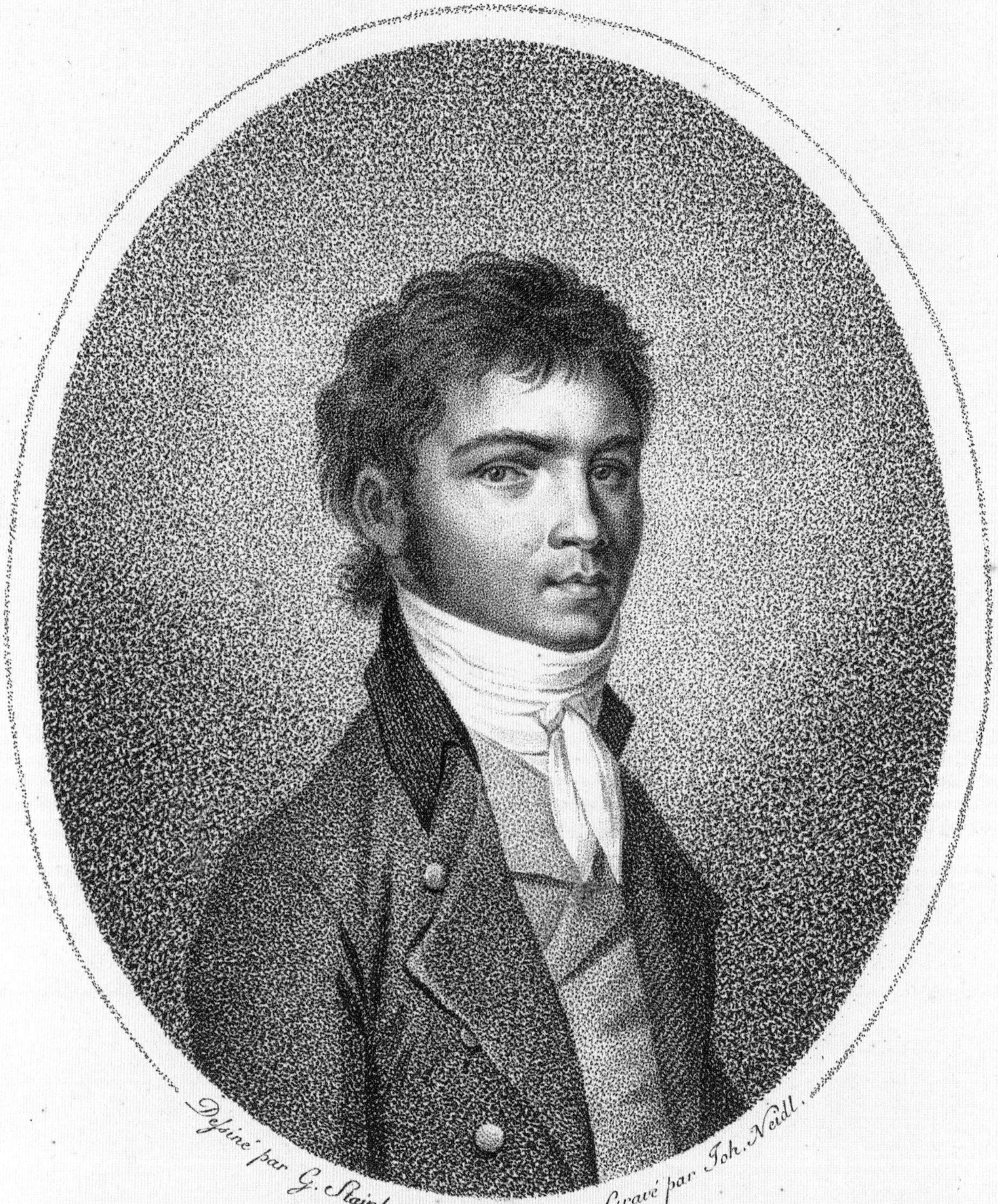

Dessiné par G. Stainhauser de Treuberg. Gravé par Joh. Neidl.

ABSCHIED VON BONN

In den Jahren 1787 bis 1792 schöpfte Beethoven alle Möglichkeiten aus, die Bonn als Residenz und als Stadt einem aufstrebenden jungen Musiker zur Vervollkommnung seiner Fähigkeiten und seines Horizonts bieten konnte. Hinzu kamen einige neue Kontakte und Verbindungen, aus denen sich z. T. sehr lange Freundschaften entwickelten.

◀
Johann Joseph Neidl: Ludwig van Beethoven, Kupferstich nach einer Zeichnung von Gandolph Ernst Stainhauser von Treuberg, 1801. Zum ersten Mal wurde Beethoven hier nicht nur für einen privaten Freundeskreis porträtiert. Aus der Hand Stainhausers und Neidls liegt zudem eine ganze Reihe weiterer ähnlich gestalteter Musikerporträts vor, die zusammen mit dem Beethoven-Stich vermutlich Teil eines größeren Verlagsauftrages (wohl für Artaria & Comp.) waren. Die Meißner Porzellanmanufaktur verwendete bald darauf Neidls Beethoven-Porträt – ein Indiz dafür, dass das Bild schon früh eine gewisse Popularität genoss.

> Aus „Cramers Magazin für Musik“, Jahrgang 1787, über Bonn (anonym):
> *Unsere Residenzstadt wird jetzt immer anziehender für Musikliebhaber durch den gnädigsten Vorschub unseres teuersten Kurfürsten. Er hat eine große Sammlung von den schönsten Musikalien, und verwendet täglich noch viel auf Vermehrung desselben. Durch ihn haben wir Gelegenheit, öfters gute Virtuosen auf mancherlei Instrumenten zu hören. Gute Sänger kommen selten. Das Clavier wird vorzüglich geliebt; wir haben hier mehrere Steinsche Hammerclaviere von Augsburg, und anderen.*

Dazu gehörte Nikolaus Simrock, der in der Hofkapelle (bereits zu Zeiten von Beethovens Vater) als Hornist wirkte, sich aber auch um die Beschaffung aller notwendigen Musikalien kümmerte und 1793 einen eigenen Musikverlag gründete. Er druckte

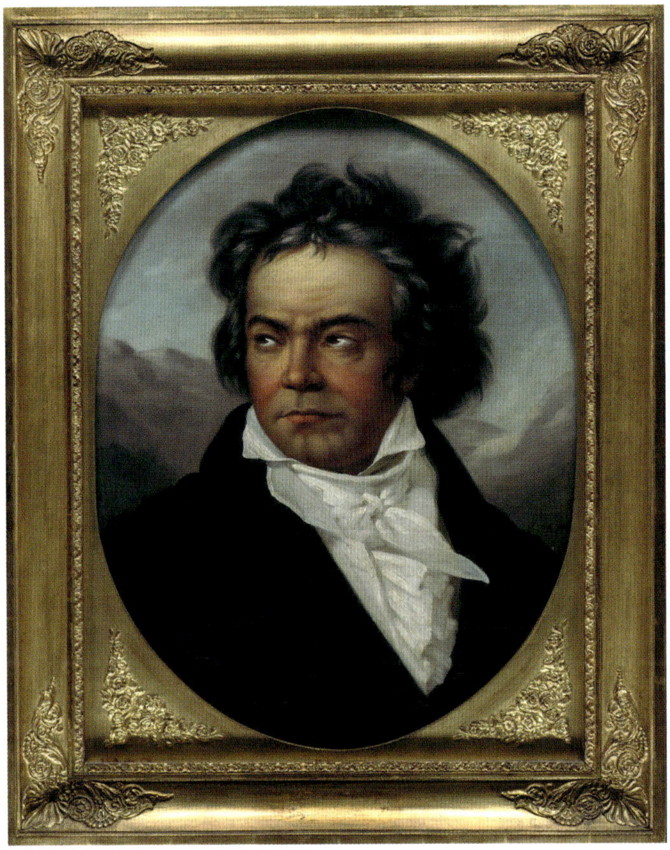

◀ *Ferdinand Schimon: Ludwig van Beethoven, Gemälde, um 1815. Das Bild entstand in Wien möglicherweise für die Bonner Lesegesellschaft. Diese offiziell am 1. Dezember 1787 gegründete und noch heute bestehende Gesellschaft ist eine der ältesten ihrer Art in Europa. Sie geht auf die Initiative von dreizehn Stiftern zurück, zu denen mehrere Freunde und Bekannte Beethovens gehörten, darunter der Verleger Nikolaus Simrock und Beethovens Violinlehrer Franz Anton Ries. Bald wurde auch Beethovens Lehrer Christian Gottlob Neefe Mitglied.*

insbesondere Klavierwerke von Beethoven, darunter bereits als dritte Publikation seines Verlags dessen *Variationen A-Dur über „Es war einmal ein alter Mann" aus Dittersdorfs „Das rote Käppchen"* WoO 66. Über den Illuminatenorden und die „Lesegesellschaft" nahm er auf das geistige Leben der Stadt Bonn und des jungen Beethoven Einfluss. Das gilt auch für den Geiger Franz Anton Ries (1755–1846), der sich um Beethovens noch nicht volljährige Brüder Karl und Johann in der Phase kümmerte, als Beethoven selbst bereits nach Wien abgereist war und sie noch nicht nachholen konnte.

Die volle Verantwortung für seine Brüder fiel 1789 auf Beethoven, als sein immer mehr durch die Trunksucht gezeichneter Vater vom Dienst in der Hofkapelle suspendiert wurde und die Verfügungsgewalt über dessen Einkommen zur Hälfte auf den ältesten Sohn Ludwig überging.

Im Hause der Familie von Breuning, seiner geistigen, künstlerischen und menschlichen Auftankstätte, lernte Beethoven seinen ersten Mäzen Graf Ferdinand Waldstein (1762–1823) kennen. Aus Wien stammend, kam dieser als Mitglied des Deutschen Ritterordens 1788 nach Bonn und engagierte sich in der dortigen „Lesegesellschaft", deren Präsident er 1794 wurde. Sein abenteuerliches Leben führte

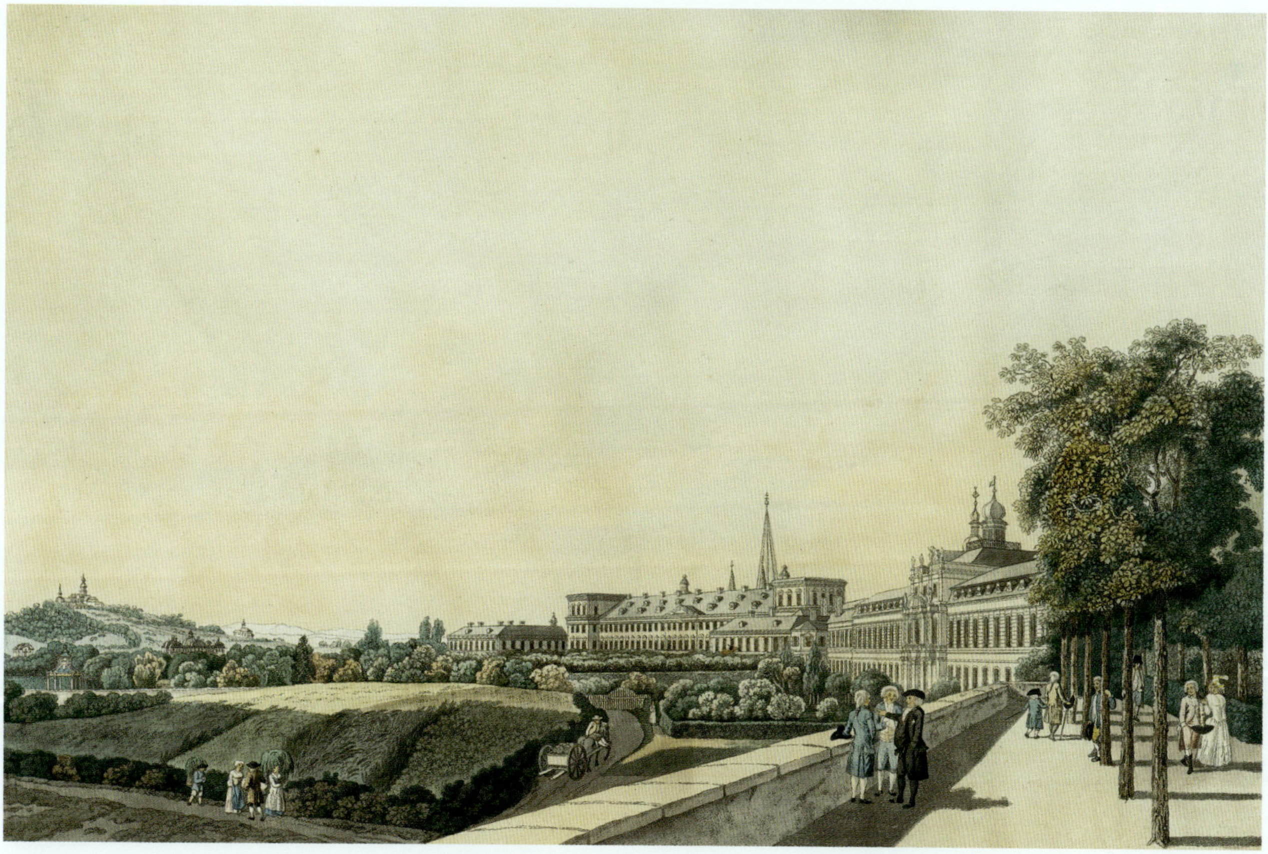

Johann Ziegler: Ansicht des Residenzschlosses in Bonn vom Alten Zoll aus, 1792. Radierung nach einem Aquarell von Lorenz Janscha

ihn später in die britische Armee, nach Westindien, zurück zum Wiener Kongress und schließlich in den spekulationsbedingten finanziellen Ruin.

Zunächst schenkte er Beethoven einen Hammerflügel der Augsburger Firma Johann Andreas Stein. Die *Musik zu einem Ritterballett* WoO 1 ging dann auf den 1790 erteilten ersten Kompositionsauftrag von Waldstein zurück. Sie wurde am 6. März 1791 für eine Fastnachtssitzung des Teutonischen Ritterordens in alten germanischen Kostümen aufgeführt. Waldsteins Vereinbarung mit dem 20-jährigen Beethoven sah vor, dass sich der Graf wahrheitswidrig als Komponist dieser Ballettmusik ausgeben durfte.

Dass ihm Beethoven in Wien 1804 seine *Klaviersonate C-Dur* op. 53 widmete, besagt nicht viel, denn der Personenkreis, den der Komponist mit Widmungen seiner Werke bedachte, war unter strategischem Aspekt eher groß angelegt. Obwohl sich Waldstein ab 1809 wieder häufig in Wien aufhielt, scheinen die beiden später keine Kontakte mehr unterhalten zu haben.

Nicht nur Waldstein, sondern auch Kurfürst Maximilian Franz – dieser sogar als Großmeister – war Mitglied des Deutschen Ordens. Für die mehrwöchige Tagung des Generalkapitels in Mergentheim, die er zu leiten hatte, nahm er im Herbst 1791

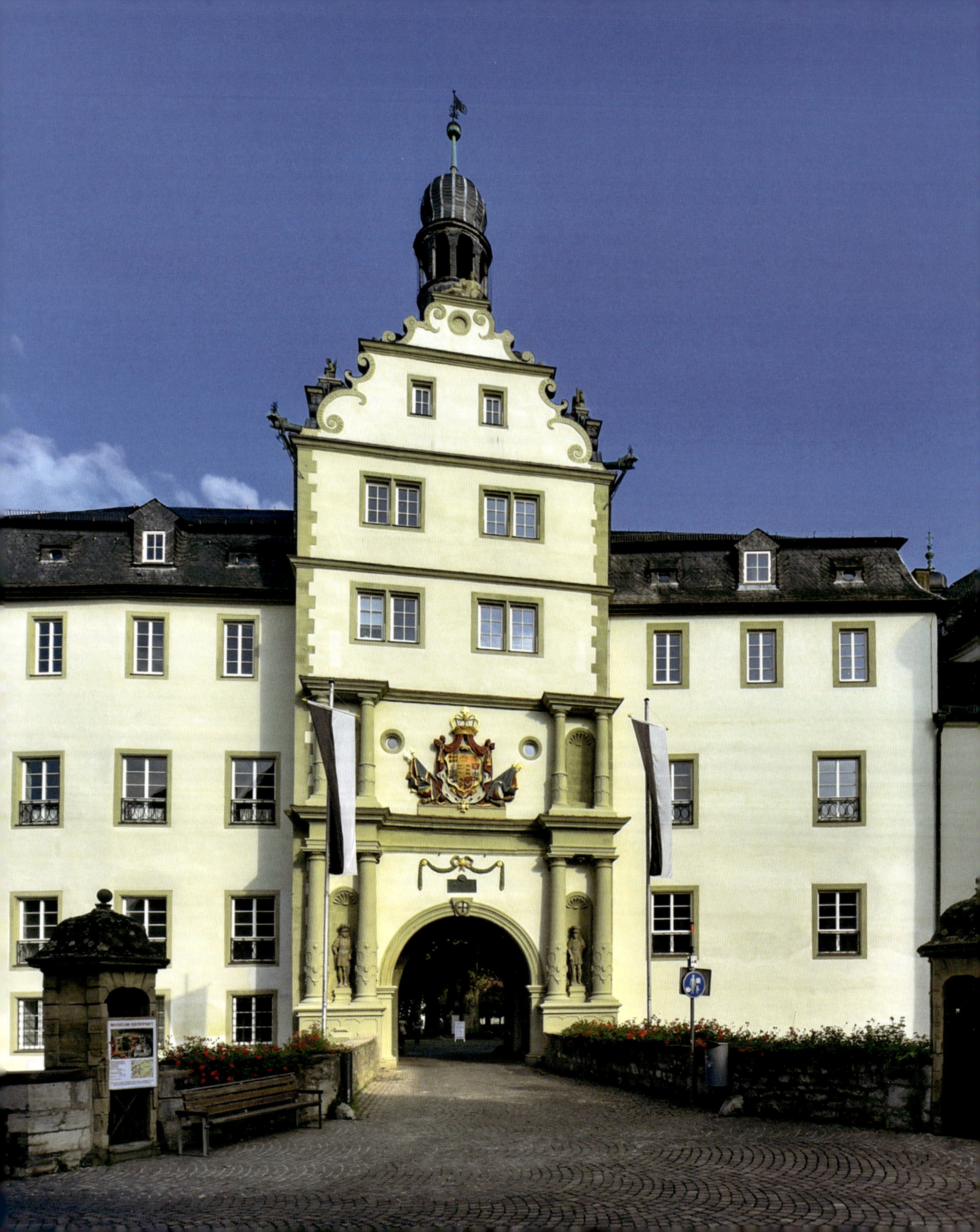

◀
Torhaus des Deutschordensschlosses Bad Mergentheim

eine Auswahl von Musikern seiner Bonner Hofkapelle mit, darunter auch Beethoven. Dieser konnte dort mehrere Konzerte geben und traf sich in Aschaffenburg mit dem Komponisten und gefeierten Pianisten Johann Franz Xaver Sterkel (1750–1817), der ihn zu einem pianistischen „Vergleich" herausforderte. Dabei zeigte sich Beethoven als der wesentlich Jüngere klar überlegen, was Sterkel auch zu würdigen wusste.

Als im Juli 1792 Joseph Haydn – er galt nach Mozarts Tod als der bedeutendste lebende Komponist – auf der Heimreise von London nach Wien auch in Bonn Station machte, durfte Beethoven ihm eine Kantate zur Begutachtung vorlegen. Dafür hatte Haydns Konzertagent Johann Peter Salomon (1745–1815) gesorgt, der in Bonn (und zwar im heutigen Beethoven-Haus) aufgewachsen war und in jungen Jahren als Geiger in der dortigen Hofkapelle unter dem Großvater und dem Vater Beethovens gespielt hatte. Franz Wegeler berichtet, jene Kantate habe „Haydn besonders beachtet und ihr Verfasser wurde zu fortdauerndem Studium aufgemuntert". Vermutlich bei diesem Anlass wurde mit Unterstützung des Kurfürsten und des Grafen Waldstein die Entsendung Beethovens zu einer erneuten Reise nach Wien zwecks Unterrichts bei Haydn beschlossen.

Graf von Waldstein schreibt am 29. Oktober 1792 – kurz vor Beethovens Abreise von Bonn nach Wien – in dessen Stammbuch: *Lieber Beethoven! Sie reisen jetzt nach Wien zur Erfüllung ihrer so lange bestrittenen Wünsche. Mozarts Genius trauert noch und beweint den Tod seines Zöglings. Bei dem unerschöpflichen Haydn fand er Zuflucht, aber keine Beschäftigung: durch ihn wünscht er noch einmal mit jemanden vereinigt zu werden. Durch ununterbrochenen Fleiß erhalten Sie Mozarts Geist aus Haydns Händen. Ihr wahrer Freund Waldstein.*

Mit schriftlichen Empfehlungen Graf Waldsteins und einem Stipendium des Kurfürsten (der auf eine erfolgreiche Heimkehr nach Bonn hoffte) bestieg Beethoven am frühen Morgen des 2. November 1792 die Kutsche in Richtung Wien. Sein Gepäck bestand vor allem aus Noten und anderen eigenen Aufzeichnungen. Für die rund tausend Kilometer lange Reise, die er fünf Jahre zuvor schon einmal unternommen hatte, benötigte er nur neun Tage. Diesmal gab es keine Rückreise; er sollte seine Heimatstadt nie wiedersehen und erlebte die Besetzung der Stadt durch französische Revolutionstruppen und die Auflösung des Kurfürstentums 1794 nicht mehr. Wenige Wochen nach Beethovens Ankunft in Wien starb sein Vater am 18. Dezember 1792 in Bonn. Das Tagebuch des Sohnes schweigt zu diesem Ereignis.

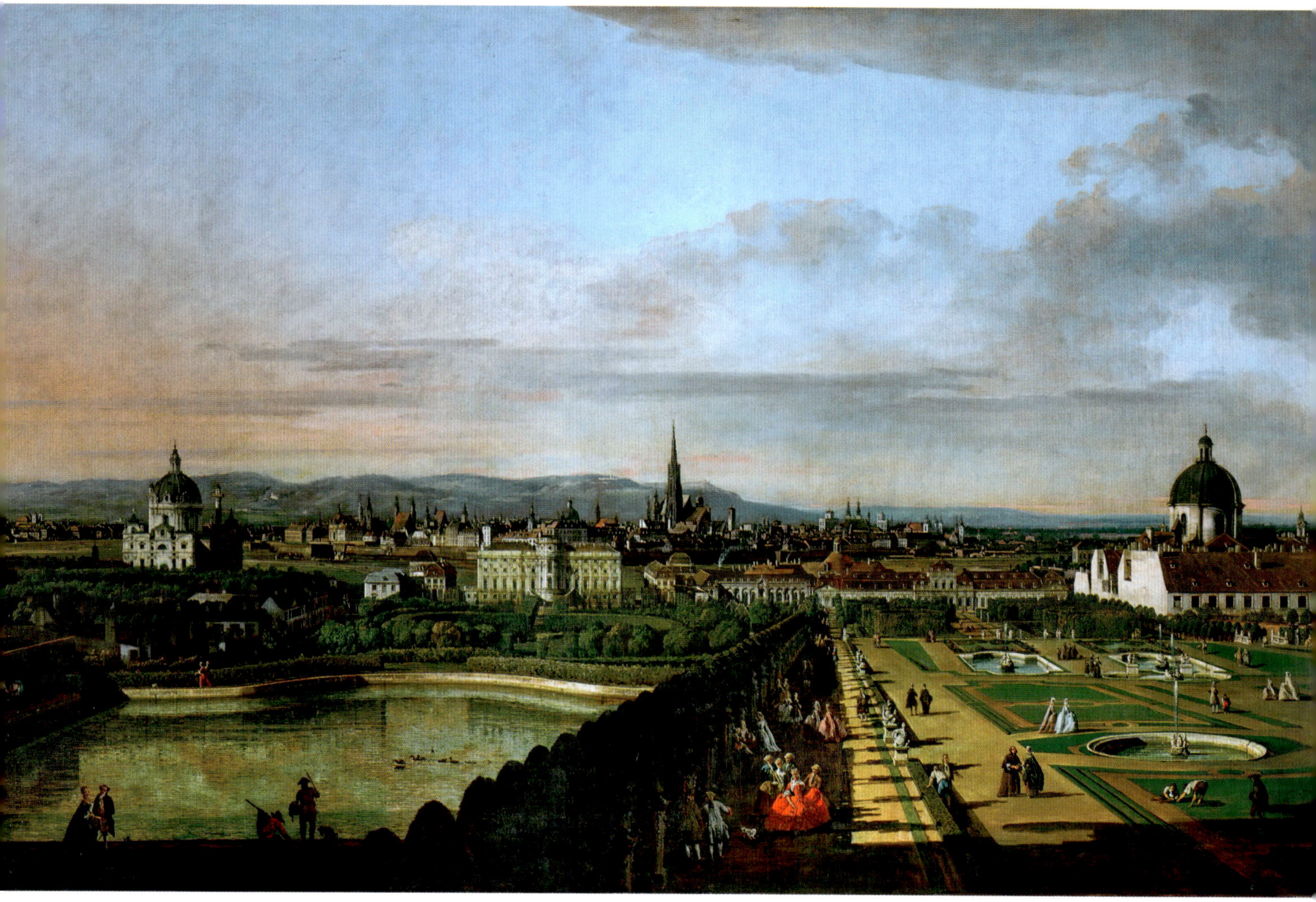

▲

Bernardo Bellotto, genannt Canaletto: Wien, vom Oberen Belvedere aus gesehen, Öl auf Leinwand, um 1758/1761. Das Panorama gehört zu einer Serie von 13 Stadt- und Schlossveduten, die im Auftrag Maria Theresias entstanden. Im Mittelpunkt schneidet der Südturm des Stephansdoms die Horizontlinie des Wienerwaldes. Seitlich erheben sich die Karlskirche (links) und die Salesianerinnenkirche. Mit dem Unteren Belvedere Prinz Eugens (rechts, heute Österreichische Galerie) korrespondiert das Schwarzenbergpalais (links).

VON BONN NACH WIEN

Fast 35 Jahre lang lebte Beethoven in Wien – in der Stadt, die bereits dank Haydn und Mozart zur Hauptstadt der Musik geworden war, die nicht zuletzt jedoch politisch als Hauptstadt des Heiligen Römischen Reiches bis zu dessen Auflösung 1806, als österreichische Kaiserresidenz und als Hauptstadt der Habsburgermonarchie mit Angehörigen zahlreicher Nationalitäten zu den größten und glanzvollsten Städten Europas zählte. Am 14. Juli 1792 nahm der Kölner Erzbischof Maximilian Franz von Österreich, der seine schützende Hand über den hoffnungsvollen jungen Bonner Musiker Ludwig van Beethoven hielt, indem er ihm u.a. den Wien-Aufenthalt ermöglichte, die letzte Kaiserkrönung des Heiligen Römischen Reiches vor. Sie galt seinem Neffen Franz II. von Österreich, der 1804 als Franz I. Kaiser von Österreich werden sollte.

Beethoven tauchte 1792 in eine neue Welt ein. Hatte Bonn etwa 10.000 Einwohner, so waren es in Wien für damalige Verhältnisse geradezu unvorstellbare 250.000 Einwohner (heute beispielsweise mit Aachen vergleichbar; hinzu kamen noch 34 Vorstädte), für die als einzige Verkehrs- und Transportmittel Pferde, Pferdekutschen und Pferdewagen zur Verfügung standen. Regelmäßige Dampfschifffahrt begann auf dem Rhein bei Bonn im Frühsommer 1827 und auf der Donau bei Wien 1830, also noch nicht zu Lebzeiten Beethovens. Für den Bau von Eisenbahnstrecken im Umfeld beider Städte gab es noch keine Pläne, hier und da allenfalls erste Überlegungen.

Die Aufführungsmöglichkeiten von Musik konzentrierten sich in Bonn auf das Kurfürstliche Schloss (heute Hauptgebäude der Universität), das Poppelsdorfer Schloss, das Rathaus und die Godesberger Redoute. Obwohl in Wien erst 1831, also nach

Beethovens Tod, der erste ausschließlich für Konzerte konzipierte Saal gebaut wurde (der Saal des Wiener Musikvereins unter den Tuchlauben), beherbergte die Stadt demgegenüber eine Vielzahl von z. T. großzügigen Aufführungsstätten. Sie reichten von Burgtheater, Kärntnertortheater, Theater an der Wien (mit der größten Zuschauerkapazität von 2.800 Personen), Theater in der Leopoldstadt und Theater in der Josephstadt über die Redoutensäle der Hofburg, den Festsaal der alten Universität, den großen Saal des Niederösterreichischen Landhauses, mehrere großzügige fürstliche Palais (insbesondere Lobkowitz, Schwarzenberg und Rasumowsky) sowie das Haus des Bankiers von Würth bis zu speziellen Etablissements wie den Tanz- und Ballsälen im Augarten und zur Mehlgrube sowie diversen Hotels und Gasthäusern. Hinzu kamen sowohl in Bonn als auch in Wien private Salons und nicht zuletzt zahlreiche Kirchen mit ihren Orgeln und weiteren kirchenmusikalischen Aktivitäten, die (vor allem in Wien) gegebenenfalls von Vereinen unterstützt wurden.

Nach Einschätzung des zeitgenössischen Musikforschers Johann Nikolaus Forkel (1749–1818) gehörte die Bonner Hofkapelle, deren Geschichte bis ins 16. Jahrhundert zurückreicht, 1782 zu den besten in Deutschland (neben den Mannheimern). In Wien agierte zur Zeit Beethovens die 1498 gegründete, für musikalische Repräsentationsaufgaben am Hof zuständige k.k. Hofmusikkapelle mit erstklassigen Sängern und Instrumentalisten, neben der sich 1771 die Tonkünstler-Sozietät und 1812 die *Gesellschaft der Musikfreunde* als berufsständische bzw. fördernde Vereine für Musiker und Konzertprojekte formierten. Von den fünf großen kontinuierlich bespielten Theatern widmeten sich vier ganz oder teilweise dem Musiktheater. Jedes dieser Häuser hatte sein eigenes Orchester, das an spielfreien Tagen auch zu Konzertzwecken eingesetzt werden konnte. Manche Konzertveranstalter stellten dafür aber auch ad hoc ein Orchester zusammen. Desgleichen unterhielten adlige Gönner wie Fürst Lobkowitz (dieser seit 1794) eigene Orchester oder kleinere Bläserensembles („Harmonien"). Ab 1818 wurden „Musikalisch deklamatorische Mittagsunterhaltungen" als Concerts spirituels mit professionell angeleiteten Dilettanten-Ensembles aus Adel und Bürgertum veranstaltet.

Hing Beethovens berufliches Schicksal in Bonn weitgehend von Kurfürst Maximilian Franz ab, so erschloss er sich in Wien mit vielfacher Hilfe ein ungleich größeres, verzweigtes Netzwerk von adligen Gönnern, Juristen, Musikern, Schülern, Freunden und praktischen Helfern (unter den drei letztgenannten waren häufig Frauen).

Beethovens Wohnsituation änderte sich mit dem Wechsel von Bonn nach Wien grundlegend. Hatte er in Bonn selbstverständlich mit in der Wohnung seiner Eltern gelebt – von seinem Geburtshaus ausgehend zogen sie noch zweimal mit der Familie um (1775 und 1785) –, so nutzte er in seinen fast 35 Wiener Jahren insgesamt mindestens 29 und höchstens 48 Wohnungen (davon 26 in Wien selbst und 22 in den Vororten) und zog zwischen diesen bis zu 80mal um. Was auf den ersten Blick spektakulär irrational wirkt, erklärt sich vor allem aus dem Lebensrhythmus des Wiener Adels, an den er letztlich gebunden war. So bezog Beethoven ab 1799 jedes Jahr eine Sommerwohnung in der ländlichen Umgebung Wiens. Als Umzugstermine galten üblicherweise Georgi (24. April) und Michaeli (29. September). Zusätzliche Umzugsanlässe ergaben sich aus günstig gewährten Wohnmöglichkeiten

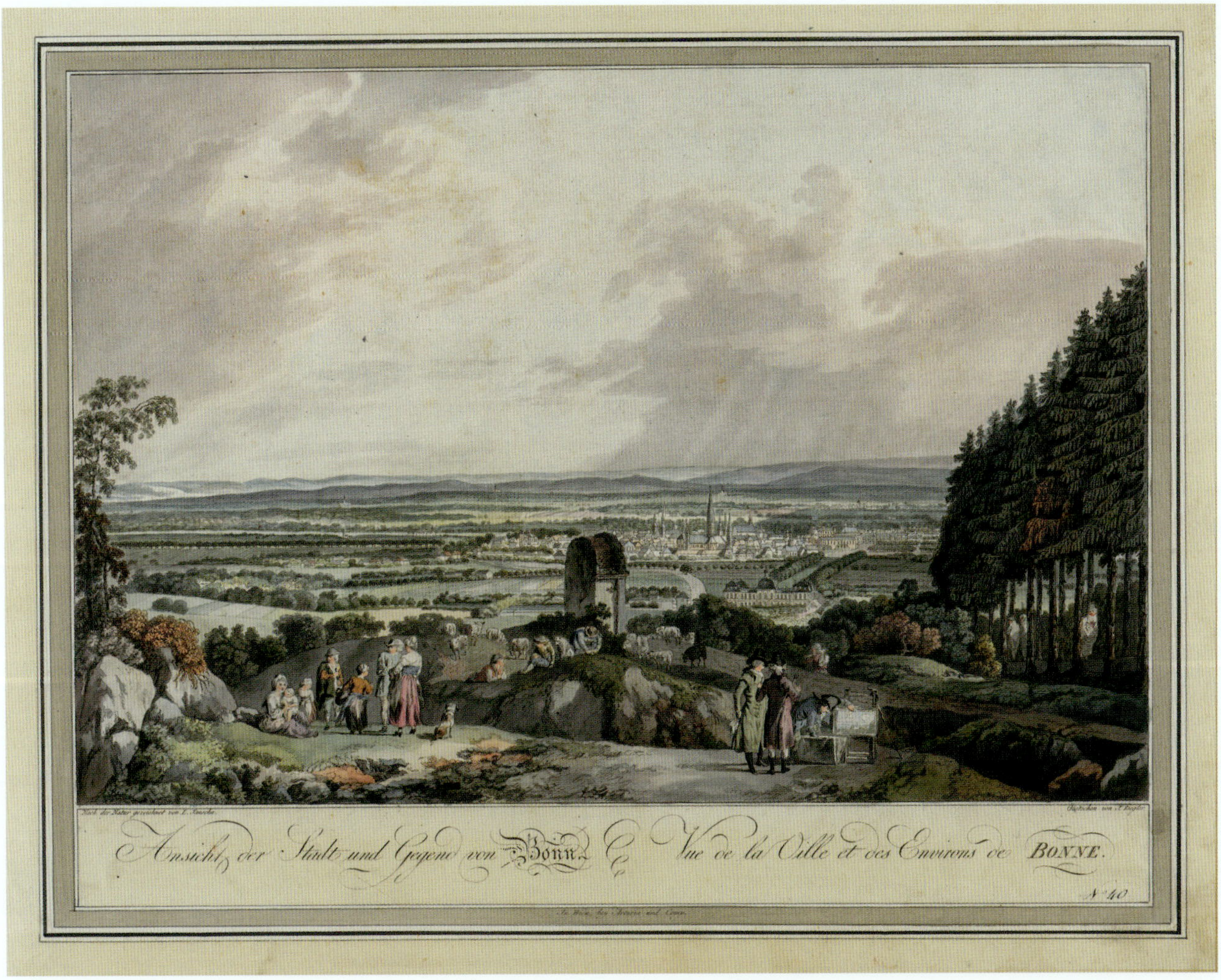

Johann Ziegler: Blick auf die Stadt Bonn vom Kreuzberg aus, 1792. Radierung nach einem Aquarell von Lorenz Janscha. Die Stadtbefestigung bestimmt noch weitgehend das Weichbild der Stadt. In der Bildmitte das Münster.

seiner Gönner, aus gesundheitlichen Bedürfnissen sowie aus der Nähe zur jeweiligen Ausbildungseinrichtung seines Neffen Karl, dessen Vormund er zeitweise war. Aber auch Zerwürfnisse mit Vermietern oder Nachbarn, die auf seine Eigenwilligkeit oder Uneinsichtigkeit zurückgingen, beendeten einige Mietverhältnisse Beethovens vorzeitig. Einmal hatte er ohne jede Abstimmung einen Steinmetz damit beauftragt, zum Zwecke eines zusätzlichen Fenstereinbaus ein Loch in die Hauswand zu schlagen, um künftig von seinem Zimmer aus den dann freien Blick in die Natur genießen zu können.

Unter diesen Umständen ist klar, dass Beethoven niemals ein wirkliches Heim sein eigen nannte, in dem er angekommen wäre. Dass ihm eine dauerhaft gelebte Beziehung zu einer Lebenspartnerin versagt blieb, spielte dabei zweifellos eine Rolle. Ersatzweise suchte und fand er immer wieder Geborgenheit in intakten Familien

mit starken Frauen- bzw. Mutterpersönlichkeiten, so in Bonn bei den Breunings oder in Wien bei den Familien Brunsvik, Guicciardi, Deym, Bigot, Erdödy, Malfatti, Brentano, Giannattasio oder Streicher.
Nach dem Tod der Eltern, als sich Beethoven immer mehr für seine Brüder finanziell verantwortlich fühlte, veranlasste er 1794 Kaspar Karl und 1795 Nikolaus Johann zum Umzug von Bonn nach Wien. Hier war Karl bis zu seinem Tod 1815 Kassenbeamter in der staatlichen Verwaltung, daneben zeitweise Beethovens Sekretär. Johann betätigte sich zunächst als Apothekengehilfe, bevor er sich 1808 in Linz als selbständiger, zunehmend erfolgreicher Apotheker niederließ. Eine wirklich vertrauensvolle familiäre Verbindung mit den Brüdern war allerdings schon deshalb undenkbar, weil Beethoven deren Ehefrauen vehement und distanzlos ablehnte.
Der Wechsel von Bonn nach Wien hatte aber auch für sein künstlerisches Schaffen eine tiefgreifende Bedeutung. Während die Bonner Kompositionen in Ermangelung originaler Opuszahlen heute als „Werke ohne Opuszahl" (WoO) gezählt werden (auch einige nicht mehr zu Lebzeiten gedruckte Werke aus dem letzten Lebensjahr gehören dazu), begann Beethoven in Wien damit, seine Werke sorgfältig mit Opus-Nummern zu versehen. Sie gewannen für ihn an Verbindlichkeit und dauerhafter Bestandsfähigkeit. Jedes einzelne Werk war für ihn ein Meilenstein auf dem Weg zum „Edlen, Besseren". Dies schlug sich auch in der eindeutigen Identifizierbarkeit nieder. Und daran hielten sich auch die Musikverlage, für die Wien um 1800 ein europäisches Zentrum ersten Ranges bildete. Erst im Verlaufe des 19. Jahrhunderts wurde Leipzig zur führenden Musikverlagsstadt.

▶
Fritz Hänlein: Beethoven-Denkmal im Heiligenstädter Park in Wien, 1910. Nach einer Vorlage von Robert Weigl. Carrara-Marmor. Das Denkmal wurde vom Wiener Männergesangsverein gestiftet und von Robert Oerley architektonisch eingefasst.

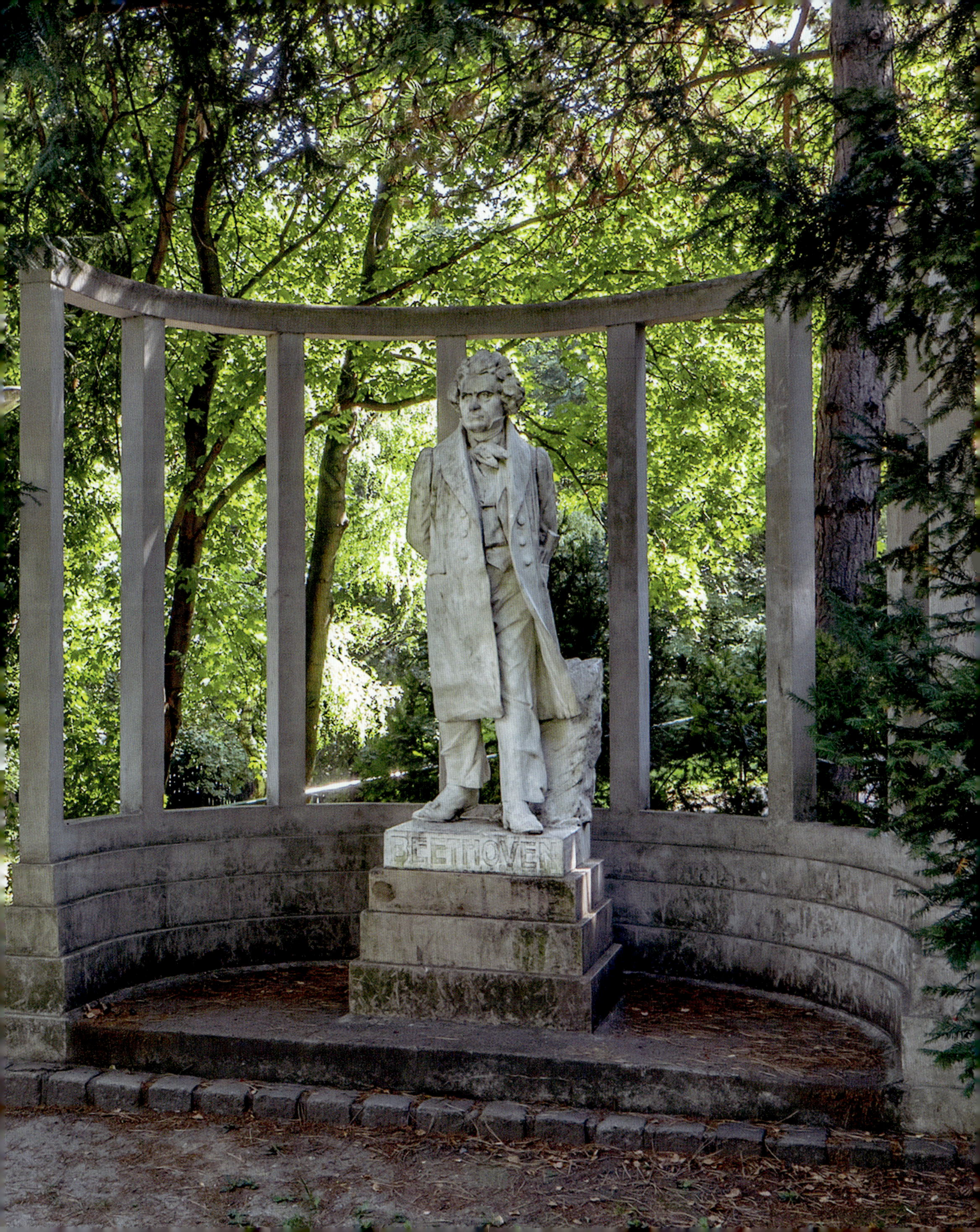
BEETHOVEN

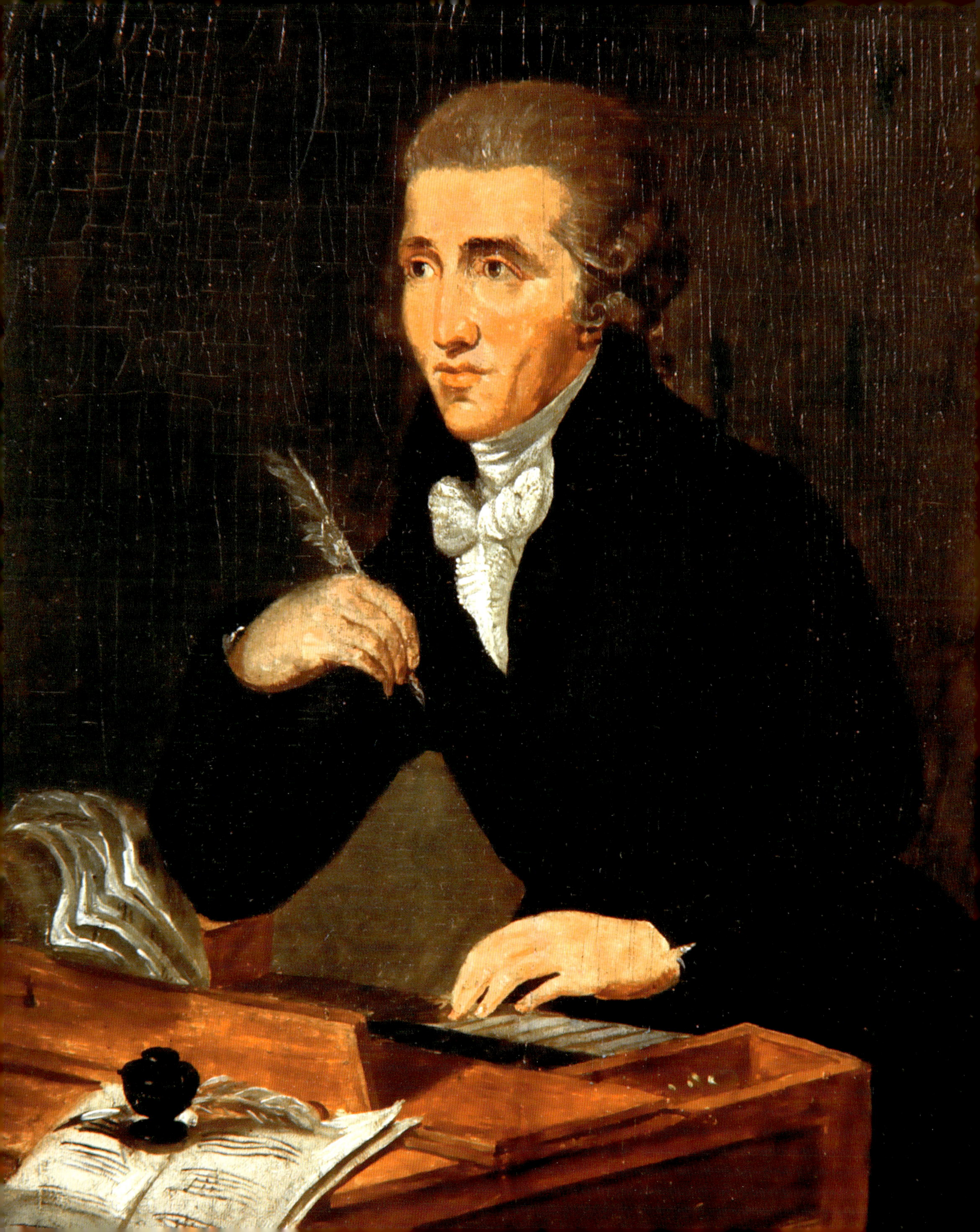

LEHRER IN WIEN

Der Plan des Bonner Kurfürsten, Beethoven nach dem 1787 mehr oder weniger fehlgeschlagenen ersten Versuch ein zweites Mal nach Wien zu entsenden, war selbstverständlich wiederum auf Mozart als Lehrer gerichtet (niemand rechnete mit dessen Tod 1791 im Alter von nur 35 Jahren). Dies leuchtet auch in Waldsteins Bonner Abschiedsgruß auf – mit der etwas gewollten Wendung „Mozarts Geist aus Haydns Händen", denn 1792 blieb als erste Wahl eines Kompositionslehrers in Wien nur Haydn übrig.

Beethoven tat sich nicht ganz leicht mit seinem neuen Lehrer, der mit Kontrapunkt-Übungen begann. Der Umstand, dass Haydn nur einen Teil der zahlreichen satztechnischen Fehler in diesen Aufgaben korrigierte, kann – so sah es Beethoven – als Ausdruck von Nachlässigkeit oder Desinteresse seines Lehrers gedeutet werden; weniger brisante Gründe wie die Nichtkenntnisnahme aus äußerem Anlass oder die nur mündliche Auswertung solcher Passagen können freilich nicht ausgeschlossen werden. Hinter dem Rücken Haydns scheint Beethoven jedenfalls über mehrere Monate bis Juni 1793 zusätzlich Unterricht bei Johann Baptist Schenk (1753–1836), einem zuvor auch von Mozart geschätzten Singspielkomponisten, genommen zu haben. Zumindest suchte er dessen Rat, da er ihn als „verehrten Corrector" bezeichnete.

Am 23. November 1793 schickte Haydn fünf Werke seines Schülers Beethoven an Kurfürst Maximilian Franz nach Bonn, um – wie er in einem Begleitbrief schrieb – zu zeigen, dass „Beethoven mit der Zeit die Stelle eines der größten Tonkünstler in Europa vertreten werde und ich werde stolz sein, mich seinen Meister nennen zu können". Haydn erbat allerdings auch eine Erhöhung der Bezüge Beethovens

◄

Ludwig Guttenbrunn: Joseph Haydn, Gemälde, um 1791

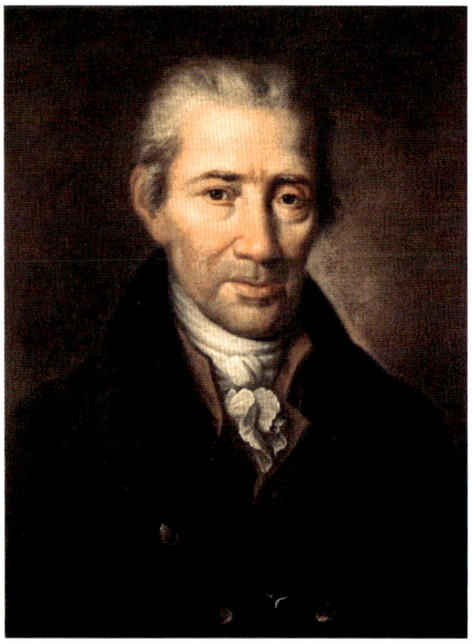

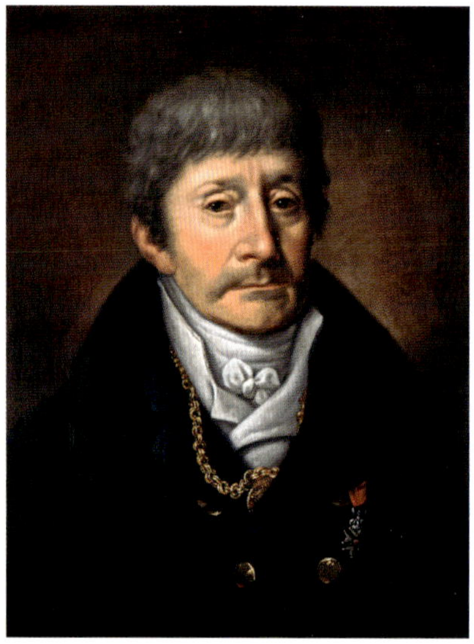

◄◄
Anonym: Johann Georg Albrechtsberger, Porträt, 1790

◄
Anonym: Antonio Salieri, Gemälde, um 1800

durch den Kurfürsten, zumal er ihm bereits selbst Geld hatte leihen müssen. Der Kurfürst jedoch zeigte sich zugeknöpft. Kühl verwies er darauf, dass vier der fünf eingesandten Kompositionen schon in Bonn entstanden seien (was nur die halbe Wahrheit war, denn sie wurden in Wien bei Haydn überarbeitet) und dass Haydn bei der Schilderung der finanziellen Verhältnisse Beethovens das Bonner Gehalt seines verstorbenen Vaters, das ihm weiter gezahlt wurde, unterschlagen habe. Offensichtlich hatte Beethoven seine Situation gegenüber Haydn etwas bedrohlicher beschrieben als sie tatsächlich war – so, wie das bei Anträgen, Eingaben oder Protestnoten zu allen Zeiten häufig üblich war und ist. Der Vorgang war jedenfalls nicht geeignet, das Vertrauensverhältnis zwischen den beiden Giganten der Musik zu vertiefen.

Auch verübelte Beethoven seinem Lehrer die Vorbehalte, die er gegenüber dem leidenschaftlichen *c-Moll-Trio* aus den *Klaviertrios* op. 1 formulierte. So lehnte er es ab, auf dem Titel seiner ersten gedruckten Werke als dessen Schüler ausgewiesen zu werden. Dass Haydn, damals 61 Jahre alt, überhaupt diesen Wunsch geäußert hatte, wirft ein Licht darauf, welch weit überdurchschnittliches Potenzial er seinem 22-jährigen Schüler beimaß.

Auf seine zweite Reise nach England zu Beginn des Jahres 1794 nahm Haydn, der seinen Schüler in Briefen leicht ironisch als „Großmogul" zu bezeichnen beliebte, Beethoven jedoch nicht mit. Stattdessen gab er ihn in die Hände des Kapellmeisters am Wiener Stephansdom, Johann Georg Albrechtsberger (1736–1809). Bei dem in Wien sehr anerkannten, berühmten Kompositionslehrer setzte Beethoven bis März 1795 seine Studien sowohl des strengen als auch des freien Satzes fort. Aber auch hier ging es nicht ohne Spannungen zwischen Lehrer und Schüler ab. Als ein Wiener Musiker dem Lehrer um 1800 ein Streichquartett Beethovens zeigen wollte, winkte Albrechtsberger nur ab: „Gehen Sie mir mit dem, der hat nichts gelernt und wird

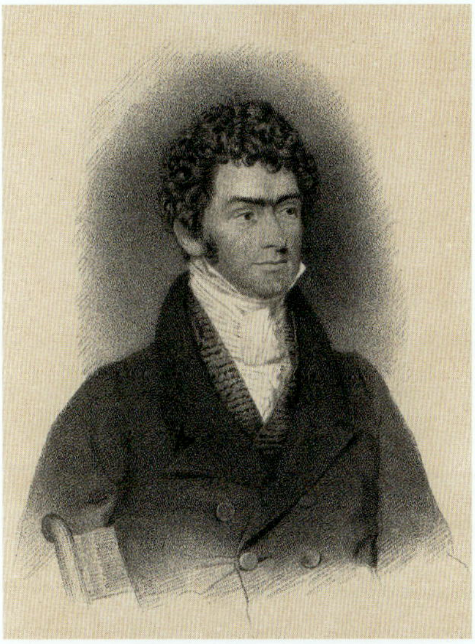

Charles Picart: Ferdinand Ries, Stich wohl nach einer eigenen Zeichnung

nie etwas Ordentliches machen." Beethoven wiederum soll ihn einen „Musik-Pedanten" genannt haben. Allerdings schätzte er dessen Lehrbuch *Gründliche Anweisung zur Composition* (Leipzig 1790) so sehr, dass er es weiterempfahl und ggf. sogar mit eigenhändiger Widmung verschenkte.

Darüber hinaus ließ sich Beethoven bis 1802 von Antonio Salieri (1750–1825) in der Verwendung der italienischen Sprache in Vokalwerken unterweisen. Salieri war keineswegs jener mittelmäßige Komponist und vermeintliche Intrigant gegenüber Mozart, als der er nach seinem Tode in Literatur, Oper und Film immer wieder dargestellt wurde, sondern verfügte als Wiener Hofkapellmeister sowie als Lehrer im Gesang und in der Komposition über einen ausgezeichneten Ruf. Neben zahlreichen anderen Ehrungen wurde er 1815 zum Ritter der französischen Ehrenlegion geschlagen.

Ferdinand Ries (1784–1838), der ebenfalls aus Bonn stammende Schüler Beethovens, Pianist und Komponist, später sein Sekretär, Kopist und schließlich früher Biograf, blickt 1838 zurück auf seinen Lehrer Beethoven als Schüler: *Er habe zwar, wie er sagte, einigen Unterricht bei Haydn genommen, aber nie etwas von ihm gelernt … Auch bei Albrechtsberger hatte Beethoven im Kontrapunkte und bei Salieri über dramatische Musik Unterricht genommen. Ich habe sie alle gut gekannt; alle drei schätzten Beethoven sehr, waren aber auch einer Meinung über sein Leben. Jeder sagte: Beethoven sei immer so eigensinnig und selbstwollend gewesen, dass er manches durch eigene harte Erfahrung habe lernen müssen, was er früher nie als Gegenstand eines Unterrichts habe annehmen wollen.*

Als mindestens ebenso bedeutsam für Beethoven in jenen frühen Wiener Jahren wie Haydn, Albrechtsberger und Salieri erwies sich der Musikkenner und Mäzen Baron Gottfried van Swieten (1733–1801). Er veranstaltete als großer Kenner und Partiturensammler der Werke Bachs und Händels sonntägliche Matineen in seinem Haus und führte Beethoven nicht nur in diese „alte Welt" ein (einen Teil davon hatte dieser schon bei Neefe in Bonn kennengelernt), sondern drängte ihn darüber hinaus zu häufigen Besuchen, bei denen er ihn „in der Regel spät fortließ"

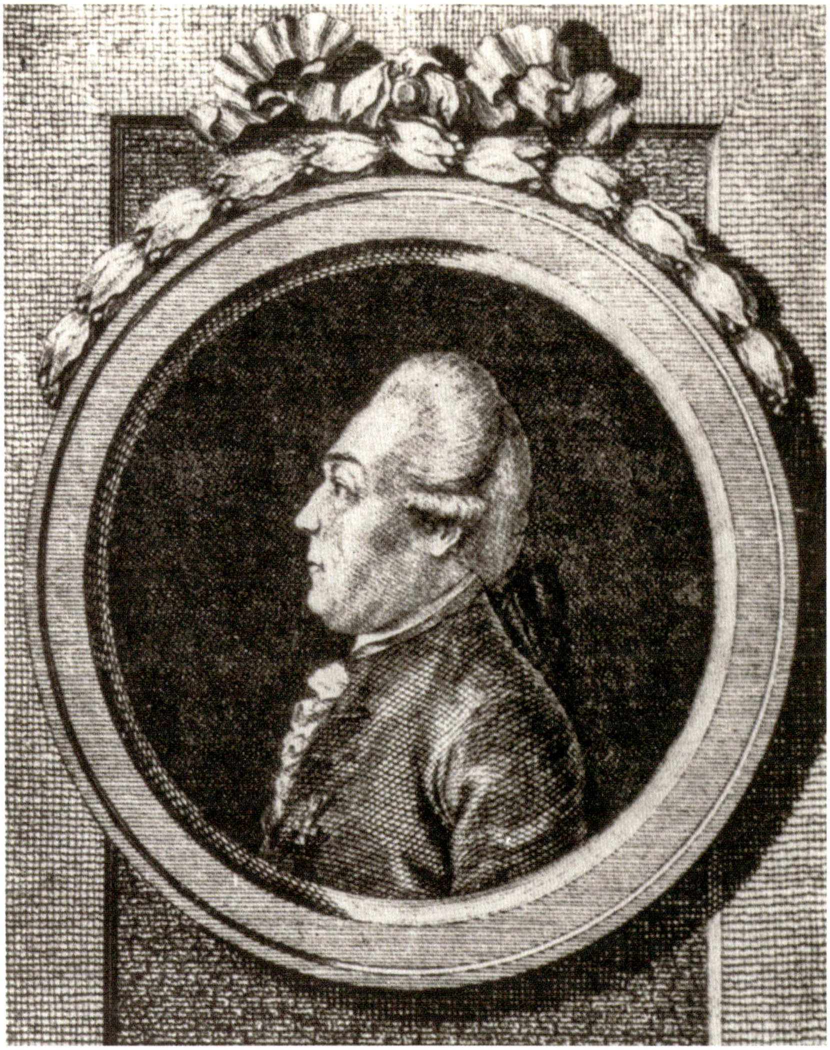

◂ *Johann Ernst Mansfeld d. Ä.: Gottfried Bernhard van Swieten, Kupferstich, 1780*

(oder gar bei sich übernachten ließ), „weil dieser sich bequemen musste, noch eine Anzahl Fugen von Sebastian Bach ‚zum Abendsegen' vorzutragen." Baron van Swieten – sein Vater war Leibarzt Kaiserin Maria Theresias – komponierte auch selbst und hatte u. a. bereits Mozart mit Werken Bachs vertraut gemacht. In seiner aktiven Zeit als Diplomat hatte er z. B. als österreichischer Gesandter am preußischen Hof gedient und dort 1772 mit König Friedrich II. die erste polnische Teilung ausgehandelt.

Aus den letzten Lebensjahren Beethovens ist seine berühmteste Äußerung über Bach überliefert: „Nicht Bach, sondern Meer sollte er heißen wegen seines unendlichen, unerschöpfbaren Reichtums von Tonkombinationen und Harmonien." Mehr noch als Bach verehrte und bewunderte Beethoven jedoch Händel, der sei-

ner Neigung zu heroischem Pathos in der Musik wie kein anderer entsprach. Er bezeichnete Händel als den größten Komponisten, „der je gelebt hat. Ich würde mein Haupt entblößen und an seinem Grabe niederknien." Und bereits 1819 ließ er seinen Gönner Erzherzog Rudolph wissen: „Händel ist der unerreichte Meister! Geht hin und lernt, mit wenigen Mitteln so große Wirkungen hervorzubringen!"
Das schwierige Verhältnis Beethovens zu Haydn in den ersten Wiener Jahren fand später ein versöhnliches Ende, als dieser am 27. März 1808 mit einem Festkonzert im großen Saal der Wiener Universität zu seinem 76. Geburtstag geehrt wurde. Alles, was im adligen Wien und in der Musik Rang und Namen hatte, jubelte ihm zu. Beethoven kniete mit Tränen in den Augen vor ihm nieder und küsste ihm die Hände. Überwältigt von der Lebensleistung des Älteren hatte er seinen Frieden mit ihm gemacht.

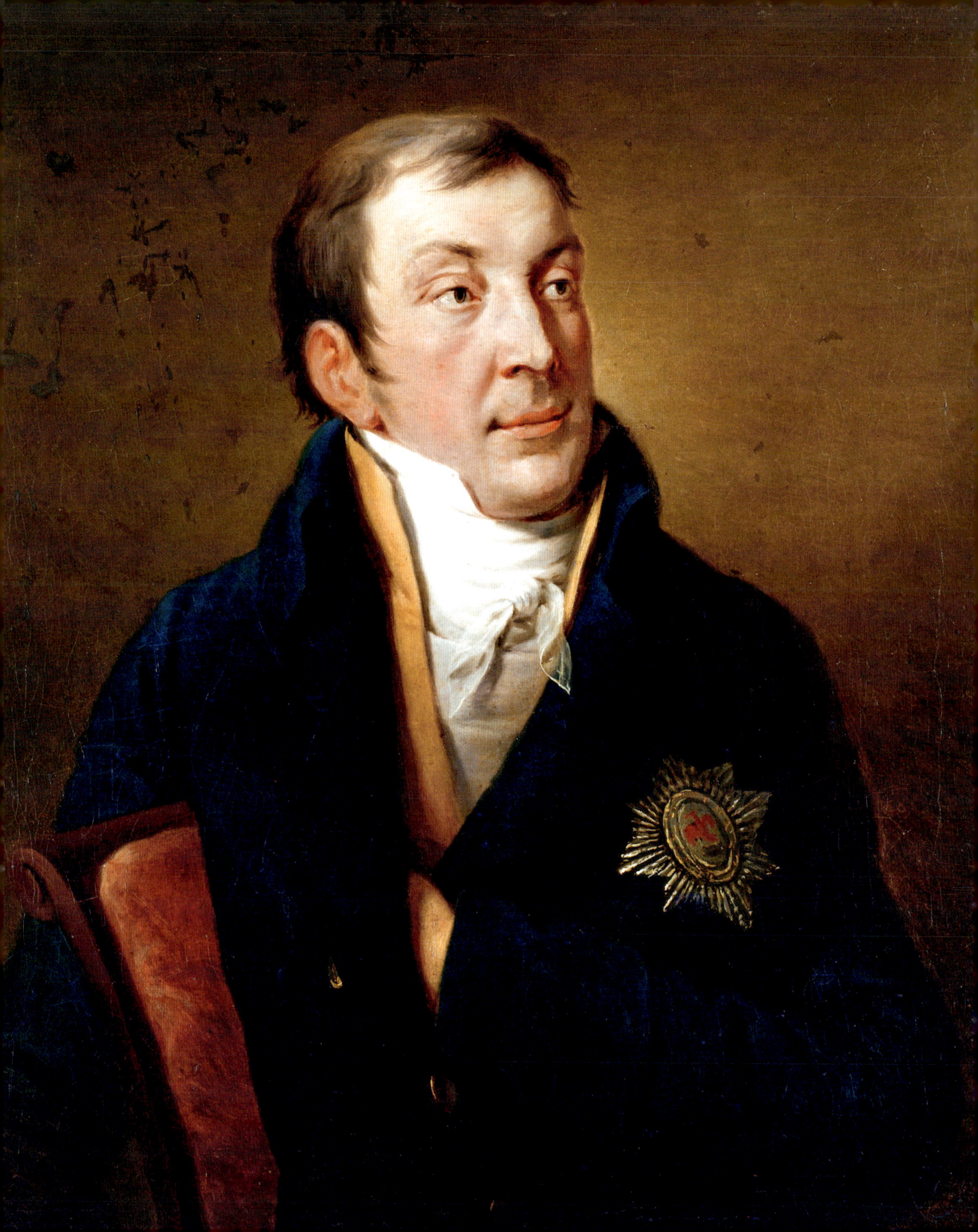

6

GÖNNER IN WIEN

◄

Gödel: Fürst Karl Lichnowsky, Gemälde, um 1810

Die sichere und auskömmliche Besoldung eines Musikers als Leiter oder zumindest Mitglied einer Hofkapelle im Dienste eines Kurfürsten war Beethoven aus der Tradition seiner Familie vertraut. Großvater und Vater prägten dieses Leitbild. Auch sein Wechsel von Bonn nach Wien geschah unter der Prämisse, dass Beethoven sein Anstellungsverhältnis am Bonner Hof behalten und demzufolge nach erfolgreicher Weiterbildung zu einem nicht allzu fernen Zeitpunkt an den Rhein zurückkehren werde. Dass es nicht dazu kam, lag nicht nur an den gravierenden politischen Veränderungen in Bonn, in deren Gefolge Beethoven der brotgebende und fördernde Kurfürst abhanden gekommen war, sondern vor allem an der Attraktivität Wiens mit ungleich mehr Möglichkeiten für ein junges Genie wie Beethoven, Förderer und neue Freunde zu finden oder eigene Werke aufzuführen und zu veröffentlichen.
Umgekehrt wurde auch die adlige Oberschicht Wiens bald auf den grimmigen jungen Mann aufmerksam, der ihre Töchter und Ehefrauen so engagiert im Klavierspiel unterrichtete und in privaten, halböffentlichen oder öffentlichen Konzerten nicht etwa für gepflegte Unterhaltung, sondern für verstörende Furore sorgte. Ein solches Talent musste gefördert und in Wien gehalten werden.
Beethovens Verbindungen zu Fürst Karl von Lichnowsky (1761 – 1814) gingen auf die Empfehlung des Grafen Waldstein und möglicherweise sogar auf den ersten Wien-Aufenthalt 1787 zurück. Lichnowsky gehörte dem schlesischen Zweig eines ursprünglich polnischen Adelsgeschlechts an und verbrachte den Sommer meist auf einem seiner schlesischen Güter. Er hatte sich bei Mozart im Klavierspiel unterrichten lassen und war zuletzt sogar dessen Freund geworden. Eine Freundin der Familie beschrieb

ihn als „zynischen Wüstling und schamlosen Feigling", aber auch als ängstlichen und unsicheren Menschen. Seine Frau, geborene Gräfin Maria Christiane von Thun (1765–1841), war kurz vor der Eheschließung gewarnt worden und wollte diese im letzten Moment noch absagen. Man einigte sich schließlich doch zu heiraten, obwohl sich die Eheleute weder vor noch nach ihrer Vermählung etwas zu sagen hatten. Die Gräfin sei sehr intelligent, gebildet und eloquent, aber auch melancholisch, überheblich, halsstarrig, kühl und krankhaft misstrauisch gewesen.

Als Beethoven 1792 in Wien eintraf, quartierte ihn Lichnowsky in seinem Haus in der Alsergasse ein. Die Fürstin kümmerte sich umsichtig um Beethoven, der sie bis zu seinem Lebensende als seine „mütterliche Freundin" bezeichnen sollte. Rückblickend seufzte er: „Mit großmütterlicher Liebe hat man mich dort erziehen wollen, die so weit ging, dass oft wenig gefehlt, dass die Fürstin nicht eine Glasglocke über mich machen ließ, damit kein Unwürdiger mich berühre oder anhauche." Bald fühlte er sich allerdings zu sehr bevormundet: „Nun soll ich täglich um halb 4 Uhr zu Hause sein, mich etwas besser anziehen, für den Bart sorgen usw. – Das halt' ich nicht aus!"

Fürst Lichnowsky ermöglichte Beethoven (durch Übernahme eines Teils der Kosten) ab Februar 1796 eine große Konzertreise über Prag, Dresden und Leipzig nach Berlin, wo dieser im Mai und Juni im damals ersten Hotel am Platze, dem Gasthaus „Stadt Paris", logierte. Im darin integrierten Konzertsaal musizierte er ebenso wie in der erst wenige Jahre zuvor gegründeten Berliner Singakademie (damals noch in der Königlichen Akademie der Künste) sowie exklusiv vor König Friedrich Wilhelm II. (vermutlich im Kronprinzenpalais). Eine erhoffte Festanstellung wurde ihm jedoch nicht angeboten. Eine weitere, kleine Konzertreise führte ihn im November desselben Jahres nach Preßburg und Pest (dem späteren Budapest).

Lichnowskys Verhältnis zu Beethoven war freilich nicht ganz konfliktfrei, da beide Persönlichkeiten Anspruch auf Dominanz erhoben und zu Exzentrik neigten. Allerdings förderte Lichnowsky Beethovens Karriere wie ein Manager und erzeugte damit einen Grad an Abhängigkeit, der dem Geförderten Unbehagen bereitete. Er organisierte Probeaufführungen, um Anregungen der Musiker an Beethoven noch vor Abschluss der Komposition zu ermöglichen. Er sorgte für den Druck der ersten Werke und kümmerte sich um angemessene Konzert- und Kompositionsaufträge. Um seine Streichquartette optimal aufführen lassen zu können, schenkte er ihm um 1800 sogar wertvolle Musikinstrumente – zwei Geigen, eine Bratsche und ein Violoncello. Entscheidend aber war, dass Lichnowsky ihm ab 1801 ein festes Jahresgehalt von 600 Gulden zahlte – bis er eine gut besoldete Stelle gefunden haben würde. Dies geschah bekanntlich nie.

Lichnowsky, der einem aufwändigen, bisweilen extravaganten Lebensstil frönte, geriet einige Jahre später in finanzielle Schwierigkeiten und stellte seinen Zahlungen an Beethoven ein. Äußerer Anlass dafür soll ein ebenso überflüssiges wie für Beethoven bezeichnendes Ereignis gewesen sein. Als er sich im Oktober 1806 auf des Fürsten Landsitz Grätz bei Troppau (Mährisch-Schlesien) aufhielt, wo er an seiner *Vierten Sinfonie* arbeitete, sollte er nach einem Diner für französische Offiziere am Klavier improvisieren. Beethoven – spätestens seit Napoleons Kaiserkrönung 1804 auf die

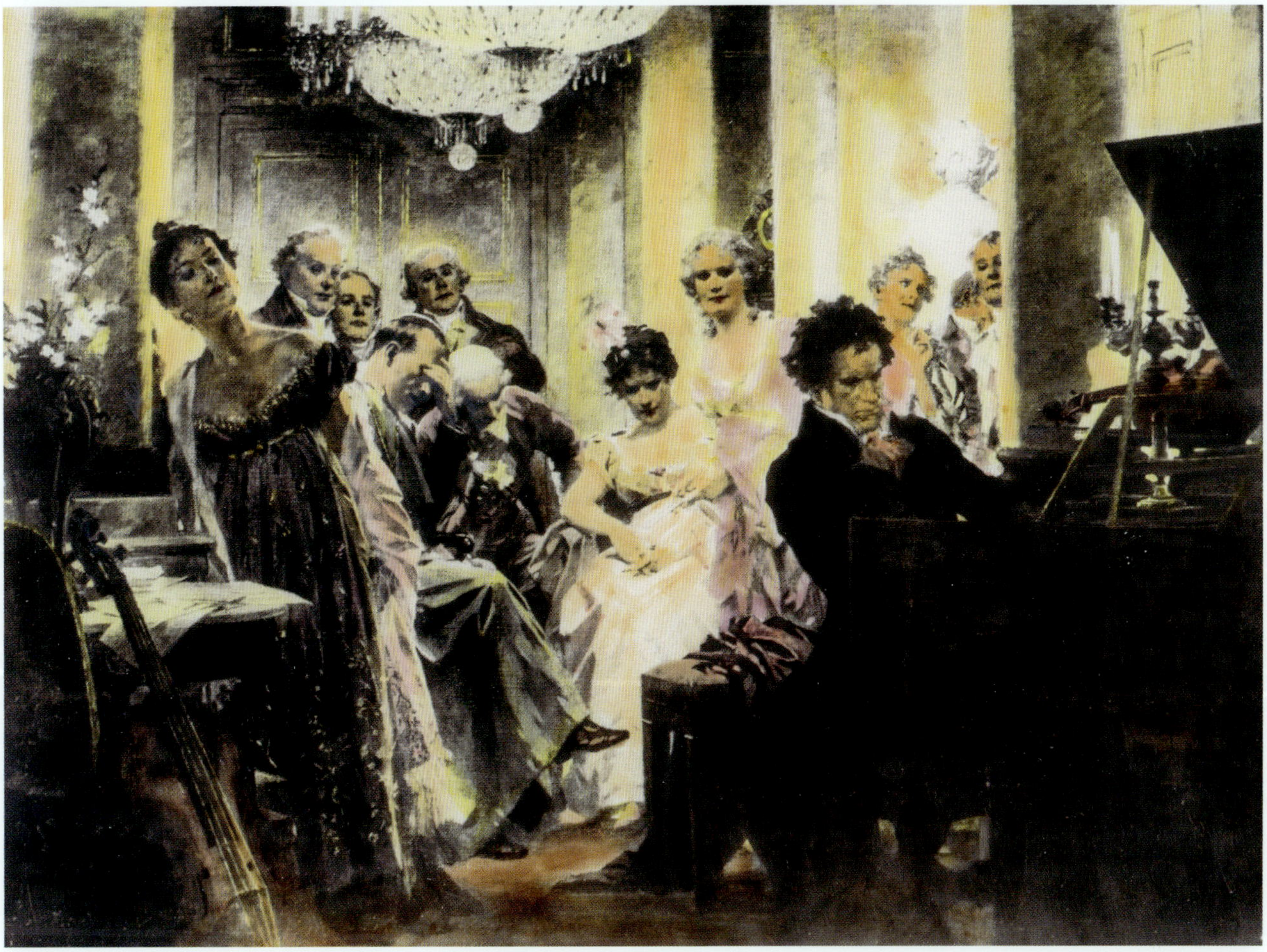

Julius Schmid: *Beethoven spielt vor einer Gesellschaft im Hause des Fürsten Lichnowsky, Gemälde, um 1900*

Franzosen nicht gut zu sprechen – lehnte ab. Lichnowsky als höflicher Gastgeber bestand jedoch darauf. Das Wortgefecht eskalierte, Beethoven verließ wütend das Schloss, lief in das fast 10 Kilometer entfernte Troppau und bemerkte in seinem Zorn nicht, dass die Handschriften der *Appassionata* und anderer Kompositionen, die er bei sich trug, von strömendem Regen durchnässt wurden. Von Troppau aus soll er sodann in einem Brief dem Fürsten die berühmt gewordenen Worte an den Kopf geschleudert haben: „Fürst, was Sie sind, sind Sie durch Zufall und Geburt, was ich bin, bin ich durch mich; Fürsten hat es und wird es noch tausende geben; Beethoven gibt's nur einen." – Zurück in Wien, soll er schließlich auch noch Lichnowskys Büste, die seit Jahren auf seinem Klavier gestanden hatte, zertrümmert haben.
Bedenkt man, dass der Wortlaut dieses Briefes erst 1873 und nur indirekt (aus der mündlichen Erinnerung des Nachfahren eines Troppauer Beteiligten) überliefert worden ist und dass wenige Jahre zuvor ein anderer, tatsächlich erhaltener Brief Beethovens an einen jungen Komponisten veröffentlicht wurde, der glaubte, um der

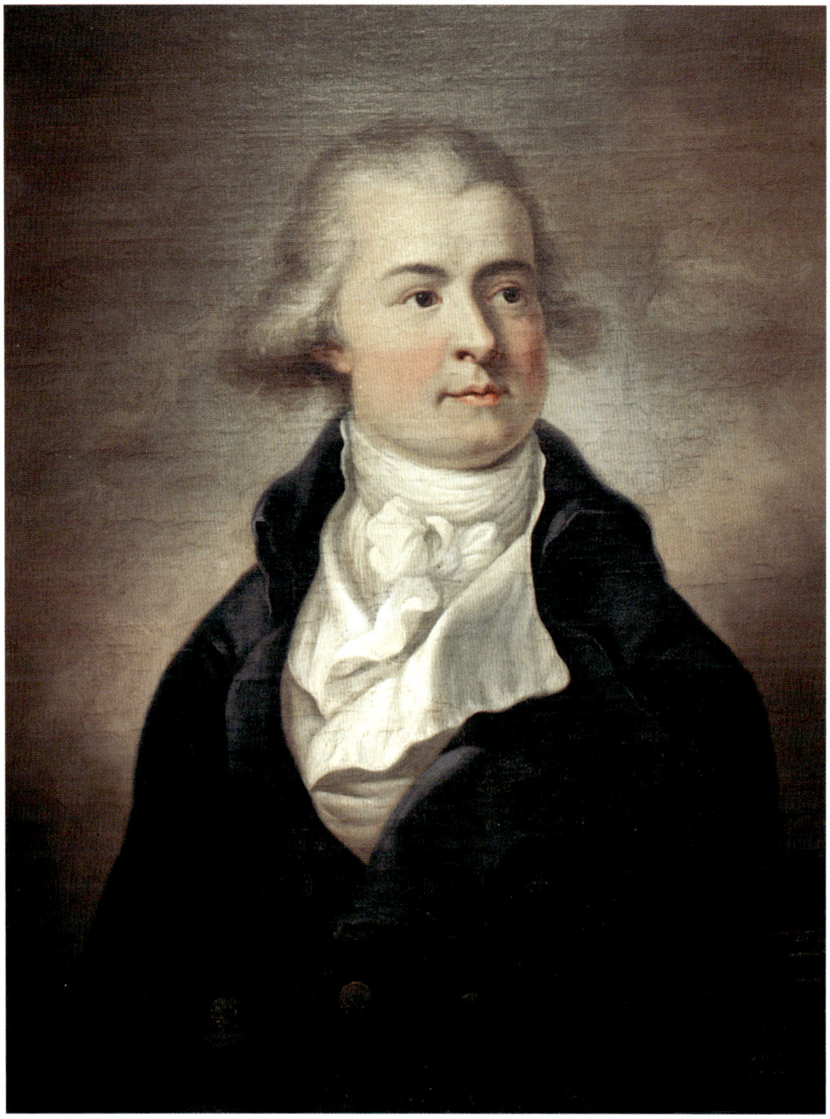

◂ *Friedrich Oelenhainz: Fürst Lobkowitz, Öl auf Leinwand, 1795*

Karriere willen von Braunschweig nach Wien wechseln zu müssen, so erscheinen die Ereignisse in einem anderen Licht. Beethoven hatte in diesem anderen Brief aus Wien seinen Kollegen darüber belehrt, dass er „in einem kleinen unbedeutenden Orte [gemeint ist Bonn] gelebt habe, und fast alles, was ich sowohl dort als auch hier geworden bin, nur durch mich selbst geworden bin." Aus diesem tatsächlich existierenden Brief mit der sinngemäß gleichen „durch-mich"-Formulierung könnte die inhaltlich ganz anders ausgerichtete Aussage jenes nicht überlieferten Troppauer Briefes an Lichnowsky im Zuge einer sehr freizügigen literarischen Interpolation entstanden sein.

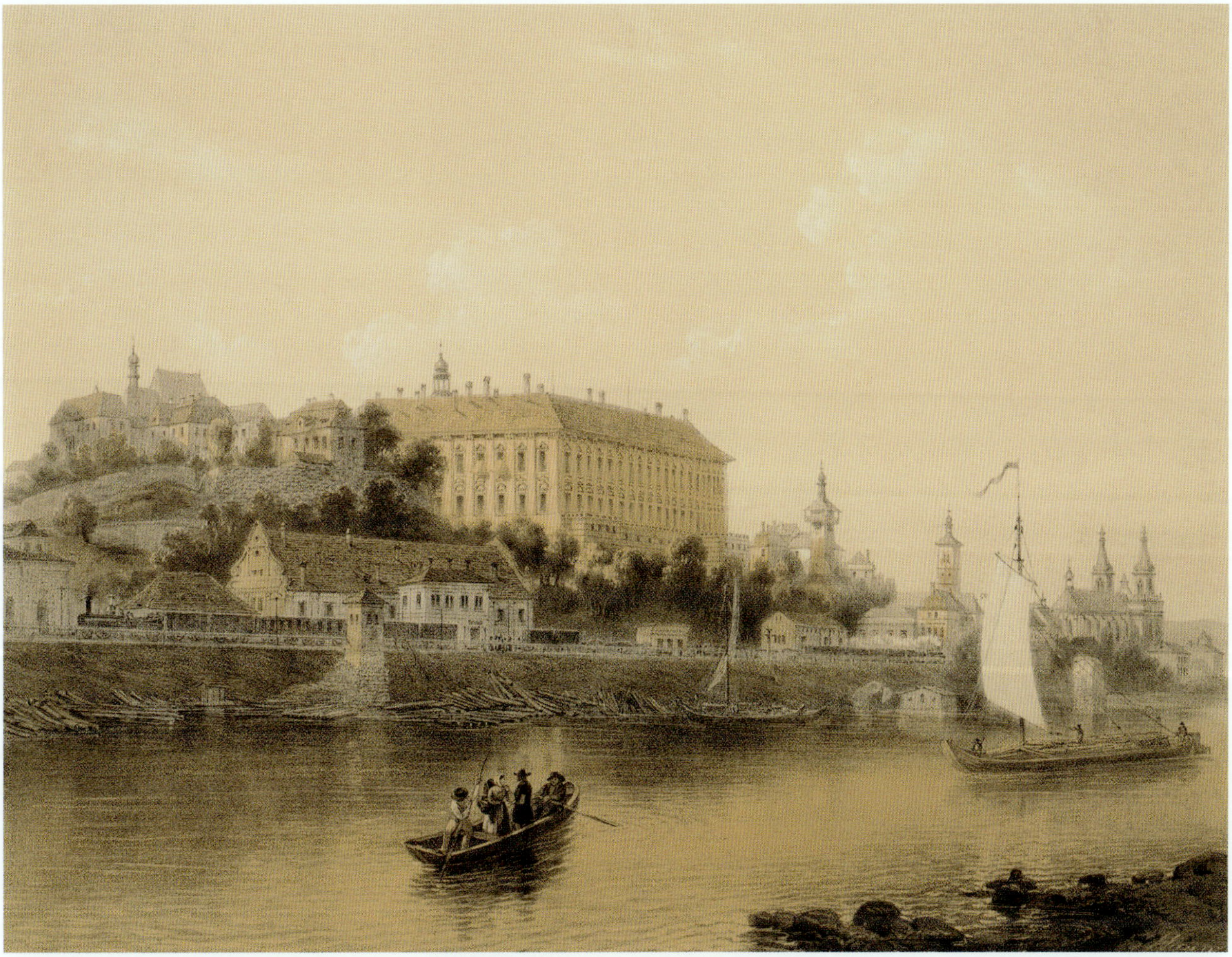

▲

Anonym: Schloss Raudnitz, Kupferstich, um 1800. In der opulenten Schlossanlage auf einem Felsvorsprung über der Elbe fanden frühe Aufführungen mehrerer Werke Beethovens statt, darunter die Eroica.

Zu späteren Kontakten oder gar einer Aussöhnung ist es nicht mehr gekommen. Beethoven wusste jedoch sehr wohl, was er dem Fürsten zu verdanken hatte.
Ein ähnlicher Eklat soll sich in einem anderen adligen Musiksalon ereignet haben. Mitten in einem Hauskonzert rief Beethoven, als sich die Zuhörer ungeniert unterhielten: „Für solche Schweine spiele ich nicht!" Er stürmte davon und – so berichtet es Ferdinand Ries – „alle Versuche, ihn wieder ans Klavier zu bringen, waren vergeblich. … So hörte die Musik zur allgemeinen Missstimmung auf."
Schon über zwei Jahre lebte Beethoven in Wien, als er am 2. März 1795 zum ersten Mal bei einer Akademie des Fürsten Franz Joseph Maximilian von Lobkowitz (1772–1816) auftrat. Auch dieser adlige Gönner war selbst musikalischer Dilettant (ein Begriff, der damals noch nicht abwertend, sondern eher bewundernd gebraucht wurde) und hegte eine wahre Leidenschaft für Musik und Theater. In seinem Wiener Palais, aber auch in seinen böhmischen Besitzungen in Prag sowie

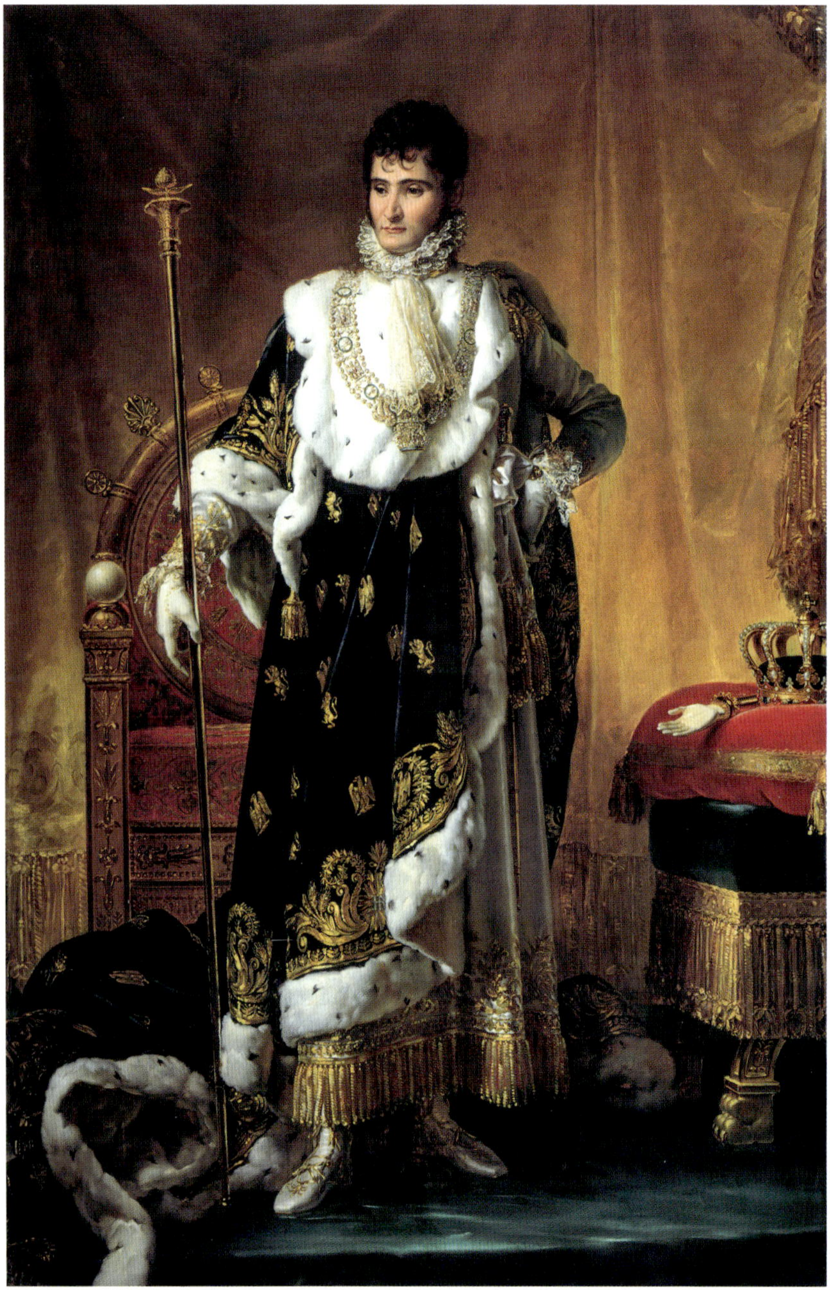

◂ *François Gérard: Jérôme Bonaparte, König von Westphalen, Gemälde, 1811*

auf den Schlössern Raudnitz und Eisenberg veranstaltete er häufig Konzerte, Akademien und sogar Opernaufführungen oder ganze Musikfeste. Dazu unterhielt er ein eigenes, ab 1797 von dem mährischen Komponisten Anton Wranitzky (1761–1820) geleitetes Privatorchester, das bei Bedarf durch Solisten und Sänger ergänzt wurde.

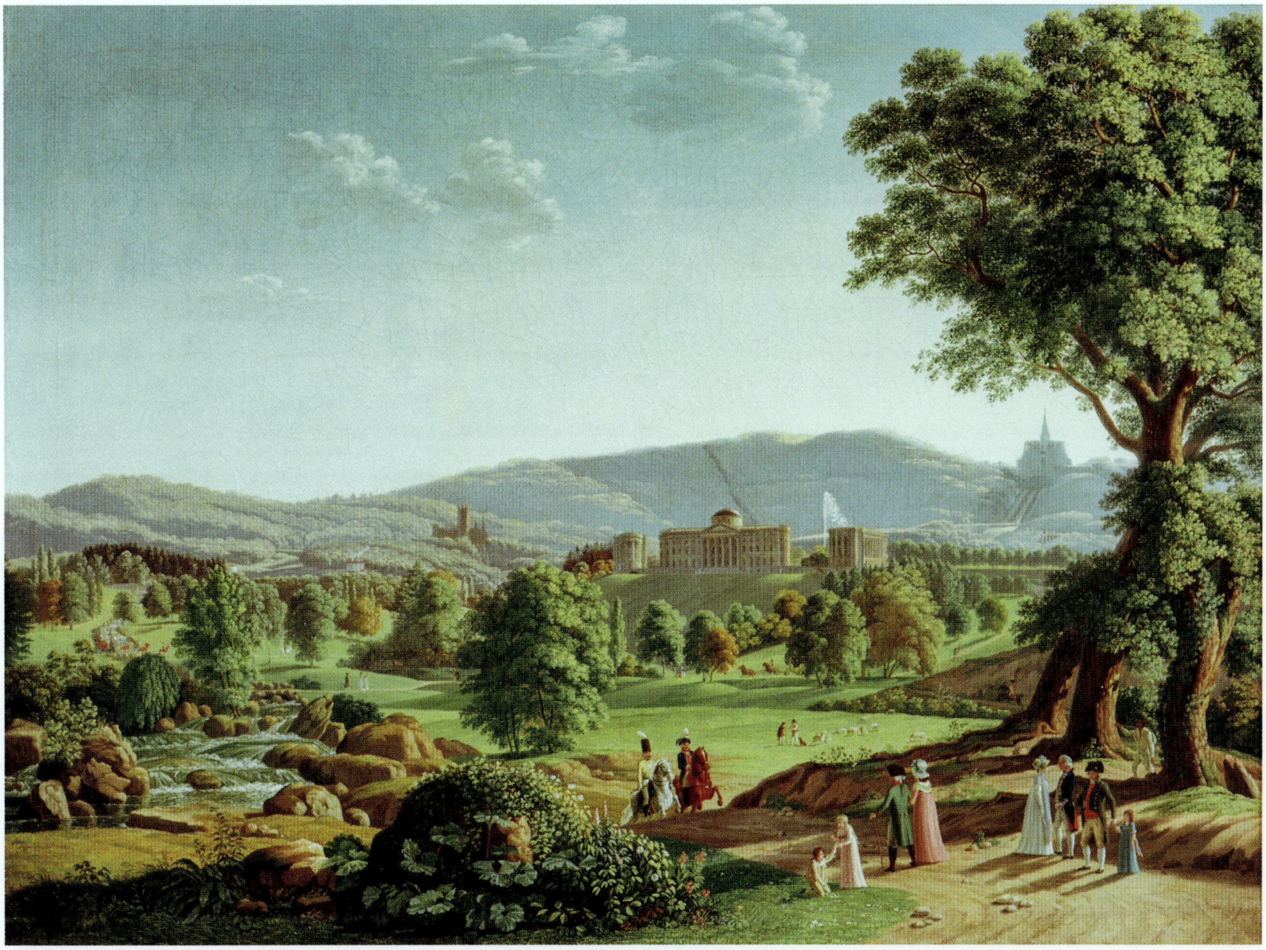

▲

Johann Erdmann Hummel: Ansicht von Schloss Wilhelmshöhe mit dem Habichtswald, Ölgemälde, 1800. Wenige Jahre nach der Entstehung dieses Bildes richtete Jêrome Napoleon hier seine Residenz ein, die für Beethoven ab 1809 der wichtigste Wirkungsort geworden wäre, hätte er das Angebot aus Kassel angenommen.

Vermutlich über Wranitzky, der wie Beethoven Schüler von Haydn und Albrechtsberger gewesen war, lernte Lobkowitz Beethoven kennen.

Lobkowitz nahm zielgerichtet auf Beethovens künstlerische Entwicklung Einfluss. Indem er ihm im Herbst 1798 einen Auftrag zur Komposition von sechs Streichquartetten erteilte, zwang er ihn, sich endlich mit dieser seit Haydn entscheidenden kammermusikalischen Gattung auseinanderzusetzen, an die sich Beethoven bisher noch nicht herangewagt hatte. Tatsächlich beanspruchte die Arbeit an den *Streichquartetten* op. 18 weit über zwei Jahre. Sie leitete eine neue Phase seines Schaffens ein.

Mit Fürst Ferdinand Johann Nepomuk Kinsky (1781 – 1812) spielte ein weiterer Adliger für den Unterhalt Beethovens eine tragende Rolle. Er kümmerte sich nicht um Konzerte und Aufführungsmöglichkeiten, sondern unterstützte ihn „nur" finanziell. Aus altem böhmischen Adel stammend, hatte er eine militärische Karriere eingeschlagen. Sein Engagement für die Musik führte im Dezember 1812 zur Gründung

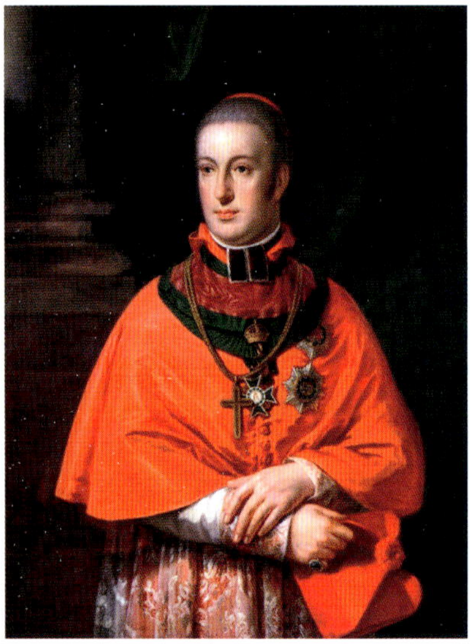

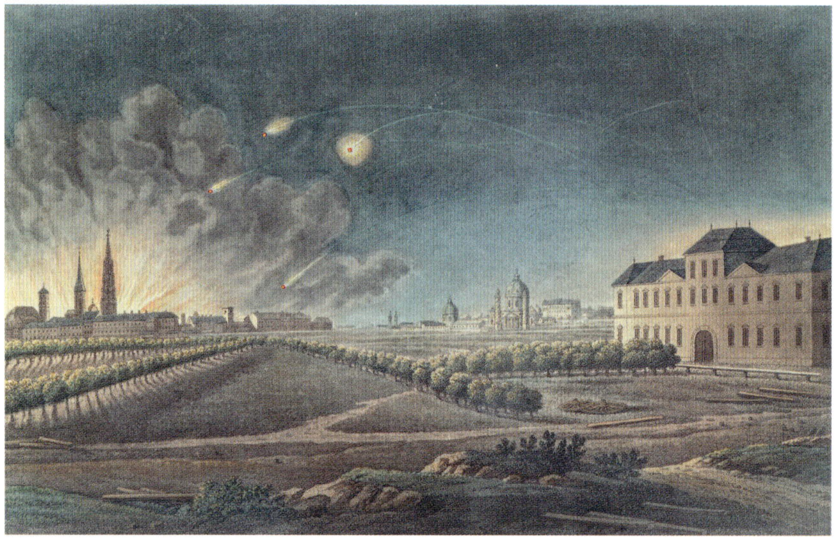

der später renommierten *Gesellschaft der Musikfreunde* Wien. Nur konnte er sie nicht mehr erleben, da er am 3. November 1812 an den Folgen eines Reitunfalls auf einem seiner böhmischen Güter verstorben war.

Inzwischen ging Beethoven der Ruf des bedeutendsten lebenden Komponisten voraus. An den miteinander konkurrierenden Höfen im Bereich des seit 1806 nicht mehr existierenden Heiligen Römischen Reichs Deutscher Nation regten sich Begehrlichkeiten, dieses „Renommierobjekt" zu vereinnahmen. Auch Beethoven selbst war entgegen seiner grundsätzlichen Vorbehalte gegenüber fürstlicher Abhängigkeit nach dem Wegfall der nicht unerheblichen Unterstützung durch Lichnowsky 1806 nun doch geneigt, eine feste höfische Stellung anzunehmen, wenn die Bedingungen stimmen würden.

In dieser Situation erreichte ihn 1808 ein durch den Diplomaten Friedrich Ludwig III. Truchsess zu Waldburg (1776–1844) überbrachtes Angebot von Jérôme Napoleon (1784–1860), dem jüngsten Bruder Napoleon Bonapartes, aus Kassel, der Hauptstadt des 1807 neugegründeten Königreichs Westphalen (dessen Gebiet nur zu einem sehr kleinen Teil Westfalen umfasste). König Jérôme war im Begriff, hier einen französischen Musterstaat aufzubauen – im Zuge dessen entstand in Kassel auch das nach der viermonatigen Mainzer Republik 1793 zweite Parlament auf deutschem Boden – und hatte keinen Geringeren als Beethoven als „Ersten königlichen Kapellmeister" ins Visier genommen. Dieser war durchaus nicht abgeneigt, zumal er sich – wie er in einem Brief Anfang Januar 1809 an den Verlag Breitkopf & Härtel dramatisierend schrieb – von „Ränken und Kabalen und Niederträchtigkeiten aller Art gezwungen" sah, Wien zu verlassen. Sein treuer juristischer Berater und Freund Freiherr Ignaz von Gleichenstein (1778–1828) handelte für ihn in Kassel ein Jahresgehalt von 600 Dukaten, Reisegeld und nicht allzu aufwändige regelmäßige Dirigierverpflichtungen aus.

◄

Johann Baptist Lampi d. Ä.: Rudolph, Kardinal-Erzbischof von Olmütz, Ölgemälde, um 1820. Beethoven und Erzherzog Rudolph standen einander so nahe, wie dies bei dem bestehenden Standesunterschied überhaupt möglich war. Rudolph – ein Enkel von Kaiserin Maria Theresia – nahm bei Beethoven Klavier- und Kompositionsunterricht, sammelte systematisch Bücher und Musikalien und war Ehrenvorsitzender der Gesellschaft der Musikfreunde in Wien.

▲

Benedikt Piringer: Das Bombardement Wiens durch französische Truppen im Mai 1809, Aquatinta-Radierung nach einer Zeichnung von Johann Nepomuk Hoechle. Die Franzosen besetzten die Stadt am 12. Mai 1809, einen Tag nach der Bombardierung. Beethoven litt besonders unter der Kanonade. Meist flüchtete er sich in einen Keller im Haus seines Bruders Karl und hielt sich die Ohren mit Kissen zu, um sein ohnehin schwindendes Gehör zu schonen.

Dem Freiherrn und der ebenfalls mit Beethoven befreundeten Gräfin Anna-Marie von Erdödy (1778–1837), die er seinen „Beichtvater" genannt haben soll, war es dennoch nicht ganz geheuer, ihn in das ferne und politisch unsichere Kassel (das Königreich Westphalen sollte bereits 1813 wieder untergehen) ziehen zu lassen, je näher der mögliche Abschied rückte. Sie fädelten deshalb einen Zusammenschluss der wichtigsten Gönner Beethovens zum Zwecke der Gewährung einer Leibrente für ihn ein.

Ranghöchster Förderer Beethovens in diesem Konsortium war mit jährlich 1.500 Gulden Erzherzog Rudolph von Österreich (1788–1831), der am 24. März 1819 zum Erzbischof von Olmütz gewählt worden ist. Den Löwenanteil von 1.800 Gulden übernahm Fürst Kinsky, und mit 700 Gulden beteiligte sich Fürst Lobkowitz. Mit diesen insgesamt 4.000 Gulden, die das Kasseler Angebot in den Schatten stellten, sollte – wie das entsprechende „Dekret" vom 1. März 1809 nicht sehr präzis formulierte – Beethoven in den Stand gesetzt werden, „dass die notwendigsten Bedürfnisse ihn in keine Verlegenheit bringen und sein kraftvolles Genie dämmen sollen". Gezahlt werden sollte solange, bis ihm eine feste Stellung etwa die gleichen Einkünfte ermöglichte, ggf. also lebenslang.

Das „Dekret" über die Leibrente Beethovens aus dem Jahr 1809 beginnt mit einem Statement über die soziale Position eines „wahren" Künstlers, dessen Wortlaut vermutlich auf Beethoven selbst zurückgeht: *Es muss das Bestreben und das Ziel jedes wahren Künstlers sein, sich eine Lage zu erwirken, in welcher er sich ganz mit der Ausarbeitung größerer Werke beschäftigen kann, und nicht durch andere Verrichtungen oder ökonomische Rücksichten davon abgehalten werden kann. Ein Tondichter kann daher keinen lebhafteren Wunsch haben, als sich ungestört der Erfindung größerer Werke überlassen und selbe sodann dem Publikum vortragen zu können. Hierbei muss er doch auch seine älteren Tage im Gesicht haben, und sich für selbe ein hinreichendes Auskommen zu verschaffen suchen.*

Beethoven war zufrieden, ließ in Kassel absagen und widmete den Initiatoren zum Dank die beiden *Klaviertrios D-Dur und Es-Dur* op. 70 (Gräfin Erdödy) sowie die *Violoncellosonate A-Dur* op. 69 (Gleichenstein; dieser spielte selbst Cello). In dieser Situation schrieb er an Gleichenstein: „Jetzt kannst Du mir bei der Suche nach der Ehefrau helfen. ... Sie muss vor allem schön sein, weil ich nichts, das nicht schön ist, lieben kann – ich müsste denn mich selbst lieben."

Mit der Unterzeichnung des Rentenvertrags begannen jedoch erst die Probleme, denn Beethoven musste mehrfach ausbleibende Zahlungen nachfordern oder sogar juristisch eintreiben lassen. Hinzu kamen Streitigkeiten mit Erben und Schwierig-

6

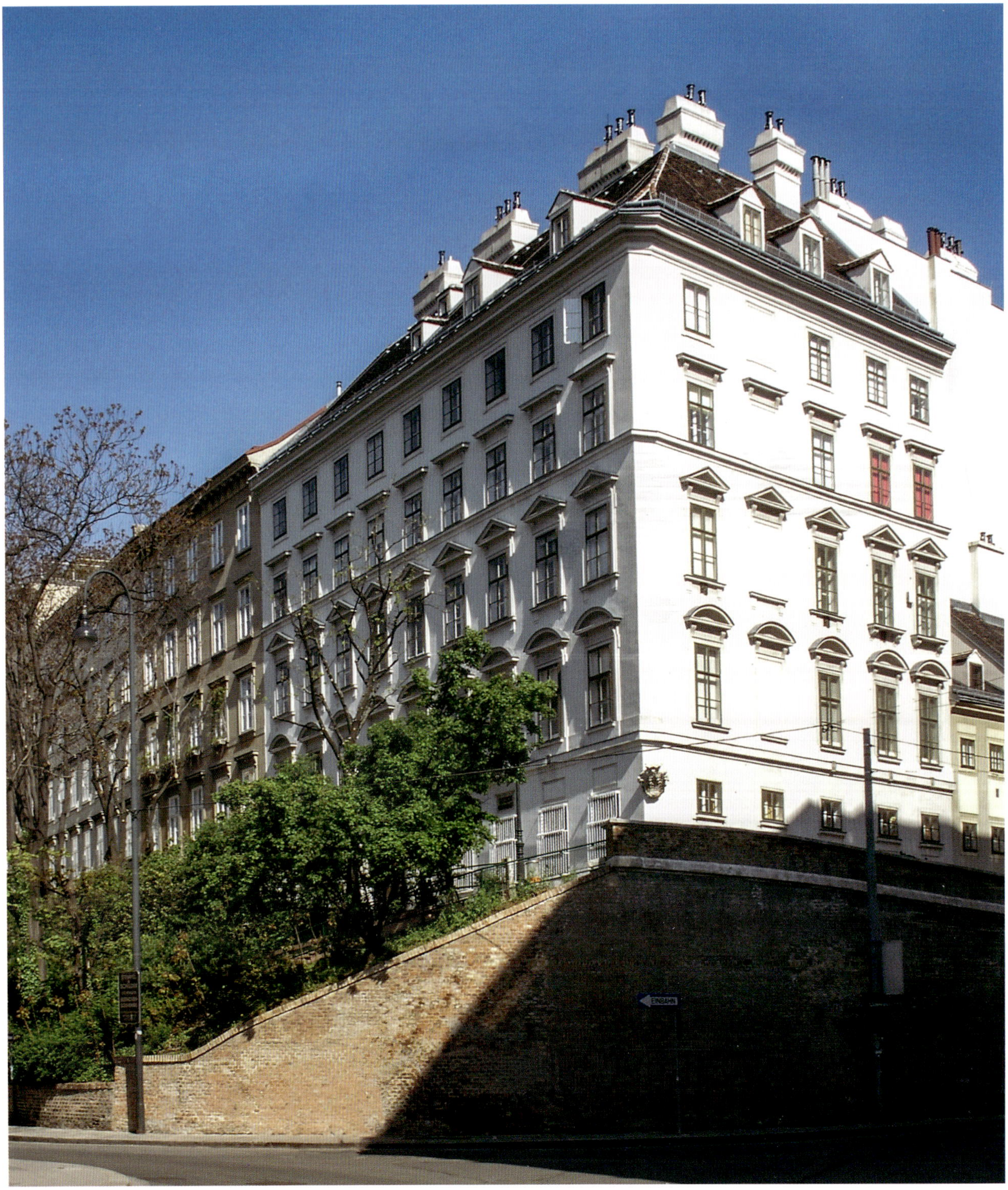

◀
Pasqualati-Haus, Außenansicht. Bettine Brentano schrieb in einem ihrer Briefe an Goethe über Beethovens Zwei-Zimmer-Wohnung im vierten Stock des Pasquala-ti-Hauses, sie sei „ganz merkwürdig: im ersten Zimmer zwei bis drei Flügel, alle ohne Beine auf der Erde liegend, Koffer, worin seine Sachen, ein Stuhl mit drei Beinen; im zweiten Zimmer sein Bett, welches sommers wie winters aus einem Strohsack und dünner Decke besteht, ein Waschbecken auf einem Tannentisch, die Nachtkleider liegen auf dem Boden."

keiten mit einer Geldentwertung. Das ging so weit, dass er später über dieses „unselige Dekret" fluchte, es sei „verführerisch wie eine Sirene, wofür ich mir hätte die Ohren mit Wachs verstopfen lassen und mich festbinden, um nicht zu unterschreiben".
Zwei Jahre nach Abschluss dieses Vertrags, im März 1811, erklärte Österreich als Folge des Fünften Koalitionskrieges gegen Napoleon den Staatsbankrott. Der Wert des Geldes schmolz damit um 80 Prozent. Zum Ausgleich erhöhte Erzherzog Rudolph seinen Anteil an der Leibrente für Beethoven. Fürst Lobkowitz, der ohnehin über seine Verhältnisse gelebt hatte, stellte hingegen seine Zahlungen im September 1811 ein. Auch der Anteil Fürst Kinskys fiel mit dessen Tod ab November 1812 aus. Mit ungewöhnlich intensivem juristischem Eifer bekämpfte Beethoven Fürst Lobkowitz, den er als „fürstlichen Lumpenkerl" schmähte. Schließlich erreichte er nach langwierigen Prozessen, dass die Familien Lobkowitz und Kinsky im Frühjahr 1815, als der Wiener Kongress im Gange war und politisch ruhigere Zeiten in Aussicht standen, ihre Zahlungsverpflichtungen aus dem Vertrag wieder erfüllten. Tatsächlich bezog er die 1809 vereinbarte Leibrente dann bis zu seinem Lebensende.

Einer der befreundeten Anwälte, die Beethoven bei diesen und anderen Prozessen unterstützte, war Baron Johann Baptist Freiherr von Pasqualati und Osterberg (1777–1830). Er vermietete Beethoven von 1804 bis 1808 und von 1810 bis 1814 in seinem Haus Mölkerbastei 8 eine geräumige Wohnung und unterstützte ihn in vielfältiger Weise bis zu dessen Tod.
Beethoven komponierte in seinem Quartier im Pasqualati-Haus u.a. mehrere Sinfonien und den *Fidelio*. Eine Nachbarwohnung beherbergt seit 1997 eine Beethoven-Gedenkstätte.

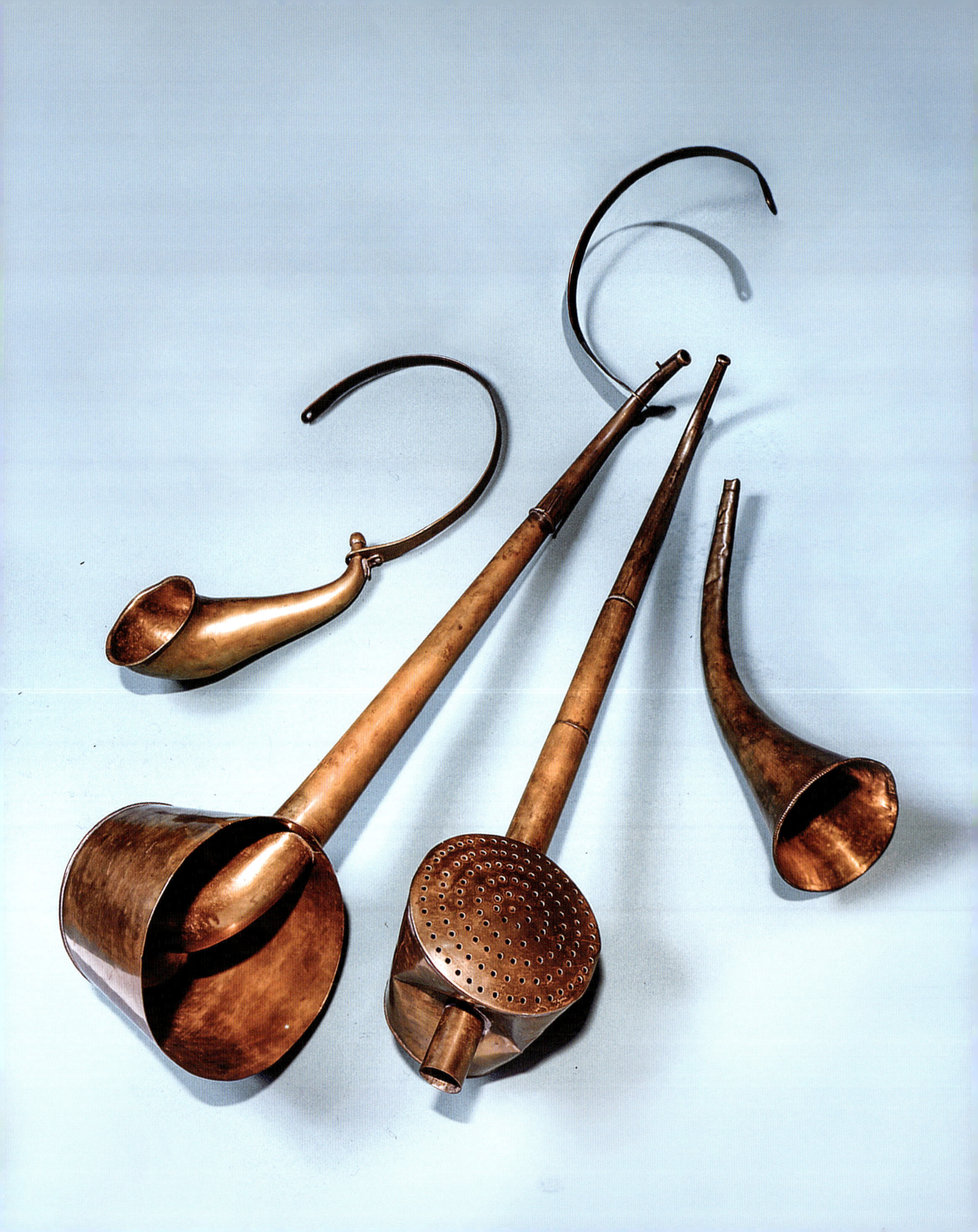

DAS HEILIGENSTÄDTER TESTAMENT UND DIE KRANKHEITEN

◀
Hörrohre, die Beethoven 1813 von dem Mechaniker Johann Nepomuk Mälzel (1772–1838) zur Linderung seines fortschreitenden Hörverlustes anfertigen ließ. Aus Angst, der Einsatz solcher Hörrohre könnte dennoch den Ertaubungsprozess beschleunigen, benutzte Beethoven davon nur eines – und auch dieses blieb nahezu wirkungslos. Es vermochte die fehlenden Frequenzbereiche beim Hören nicht zu ergänzen.

Beethoven litt nahezu lebenslang unter Krankheiten oder Schmerzen. Darüber gab er in zahllosen Briefen detailliert Auskunft. Ihn deshalb als Hypochonder zu bezeichnen wäre allerdings voreilig. Tatsächlich verfügte er keineswegs über jene robuste Konstitution, die man mit seinem äußeren Erscheinungsbild assoziieren würde. Die größte Tragik seines Lebens musste Beethoven mit seiner unerbittlich fortschreitenden Ertaubung erdulden. Dieser schleichende Prozess begann spätestens 1797 mit ersten Hörgeräuschen und endete 1818 mit dem vollständigen Verlust des Gehörs.
Anfangs berichtete Beethoven gegenüber Vertrauten wie Franz Wegeler von Ohrenschmerzen und einem permanenten „Sausen und Brausen". Bevor das Hören von Musik eingeschränkt wurde, hatte er Schwierigkeiten beim Verstehen von Gesprächen, insbesondere beim Identifizieren von Konsonanten. Das führte zunächst dazu, dass er die Begegnung mit einzelnen Menschen oder gar Gesellschaften zunehmend mied. Er war ein schwieriger Patient, denn an den Ärzten, die er zu Rate zog, hatte er immer wieder etwas auszusetzen. Letztlich konnte ihm keiner wirklich helfen.
Vor diesem Hintergrund schrieb er am 16. November 1801 an Wegeler: „Ich will dem Schicksal in den Rachen greifen, ganz niederbeugen soll es mich gewiss nicht – o, es ist so schön das Leben tausendmal leben – für ein stilles – Leben, nein ich fühl's, ich bin nicht mehr dafür gemacht."
Während seine Fähigkeit zum Komponieren durch den Gehörverlust nicht beeinträchtigt wurde, da Beethoven subtile Klangvorstellungen selbstverständlich auch ohne klangliche Verwirklichung zu Papier zu bringen und ebenso umgekehrt vom Notenbild abzurufen vermochte, schränkte sich sein Wirkungskreis als ausübender

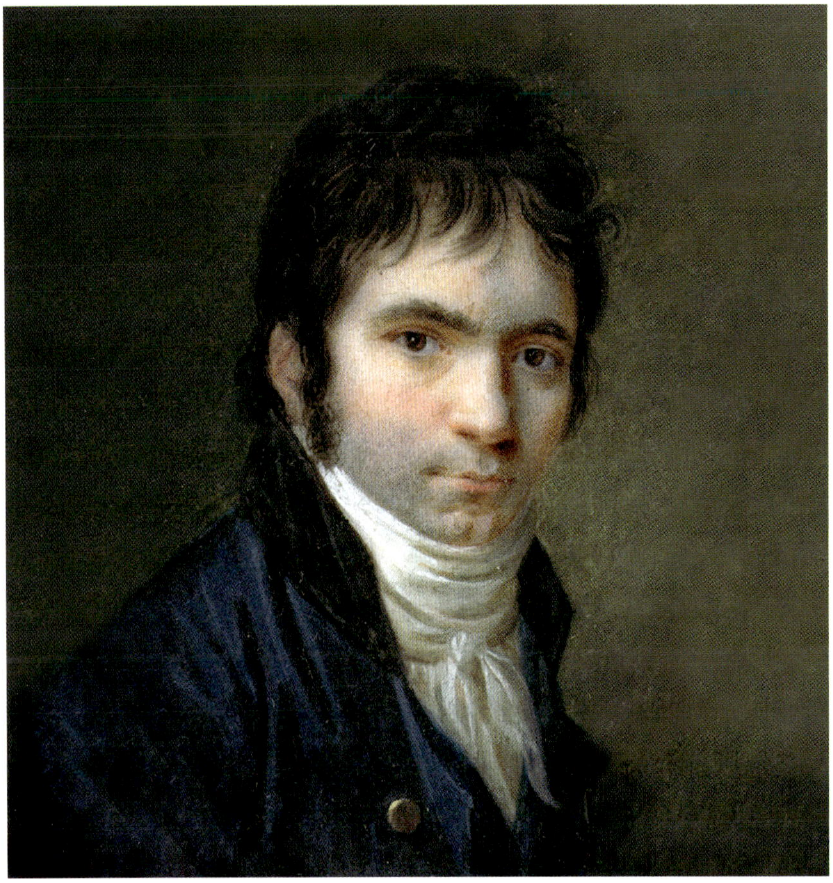

Christian Horneman: Ludwig van Beethoven, Miniatur, Aquarell und Deckfarben auf Elfenbein, 1802. Der dänische Maler, der sich zu einem Besuch in Wien aufhielt, porträtierte Beethoven im Jahr des Heiligenstädter Testaments gemäß der seinerzeitigen Mode mit Kurzhaarfrisur – im Unterschied zur später dominierenden Vorstellung des Meisters als eines „mürrischen Genies mit Mähne". Beethoven übersandte das Bild 1804 seinem Jugendfreund Stephan von Breuning zur Versöhnung nach einem Zerwürfnis.

Musiker immer mehr ein. Um 1816 musste er, der als einer der besten Pianisten in Wien galt, öffentliche Auftritte am Klavier einstellen. Später konnte er Konzerte auch nicht mehr wirklich dirigieren, obwohl er beispielsweise 1824 bei der Uraufführung der *Neunten Sinfonie* noch als Co-Dirigent anwesend war.

Als Beethoven schließlich darauf angewiesen war, dass seine Gesprächspartner ihn anschreien, damit er sie wenigstens bruchstückhaft verstehen konnte, benutzte er ab 1818 Konversationshefte oder Schiefertafeln, in bzw. auf denen sein Gegenüber das zu Sagende aufschreiben musste. Viele dieser Konversationshefte sind überliefert und bezeugen auf nahezu einzigartige Weise Beethovens Alltagswelt und seine jeweiligen Gesprächspartner. Die geführten Gespräche sind jedoch nur im Ausnahmefall zu rekonstruieren, denn der Gegenpart – Beethovens Antworten bzw. Fragen – wurde in der Regel ja tatsächlich gesprochen und damit nicht überliefert. Zwar stellen die Konversationshefte für die historische Forschung eine nicht unwichtige Quelle dar, die bei anderen Komponisten nicht zur Verfügung steht; doch die 1977 mit kriminaltechnischen und grafologischen Methoden aufgedeckten Fälschungen seines zeitweiligen Sekretärs Anton Schindler (1795–1864) zwingen zur Vorsicht bei

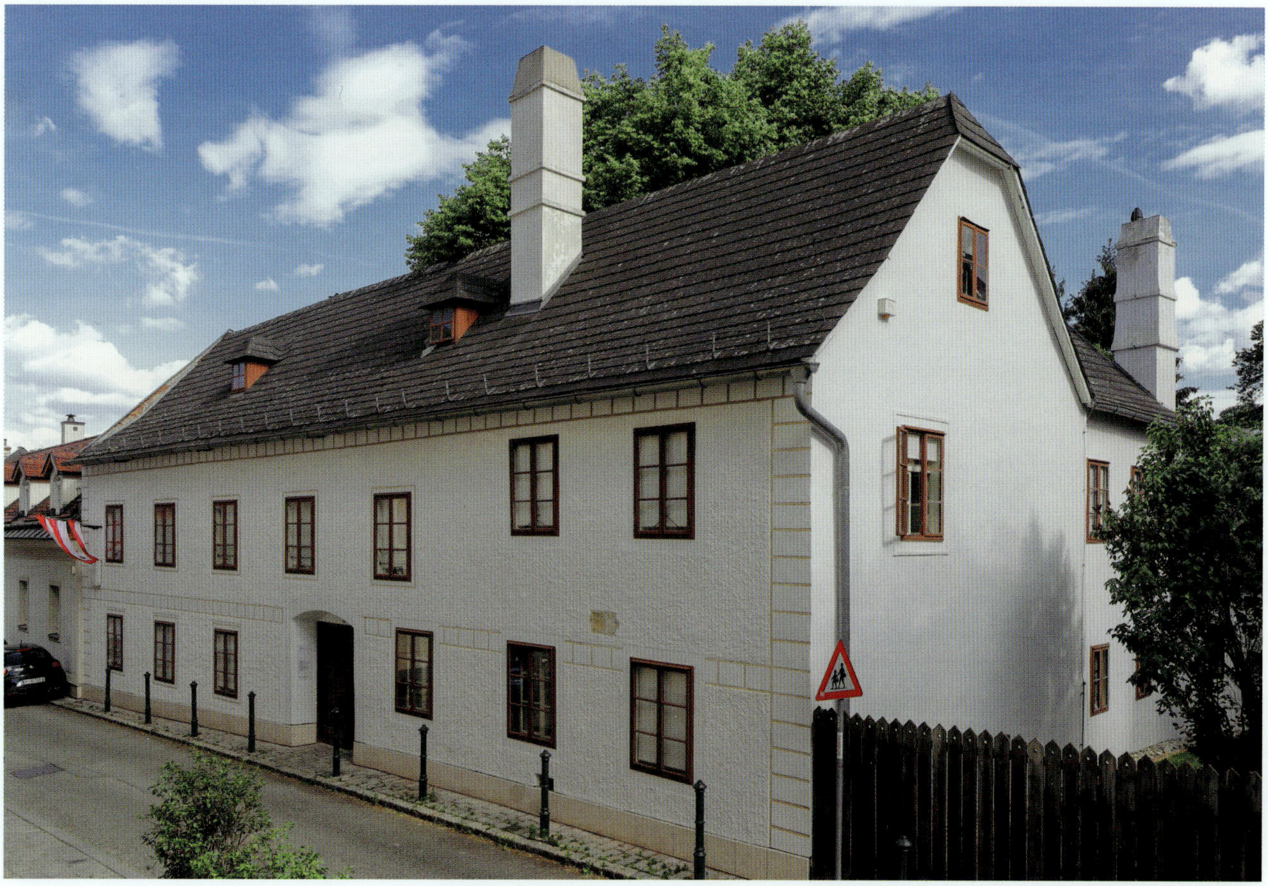

▲

Beethoven-Haus Probusgasse 6 in Heiligenstadt, Außenansicht. Hier, wo Beethoven den Sommer 1802 verbrachte, entstand das Heiligenstädter Testament.

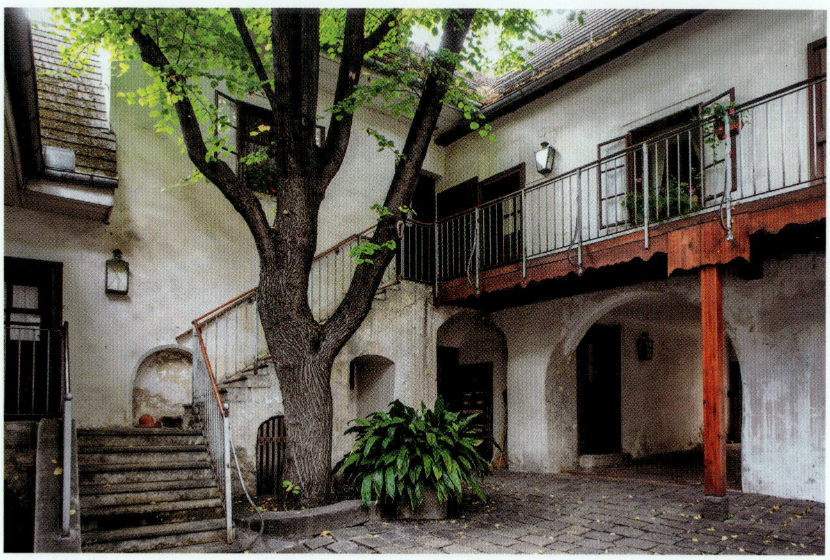

▶

Beethoven-Haus Probusgasse 6 in Heiligenstadt, Hofansicht

der Bewertung der Eintragungen bzw. zur jeweils genauen Klärung, welche Eintragung in einem Konversationsheft tatsächlich auf einen aktuellen Gesprächspartner Beethovens und welche auf Schindler zurückgeht. Dieser hatte in den Jahrzehnten nach Beethovens Tod, als er zunächst über die erhaltenen Konversationshefte verfügte, mindestens 154 Eintragungen unterschiedlicher Länge so fingiert, als habe Beethoven sie gelesen und darauf in bestimmter Weise geantwortet. Damit wollte er als letzter angeblicher Vertrauter des Komponisten die Biografie des Meisters in seinem Sinne verfälschen und nicht zuletzt sich selbst in ein geschöntes Licht setzen.
Im Frühjahr 1802 erlitt Beethoven unter dem Eindruck verschiedener äußerer Probleme, aber nicht zuletzt auch angesichts der Unabwendbarkeit seiner zunehmenden Hörschwierigkeiten einen physisch-psychischen Zusammenbruch. Sein damaliger Arzt Johann Adam Schmidt (1759–1809) riet ihm dringend, seine Nerven zu schonen. Er solle den Hexenkessel Wien für mehrere Monate verlassen. Beethoven kam dieser Empfehlung gern nach und mietete sich in dem ruhigen, wald- und bergnahen, mit Heilquellen ausgestatteten Weinort Heiligenstadt ein (heute gehört er als Teil von Döbling zum 19. Wiener Gemeindebezirk).
Zwar komponierte Beethoven auch hier; doch vor allem zog er eine vorläufige Lebensbilanz, als deren Quintessenz das berühmte „Heiligenstädter Testament" entstand. Obwohl es an seine Brüder gerichtet ist (in die für deren Namen freigelassenen Textlücken wurde später nur „Carl", nicht jedoch auch „Johann" eingetragen), handelt es sich nicht um ein Testament im juristischen Sinne, sondern um ein persönliches Dokument der Verzweiflung, das der Selbstvergewisserung und Selbstlegitimierung seines Handelns und Empfindens diente und sogar vor Selbstmordgedanken nicht zurückschreckte. Nur am Rande verfügte Beethoven, was aus seinen Instrumenten werden soll.

Beethovens Heiligenstädter Testament vom 6. Oktober 1802:
Für meine Brüder Carl und … Beethoven. O ihr Menschen, die ihr mich für feindselig, störrisch oder misanthropisch haltet oder erklärt, wie unrecht tut ihr mir! Ihr wisst nicht die geheime Ursache von dem, was euch so scheint. Mein Herz und mein Sinn waren von Kindheit an für das zarte Gefühl des Wohlwollens. Selbst große Handlungen zu verrichten, dazu war ich immer aufgelegt, aber bedenket nur, dass seit sechs Jahren ein heilloser Zustand mich befallen, durch unvernünftige Ärzte verschlimmert. Von Jahr zu Jahr in der Hoffnung, gebessert zu werden, betrogen, endlich zu dem Überblick eines dauernden Übels (dessen Heilung vielleicht Jahre dauern oder gar unmöglich ist) gezwungen, mit einem feurigen, lebhaften Temperamente geboren, selbst empfänglich für die Zerstreuungen der Gesellschaft musste ich früh mich absondern, einsam mein Leben zubringen. Wollte ich auch zuweilen mich einmal über alles das hinaussetzen, o wie hart wurde ich durch die verdoppelte traurige Erfahrung meines schlechten Gehörs dann

zurückgestoßen, und doch war's mir noch nicht möglich, den Menschen zu sagen: sprecht lauter, schreibt, denn ich bin taub. Ach, wie wäre es möglich, dass ich die Schwäche eines Sinnes angeben sollte, der bei mir in einem vollkommeneren Grade als bei andern sein sollte, einen Sinn, den ich einst in der größten Vollkommenheit besaß, in einer Vollkommenheit, wie ihn wenige von meinem Fach gewiss haben, noch gehabt haben – o ich kann es nicht! Drum verzeiht, wenn ihr mich da zurückweichen sehen werdet, wo ich mich gerne unter Euch mischte. Doppelt weh tut mir mein Unglück, indem ich dabei verkannt werden muss. Für mich darf Erholung in menschlicher Gesellschaft, feinere Unterredungen, wechselseitige Ergießungen nicht statthaben. Ganz allein, fast nur so viel, als es die höchste Notwendigkeit fordert, darf ich mich in Gesellschaft einlassen. Wie ein Verbannter muss ich leben; nahe ich mich einer Gesellschaft, so überfällt mich eine heiße Ängstlichkeit, indem ich befürchte, in Gefahr gesetzt zu werden, meinen Zustand merken zu lassen. – So war es denn auch dieses halbe Jahr, was ich auf dem Lande zubrachte. Von meinem vernünftigen Arzt aufgefordert, so viel als möglich mein Gehör zu schonen, kam er fast meiner jetzigen natürlichen Disposition entgegen, obschon, vom Triebe der Gesellschaft manchmal hingerissen, ich mich dazu verleiten ließ. Aber welche Demütigung, wenn jemand neben mir stand und von weitem eine Flöte hörte; und ich nichts hörte; oder jemand den Hirten singen hörte, und ich auch nichts hörte. Solche Ereignisse brachten mich nahe an Verzweiflung, es fehlte wenig, und ich endigte selbst mein Leben. – Nur sie, die Kunst, hielt mich zurück. Ach es dünkte mir unmöglich, die Welt eher zu verlassen, bis ich das alles hervorgebracht, wozu ich mich aufgelegt fühlte. Und so fristete ich dieses elende Leben, – wahrhaft elend, einen so reizbaren Körper, dass eine etwas schnell Veränderung mich aus dem besten Zustande in den schlechtesten versetzen kann. – Geduld – so heißt es. Sie muss ich nun zur Führerin wählen, ich habe es. – Dauernd, hoffe ich, soll mein Entschluss sein, auszuharren, bis es den unerbittlichen Parzen gefällt, den Faden zu brechen. Vielleicht geht's besser, vielleicht nicht. Ich bin gefasst, schon in meinem 28. Jahre gezwungen, Philosoph zu werden; es ist nicht leicht, für den Künstler schwerer als für irgendjemand. – Gottheit, du siehst herab auf mein Inneres, du kennst es, du weißt, dass Menschenliebe und Neigung zum Wohltun drin hausen. O Menschen, wenn ihr einst dieses leset, so denkt, dass ihr mir Unrecht getan, und der Unglückliche, er tröste sich, einen seinesgleichen zu finden, der trotz allen Hindernissen der Natur doch noch alles getan, was in seinem Vermögen stand, um in die Reihe würdiger Künstler und Menschen aufgenommen zu werden. – Ihr meine Brüder Carl und …, sobald ich tot bin, und Professor Schmidt lebt noch, so bittet ihn in meinem Namen, dass er meine Krankheit beschreibe, und dieses hier geschriebene Blatt füget ihr dieser meiner Krankengeschichte bei, damit wenigstens soviel als möglich die Welt nach meinem Tode mit mir versöhnt werde. – Zugleich erkläre ich euch beide hier für die Erben des kleinen Vermögens (wenn man es so nennen kann) von mir. Teilt es redlich, und vertragt und helft euch einander. Was ihr mir zuwider getan, das wisst ihr, war euch schon längst verziehen. Dir, Bruder Carl, danke ich noch insbesondere für deine in dieser letzteren späteren Zeit mir bewiesene Anhänglichkeit. Mein Wunsch ist, dass euch ein besseres, sorgenloseres Leben als mir werde. Empfehlt euren Kindern Tugend, sie nur allein kann glücklich machen, nicht Geld; ich spreche aus Erfahrung; sie war es, die mich selbst im Elende gehoben, ihr danke ich nebst meiner Kunst, dass ich durch keinen Selbstmord mein Leben endigte. – Lebt wohl und liebt euch! – Allen Freunden danke ich, insbesondere Fürst Lichnowsky und Professor Schmidt. – Die Instrumente von Fürst L. wünsche ich, dass sie doch mögen aufbewahrt werden bei einem von euch; doch entstehe deswegen kein Streit unter euch. Sobald sie euch aber zu was Nützlicherem dienen können, so verkauft sie nur. Wie froh bin ich, wenn ich auch noch unter meinem Grabe euch nützen kann! So wär's geschehen. – Mit Freuden eil ich dem Tode entgegen – kommt er früher, als ich Gelegenheit gehabt habe, noch alle meine Kunstfähigkeiten zu entfalten, so wird er mir trotz meinem harten Schicksal doch noch zu frühe kommen, und ich würde ihn wohl später wünschen. – Doch auch dann bin ich zufrieden: befreit er mich nicht von einem endlosen leidenden Zustande? – Komm', wann du willst: ich gehe dir mutig entgegen. – Lebt wohl und vergesst mich nicht ganz im Tode. Ich habe um euch verdient, indem ich in meinem Leben oft an euch gedacht, euch glücklich zu machen; seid es! / Heiligenstadt, am 6. Oktober 1802. / Ludwig van Beethoven

Das „Heiligenstädter Testament" markiert die wohl schwerste Krise in Beethovens Leben – eine Krise, die sich aus dem Blick in die Zukunft nährte. Denn der Gehörverlust war erst in einem Stadium, als Beethoven noch weitgehend unbeeinträchtigt als Pianist auftreten und rauschende Erfolge feiern konnte. Allein die begründete Aussicht, dass diese Krankheit in gleichem Tempo fortschreiten könnte, zog ihm den Boden unter den Füßen weg.

Seit seiner Jugend litt Beethoven an einer schweren Darmerkrankung – möglicherweise an der Whipple-Krankheit (den Dünndarm betreffend) – und an einem Reizdarmsyndrom (Colon irritabile). Bronchitis oder eine Lungenentzündung kamen 1817 und im Todesjahr hinzu, außerdem eine Virenleberentzündung und Gelbsucht (1821), eine Augapfelentzündung (1823) und Hepatitis mit Rheuma. Auf Alkoholgenuss (dessen Ausmaß jedoch nicht mit den Alkoholexzessen seines Vaters zu vergleichen ist) gingen eine chronische Pankreatitis und eine am Ende tödlich wirkende Leberzirrhose zurück, die zuvor eine Bauchwassersucht (Aszites) nach sich gezogen hatte. Im Obduktionsbericht werden zudem Nieren- und Gallensteine erwähnt.

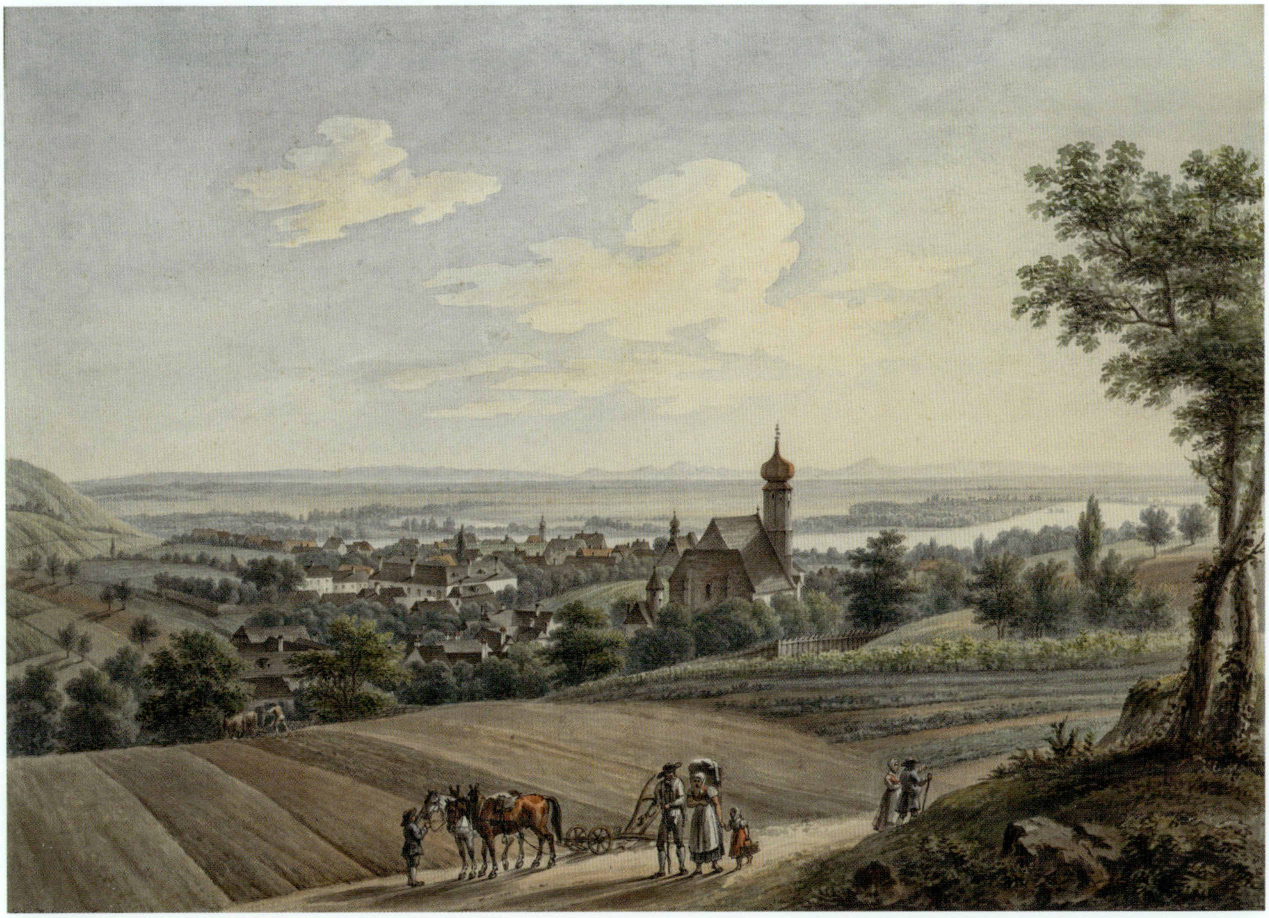

▲

Johann Tobias Raulino: Blick auf die Heiligenstädter Kirche bei Wien, Wasserfarbe, um 1800

Beethovens Ertaubung ging mit hoher Wahrscheinlichkeit auf eine Otosklerose (entzündliche Schädigung des Innenohr-Knochens) zurück. Als Auslöser dieser Krankheit kommen wiederum Alkohol sowie Amyloidose (Ablagerung bestimmter Fasern zwischen Zellen), Arteriosklerose, Autoimmunerkrankung, Fleckfieber, Labyrinthitis, Neuritis acustica, Sarkoidose (Bindegewebserkrankung), Schalltrauma, Tuberkulose oder eine Kombination aus mehreren dieser Vorerkrankungen in Frage.

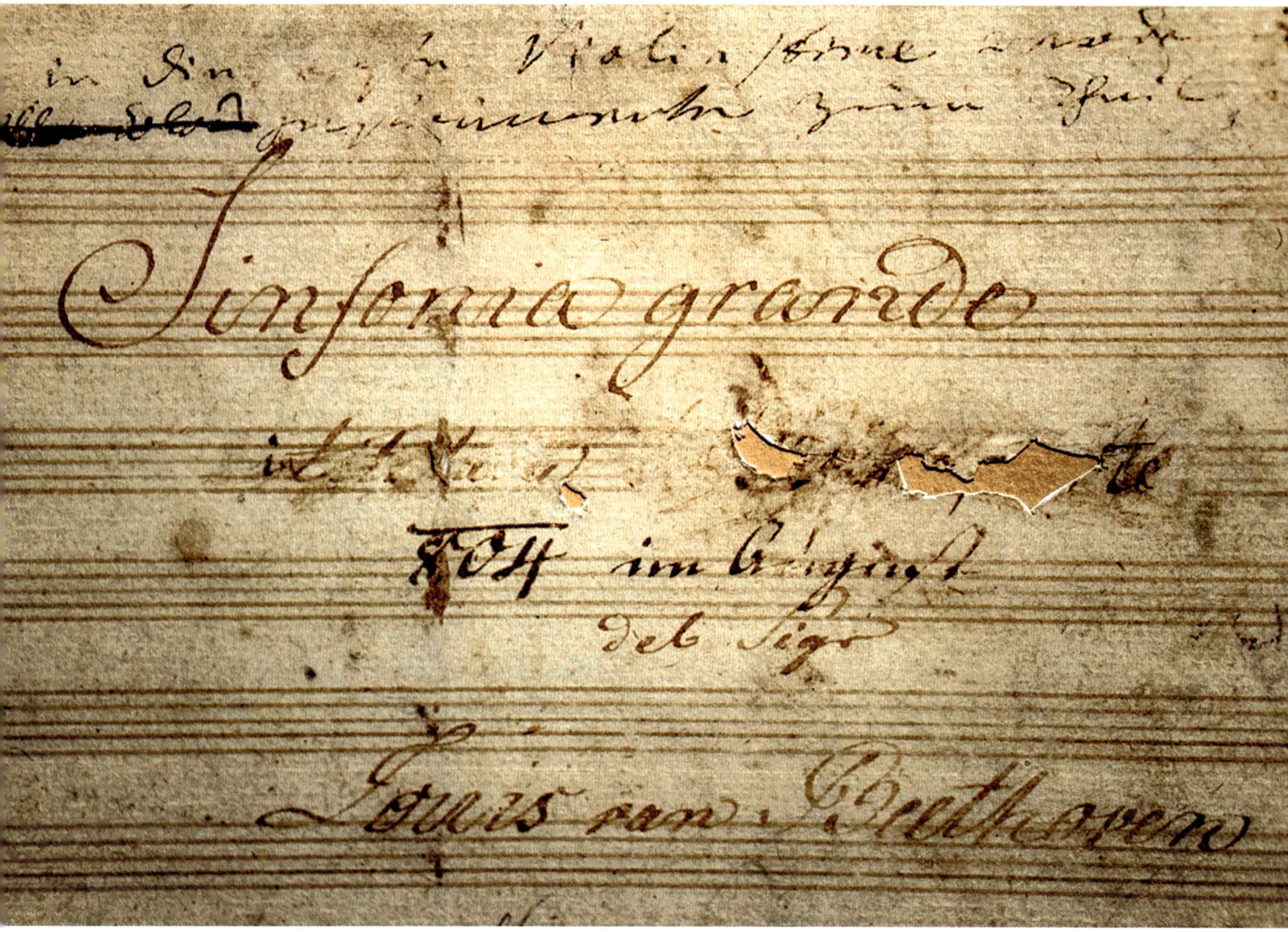

▲

Titelblatt der „Überprüften Abschrift der Symphonie Nr. 3 Es-Dur op. 55 Sinfonia Eroica". Rechts unter dem Titel „Sinfonia grande" (große Sinfonie) hat Beethoven den ursprünglichen Untertitel „intitolata Bonaparte" (gewidmet Bonaparte) heftig ausradiert und dabei das Papier durchlöchert. Er schickte diese Partitur am 26. August 1804 dem Leipziger Verlag Breitkopf & Härtel zur Drucklegung. Allerdings kam die Veröffentlichung nicht zustande, da Beethoven und sein Bruder Kaspar Karl immer neue Geld- und Änderungs-Forderungen stellten, bis der Verlag im Juni 1805 entnervt das Material zurückschickte.

NAPOLEON UND DIE EROICA

Napoleon Bonaparte hatte mit dem Staatsstreich des 18. Brumaire VIII im November 1799 im Alter von 30 Jahren als Erster Konsul die Alleinherrschaft in Frankreich übernommen. Damit beendete er die in eine Krise geratene Französische Revolution, ordnete mit starker Hand das Staatswesen neu und galt als große Hoffnung der geistigen Elite Europas. Im deutschen Sprachraum stehen dafür beispielhaft der Philosoph Hegel, die Dichter Goethe und Hölderlin – und der Komponist Beethoven. Nicht adlige Privilegien hatten Napoleon nach oben befördert; allein seinen militärischen und diplomatischen Fähigkeiten hatte er seinen Aufstieg zu verdanken. Darin empfand Beethoven eine Parallele zu seinem eigenen Weg als Komponist.

Nach der tiefen persönlichen Krise, die sich im Heiligenstädter Testament 1802 niederschlug, ließ sich Beethoven nun von der Aufbruchstimmung mitreißen, die sich mit dem „Genie" Napoleon verband (auch im Genialen sah er eine Parallele zu sich). Neben neuartigen Klavierwerken komponierte er 1803 auch eine Sinfonie, deren Symbiose aus finsterem Pathos und unbändigem Freiheitsdrang – ganz abgesehen von der konsequent geformten musikalischen Anlage – ein neues Kapitel in der Geschichte dieser Gattung aufschlug. Als *Dritte Sinfonie* op. 55 erhielt sie den Beinamen *Sinfonia eroica* (heroische Sinfonie) und wurde Napoleon Bonaparte gewidmet.

Im Juni 1804 ermöglichte Fürst Lobkowitz Beethoven mehrere Probeaufführungen in kleiner Besetzung und vor einem kleinen Zuhörerkreis, um das Werk ausreifen zu lassen. Beethoven konnte so vor der eigentlichen Uraufführung noch Retuschen vornehmen, deren Notwendigkeit sich während des Kompositionsprozesses noch

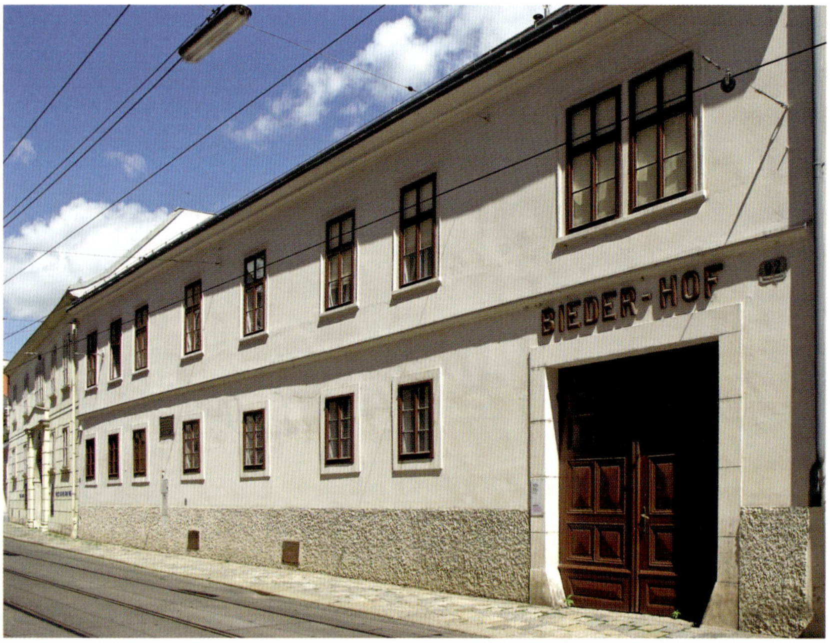

Biederhof in Oberdöbling. Hier komponierte Beethoven von Mai bis November 1803 große Teile der Eroica. Das später „Eroicahaus" genannte Anwesen war damals von Gärten, Feldern und Weinbergen umgeben und beherbergt heute eine Beethoven-Ausstellung.

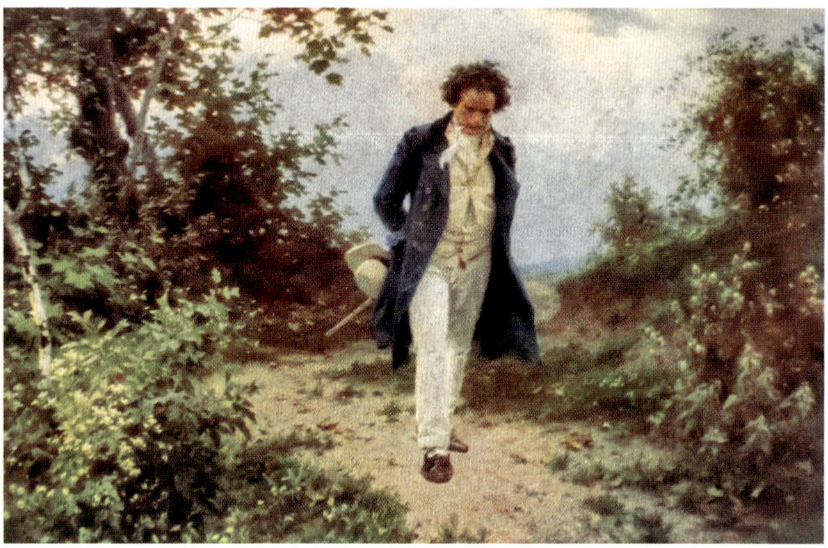

Julius Schmid: Beethoven bei einem Spaziergang in der Natur, Gemälde, um 1900. Über sein Verhältnis zur Natur bekannte Beethoven 1810 in einem Brief: „Wie froh bin ich, einmal in Gebüschen, Wäldern, unter Bäumen, Kräutern, Felsen wandeln zu können, kein Mensch kann das Land so lieben, wie ich. Geben doch Wälder, Bäume, Felsen den Widerhall, den der Mensch wünscht!"

nicht gezeigt hatte. Lobkowitz war in Wien für diese spezifische Art mäzenatischer Förderung unter den Musikern bekannt und geschätzt. Er stellte dafür sein Palais zur Verfügung, das auch als „die wahre Residenz und Akademie der Musik" gerühmt wurde. Ein Konservatorium im späteren Sinne gab es noch nicht; erst 1817 wurde in Wien das erste Konservatorium im deutschsprachigen Raum gegründet.

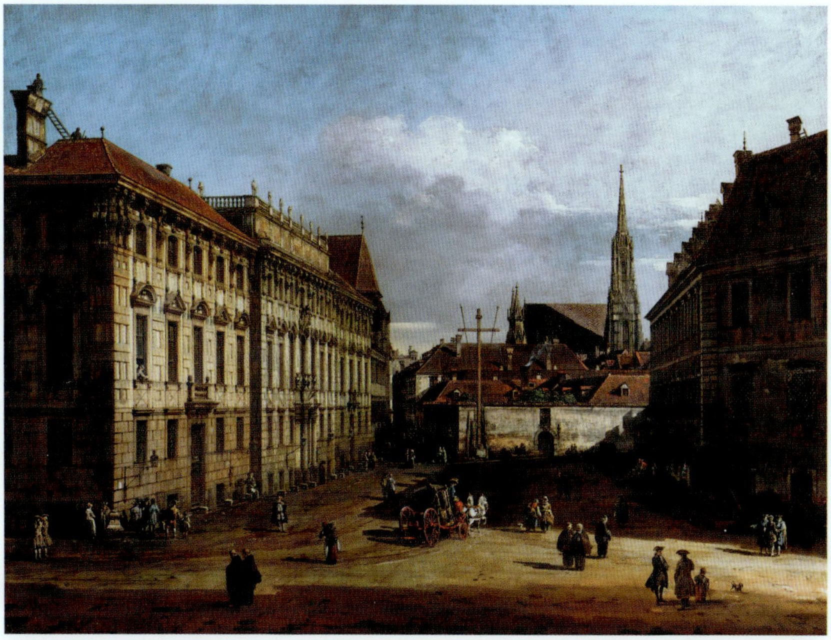

Bernardo Bellotto, gen. Canaletto: Der Lobkowitz-Platz in Wien, Ölgemälde, 1760. Links das opulente Palais Lobkowitz, das seit 1745 im Besitz der Familie von Lobkowitz war und seit 1991 das Österreichische Theatermuseum beherbergt. Der Eroica-Saal erinnert heute an die erste, noch nicht öffentliche Aufführung des Werkes.

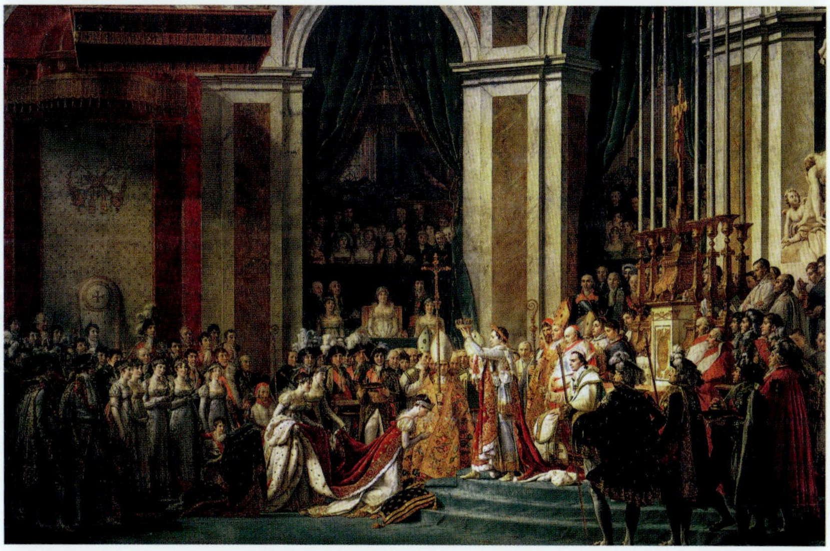

Jacques Louis David: Die Krönung Napoleons, Ölgemälde, 1806/07. Die Krönungszeremonie am 2. Dezember 1804 fand in der Pariser Kathedrale Notre Dame, die 2019 durch einen Brand teilzerstört worden ist, in Anwesenheit von Papst Pius VII. statt. Napoleon (mit Lorbeerkranz) hält die Krone in der Hand, die er sich anschließend selbst aufsetzen wird. Mit der Komposition einer Festmesse für 400 Mitwirkende, darunter zwei Orchester, zu diesem Anlass hatte er den italienischen Komponisten Giovanni Paisiello (1740–1816) beauftragt.

Als die Nachricht von der eigenhändigen Kaiserkrönung Napoleons am 2. Dezember 1804 eintraf, soll Beethoven prompt reagiert und das Titelblatt der Originalpartitur mit der Widmung an Napoleon zerrissen haben. Ferdinand Ries überlieferte, Beethoven habe dabei ausgerufen: „Ist der auch nicht anders wie ein gewöhnlicher Mensch! Nun wird er auch alle Menschenrechte mit Füßen treten, nur seinem

8

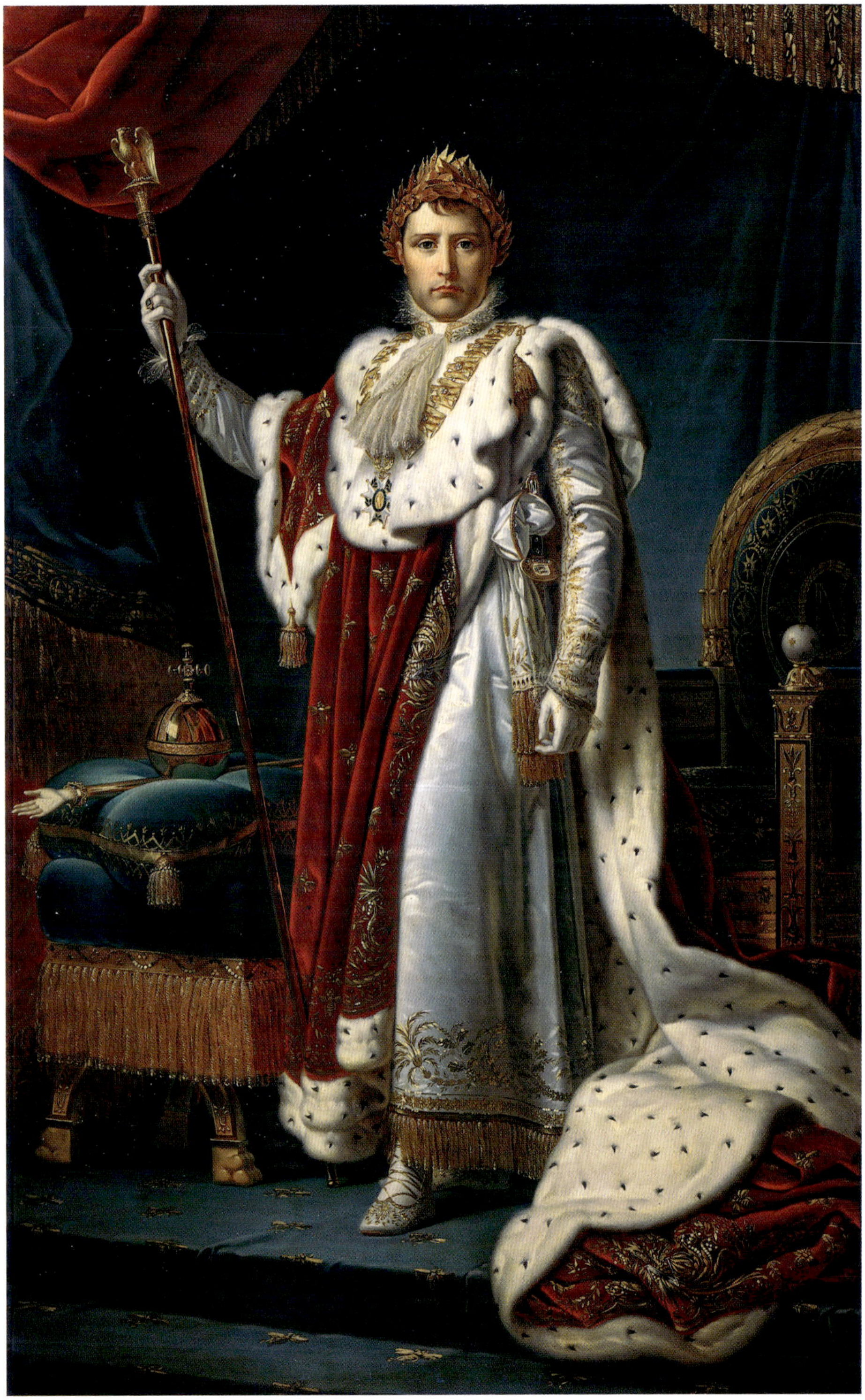

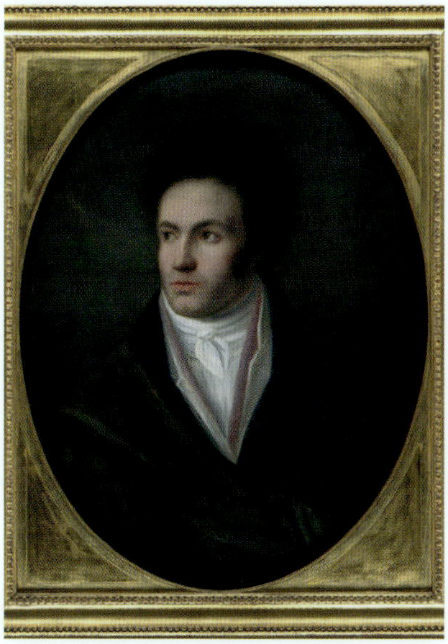

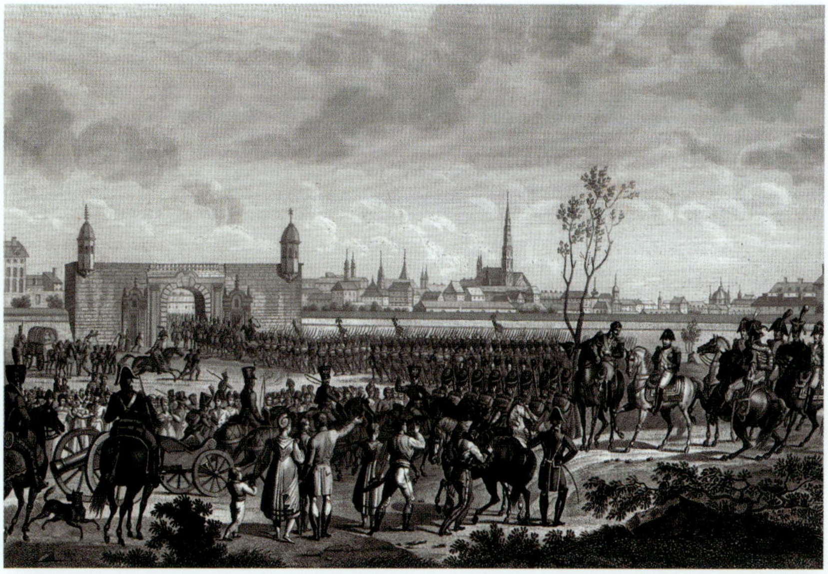

▲

Isidor Neugass: Ludwig van Beethoven, Ölgemälde, 1806. Der Berliner Maler erhielt den Auftrag für dieses Bildnis von Fürst Lichnowsky.

▶

François Pigeot: Der Einzug der Franzosen in Wien am 13. Mai 1809, Kupferstich, 1809

◀

François Gérard: Napoleon I. Bonaparte, Kaiser der Franzosen, Ölgemälde, 1805

Ehrgeiz frönen; er wird sich nun höher wie alle Andern stellen, ein Tyrann werden!" Auch das Titelblatt der überprüften Abschrift der Partitur enthielt bereits den Widmungsvermerk, den Beethoven daraufhin ausradierte. Als Widmungsträger fungierte nun Fürst Lobkowitz, dem er das Werk allerdings schon vorher verkauft hatte.
Die Ablehnung Napoleons durch Beethoven war freilich nicht so bedingungslos, wie der spektakuläre Widerruf der Widmung seiner *Dritten Sinfonie* vermuten lässt. So erkundigte sich Beethoven 1809, als der Aufstieg des Korsen in Europa immer unaufhaltsamer schien, bei einem französischen Sondergesandten nach Möglichkeiten einer offiziellen Ehrung oder gar Adelung seiner Person durch Napoleon.
Im selben Jahr erschien in London eine Partitur der *Eroica*, in deren Überschrift von einem unbekannten Helden die Rede ist. War damit nun doch Napoleon oder der allseits verehrte Prinz Louis Ferdinand von Preußen, der 1806 im Kampf gegen die Franzosen gefallen war und den Beethoven persönlich gekannt hatte, gemeint? Oder vielleicht ein fiktiver Held? – Beethoven wollte offensichtlich diese Fragen provozieren und zugleich offenlassen.
Entstanden war die *Eroica* 1803 sowohl im „Eroica-Haus" in Oberdöbling als auch in Beethovens damaliger Dienstwohnung im Direktionstrakt des Theaters an der Wien. In diesem Theater erklang sie am 7. April 1805 zum ersten Mal öffentlich. Beethoven dirigierte. Ferdinand Ries berichtete, dass der schwerhörige Meister zu Beginn „das ganze Orchester so herauswarf, dass wieder von vorne angefangen werden musste". Doch die Sinfonie machte als Ganzes einen überwältigenden Eindruck auf das Publikum, ja, sie musste sogar vollständig wiederholt werden. Heute gilt sie als Inbegriff ungebrochen heroischer Musik und zugleich als erstes sinfonisches Monumentalwerk überhaupt.

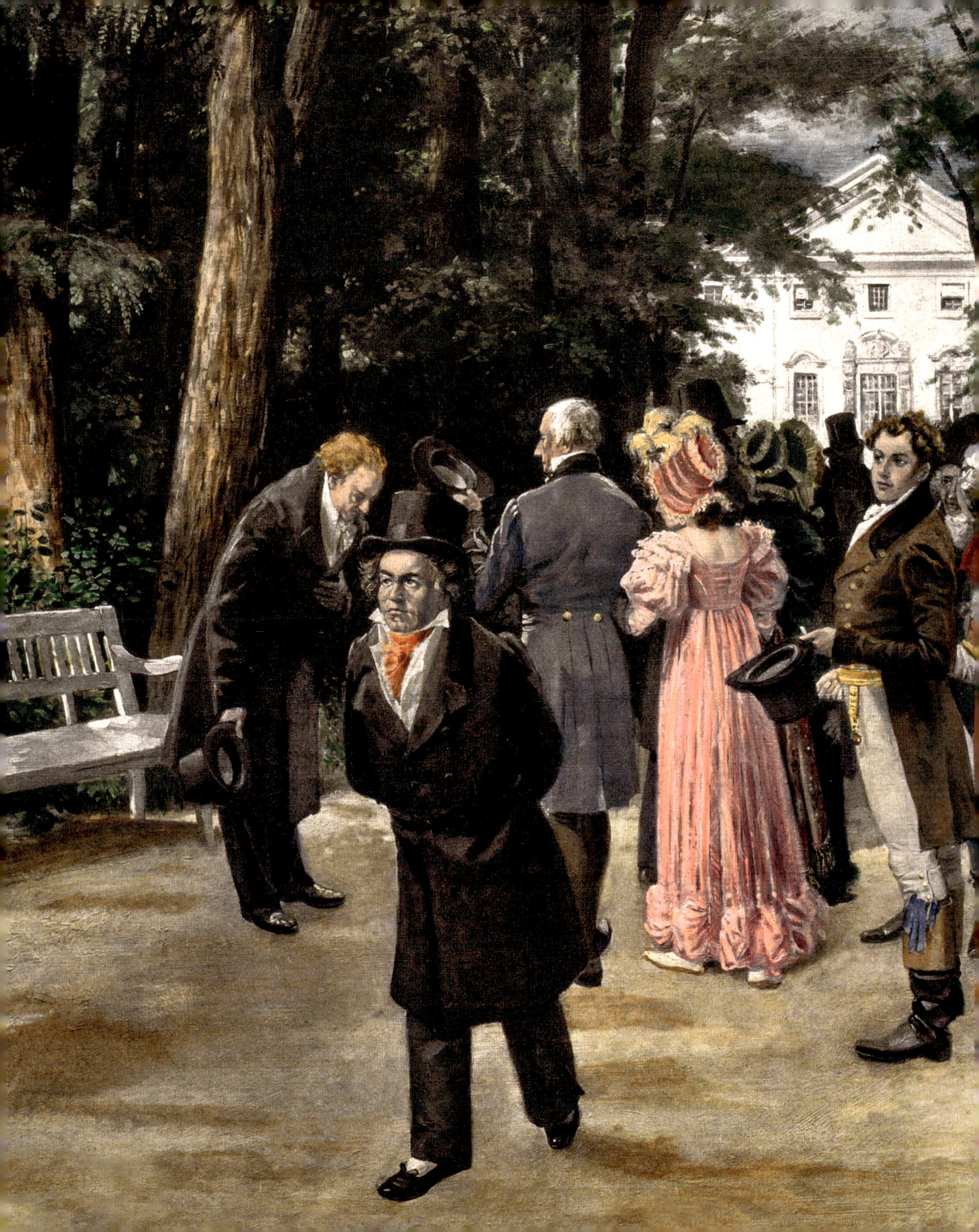

DIE BEGEGNUNG MIT GOETHE

◀
Carl Röhling: Begegnung zwischen Goethe und Beethoven in Teplitz 1812, später kolorierter Kupfertiefdruck nach einer Zeichnung, 1887. Die hier abgebildete Begegnung des Schriftstellers und des Komponisten mit dem österreichischen Kaiser Franz I. und dessen (dritter) Gattin Maria Ludovika im Schlossgarten Teplitz, die Bettina von Arnim nach beider Tod überliefert hat, ist lediglich Fiktion. Sie zeigt jedoch beispielhaft Mentalitäts- und daraus resultierende mögliche Verhaltens-Unterschiede zwischen den beiden Geistesheroen. Während Goethe rechtzeitig zur Seite tritt, den Hut zieht und sich vor dem Kaiserpaar verneigt, geht Beethoven ungerührt, grußlos und mit auf dem Rücken gehaltenen Armen mitten durch die entgegenkommende Hofgesellschaft hindurch einfach weiter.

Napoleon war 1812 mit seinen Armeen gerade auf dem verhängnisvollen Weg nach Moskau, als in Teplitz der Kurbetrieb mit europäischen Repräsentanten des Adels, der Diplomatie und des Geistes auf Hochtouren lief. Man traf sich nicht allein zur Förderung der Gesundheit mit Bade- und Trinkkuren; Kurorte in zentraler Lage wie die in Nordböhmen bildeten das nahezu ideale Parkett zur Pflege unverbindlicher, vor allem aber auch tiefgehender Prominenten-Kontakte auf neutralem Boden.

Beethoven unterzog sich im Sommer 1812 einer ärztlich angeratenen Bäderkur, die er zu einer viermonatigen Rundreise durch die Kurorte Teplitz, Karlsbad, Franzensbad und nochmals Teplitz erweiterte. Einer der berühmtesten Kurgäste, die sich gleichzeitig in Teplitz aufhielten, war Goethe. Fünfmal trafen die beiden zu ausgedehnten Spaziergängen vornehmlich im Schlosspark aufeinander, beginnend am 19. Juli. Bereits am nächsten Tag unternahmen sie eine Ausfahrt in das benachbarte Kurbad Bilin. Vielleicht war Beethoven das dortige Schloss sogar vertraut, denn es gehörte zum Besitz von Fürst Lobkowitz. Aus diesen Gesprächen entwickelte sich allerdings keine „Künstlerfreundschaft" – die Chemie zwischen dem Dichterfürsten und seinem 21 Jahre jüngeren Kollegen der Tonkunst stimmte nicht.
Beethoven bemerkte später bissig: „Goethe behagt die Hofluft zu sehr, mehr als es einem Dichter ziemt. Es ist nicht viel mehr über die Lächerlichkeiten der Virtuosen hier zu reden, wenn Dichter, die als die ersten Lehrer der Nation angesehen sein sollten, über diesem Schimmer alles andere vergessen können." Er sah ihn in einer für einen Künstler unzulässig großen Nähe zum herrschenden Adel.

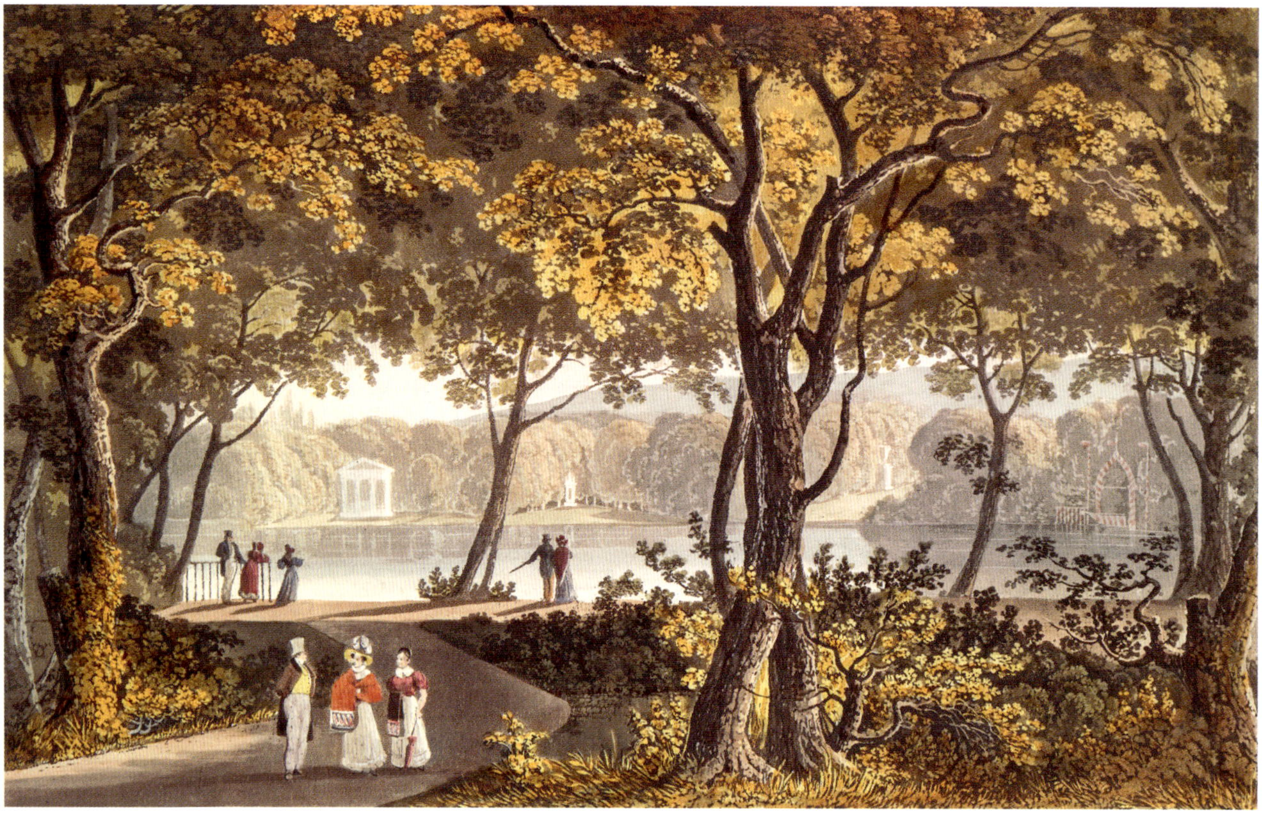

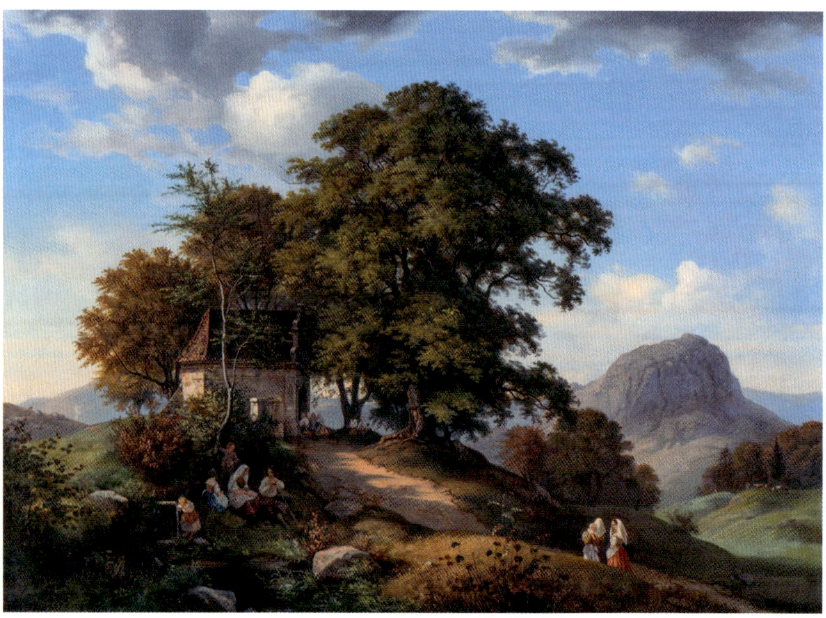

▲

Eduard Gurk: Teplitz. Der Schlossgarten, kolorierter Kupferstich, um 1830

◀

Ernst Ferdinand Oehme: Gebirgige Landschaft mit Baumgruppen und Kapelle, im Hintergrund der Borschen bei Bilin, Öl auf Leinwand, 1842. Auf einer Spazierfahrt in dieser Landschaft bei Bilin (Nordböhmen) führten Goethe und Beethoven am 20. Juli 1812 ihr zweites Gespräch.

Heinrich Christoph Kolbe: Johann Wolfgang von Goethe, Gemälde, 1822. Das erste von zwei Goethe-Porträts des Düsseldorfer Malers wurde von Zeitgenossen als besonders realitätsnah eingeschätzt. Es zeigt den Staatsminister des Großherzogtums Sachsen-Weimar-Eisenach mit dem Orden vom Weißen Falken für den Geheimrat Goethe auf der linken Brust (vom Großherzog), dem Komturkreuz des österreichischen Leopold-Ordens am roten Band (von Kaiser Franz I. von Österreich) und dem Offizierskreuz der Ehrenlegion auf dem Rockaufschlag (von König Ludwig XVIII. von Frankreich). – Ob Beethoven ihm angetragene Orden oder Ehrenzeichen in solch repräsentativer und dekorativer Weise getragen hätte?

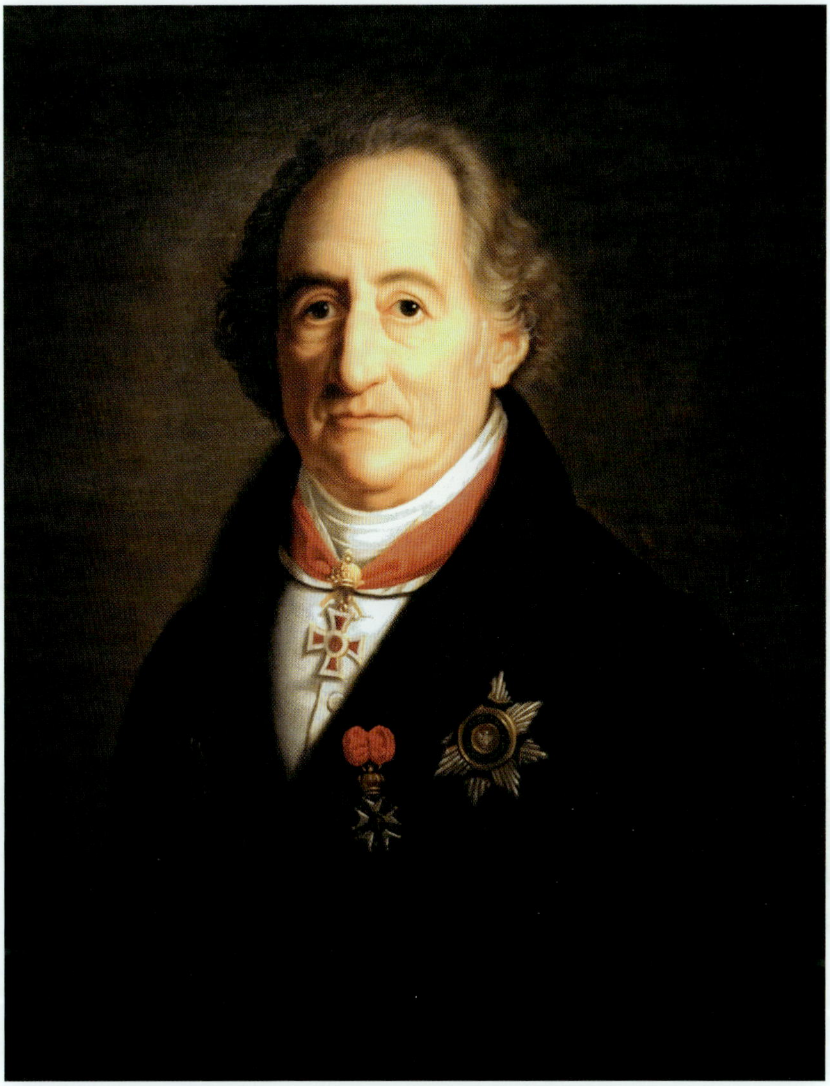

Gleichwohl galt Goethe ihm als verehrungswürdiger Schriftsteller, dessen Trauerspiel „Egmont" ihn bereits 1809/10 zur Komposition einer Ouvertüre und Begleitmusik veranlasst hatte. Auch waren bereits einige Lieder über Goethe-Gedichte entstanden. „Mit der größten Ehrerbietung mit einem unaussprechlichen tiefen Gefühl für ihre herrlichen Schöpfungen" hatte Beethoven ihm die Originalpartitur seiner *Egmont*-Musik op. 84 zukommen lassen – ohne dass Goethe ihn einer Antwort für würdig befunden hätte. Dennoch trug sich Beethoven mit dem Gedanken einer Faust-Oper. Er soll den Dichter selbst veranlasst haben, ihm ein passendes Libretto zu schreiben. Bei der Teplitzer Begegnung dürfte dieses Gesprächsthema eine Rolle gespielt haben. Warum daraus nichts wurde, liegt im Dunkeln. Elf Jahre später sollte Beethoven sich

bei Goethe mit den pathetischen Worten ins Gedächtnis rufen: „immer noch wie von meinen Jünglingsjahren an lebend in Ihren unsterblichen, nie veraltenden Werken und die glücklichen in Ihrer Nähe verlebten Stunden nie vergessend …"
Prononcierter als jene „Hofluft"-Äußerung Beethovens über Goethe ist demgegenüber die in einem Brief an seinen langjährigen Freund Carl Friedrich Zelter (1758–1832), den Leiter der Berliner Singakademie, überlieferte Meinung Goethes über Beethoven, dessen in Teplitz eigens ihm präsentiertes Klaviervorspiel er „köstlich" fand: „Sein Talent hat mich in Erstaunen gesetzt; allein er ist leider eine ganz ungebändigte Persönlichkeit, die zwar gar nicht unrecht hat, wenn sie die Welt detestabel [verabscheuungswürdig] findet, aber sie dadurch freilich weder für sich noch für andere genussreicher macht." Und an seine Frau Christiane schrieb er: „Zusammengeraffter, energischer, inniger habe ich noch keinen Künstler gesehen. Ich begreife recht gut, wie er gegen die Welt wunderlich stehen muss." Goethe erkannte auch sofort, welch gravierende Bedeutung die fortgeschrittene Taubheit für einen Musiker wie Beethoven hatte.
Im gleichen Maße, in dem Beethoven und Goethe in der Lage waren, einander Respekt und Bewunderung für ihre außergewöhnlichen künstlerischen Leistungen zu zollen, wurden sie bei den Begegnungen in Teplitz gewahr, in verschiedenen Welten mit verschiedenen Prioritäten zu leben. Goethe bewegte sich sicher auf höfischem Parkett, wirkte als Politiker und Kommunikator, lebte in finanziell gesicherten Verhältnissen und eroberte mehr als nur ein weibliches Herz. Demgegenüber blieb Beethoven ein Rebell und Revolutionär, dessen materielle Existenz gleichwohl von Gönnern abhing und der als Außenseiter zeitlebens auf der Suche nach der wirklichen Liebe einer Frau war.
Als sich Beethoven 1822 mit der Originalausgabe seiner Kantate *Meeresstille und glückliche Fahrt* op. 112 (vertont sind hier zwei Goethe-Gedichte) an Goethe wandte und sie mit der pathetischen Widmung *An den unsterblichen Goethe* ausstattete, versagte sich dieser jegliche Reaktion. Auch die spätere Bitte um Unterstützung, für die Uraufführung der *Missa solemnis* einen würdigen höfischen Ort zu gewinnen, ignorierte er.
Dennoch nahm er die herausragenden Spätwerke Beethovens zur Kenntnis. Dass er über die *Neunte Sinfonie* kryptisch sinnierte, „diese Musik macht mich fürchtend", lässt erahnen, dass er den exzessiven Anspruch dieses Werkes spürte. Und als ihm später Felix Mendelssohn Bartholdy den ersten Satz der *Fünften Sinfonie*, der Schicksalssinfonie mit dem berühmten Klopfmotiv, aus dem Klavierauszug vorspielte, rief Goethe spontan in einer Mischung aus Bewunderung und Erschrecken: „Sehr groß! Ganz toll. Man möchte sich fürchten, das Haus fiele ein!"
Goethe verfügte durchaus über eine gediegene musikalische Bildung. Doch über das Verhältnis von Poesie und Musik hegten er und Beethoven offensichtlich unterschiedliche Auffassungen. Zwei Jahre nach dessen Tod formulierte Goethe 1829 gegenüber Carl Friedrich Zelter seinen berühmten, klarsichtigen Eindruck von einem Streichquartett – jener musikalischen Gattung also, die mit Beethoven ihren Höhepunkt fand: „Man hört vier vernünftige Leute sich unterhalten, glaubt ihren Diskursen etwas abzugewinnen und die Eigentümlichkeiten der Instrumente kennen zu lernen."

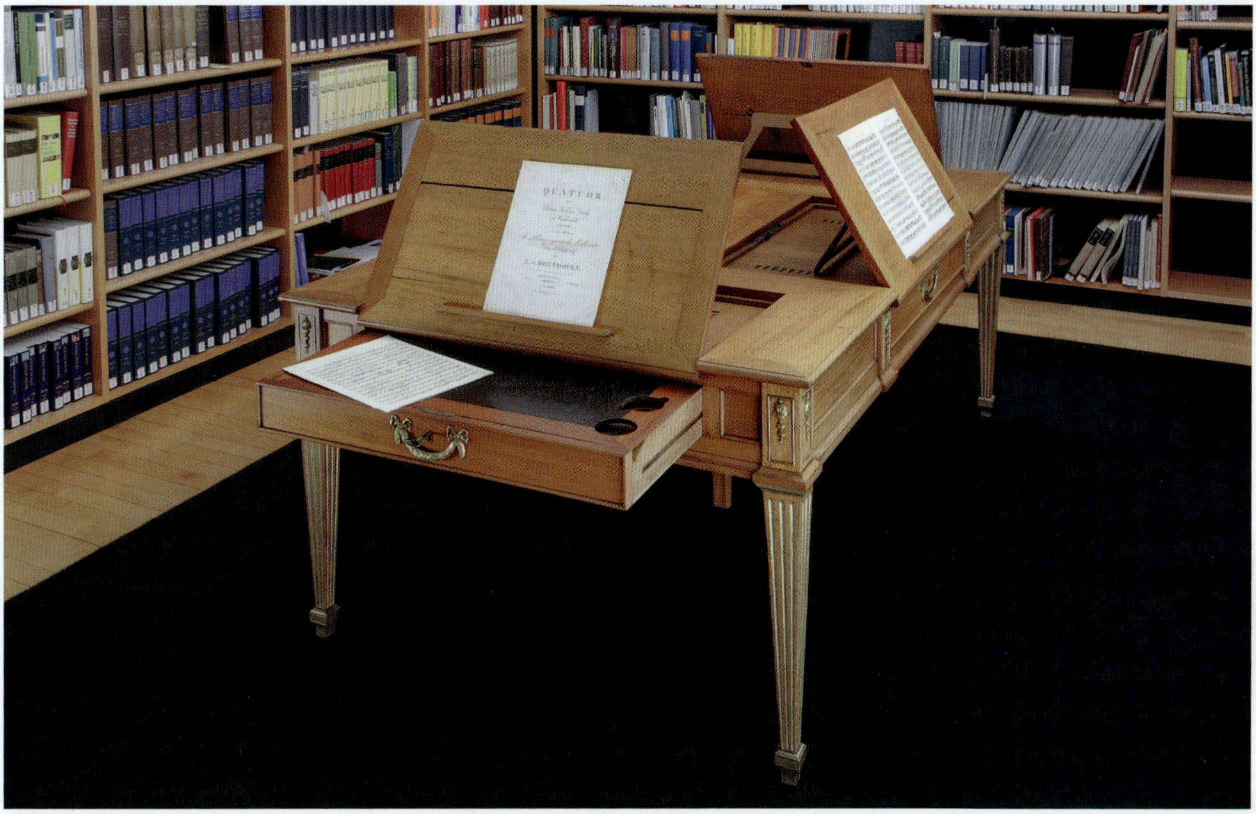

▲

Quartett-Tisch mit ausklappbaren Notenpulten, um 1810. Holz. Selbst auf die Möbelproduktion wirkte sich die Kunst des Streichquartettspiels aus. Tatsächlich wurde der Tisch so angelegt, dass die Spieler vor allem miteinander kommunizieren. Sie sind nicht auf ein Publikum ausgerichtet; Zuhörer konnten sich vielmehr von allen Seiten um die Musiker herum gruppieren.

War Beethovens Auseinandersetzung mit dem Streichquartett 1798 durch Fürst Lobkowitz angestoßen worden, so beschäftigte ihn diese Art eines musikalischen Diskurses bei maximal reduzierter klangfarblicher Vielfalt (und damit zugleich maximaler Konzentration auf kompositorische Struktur im engeren Sinne) bis wenige Monate vor seinem Tode. Eine fördernde Rolle spielte dabei der russische Gesandte am österreichischen Hof Graf Andrej Rasumowsky (1752–1836), der sein Heimatland Russland beim Wiener Kongress vertrat. Er unterhielt seit 1808 ein eigenes Streichquartett mit dem berühmten Geiger Ignaz Schuppanzigh (1776–1830), das er Beethoven regelmäßig zur Verfügung stellte. Nachdem das dafür genutzte prachtvolle Rasumowsky-Palais in der Silvesternacht 1814 durch einen Brand vernichtet worden war, löste sich 1815 das Ensemble auf, das als beispielgebend für die Frühzeit des Streichquartettspiels galt.

In unterschiedlichen Besetzungen leitete Schuppanzigh in Beethovens Wiener Zeit mehrere Streichquartette, beginnend unter Fürst Lichnowsky um 1794 und endend 1826 mit der Uraufführung der meisten späten Beethoven-Quartette. Von langer Hand planvoll angelegt, sind sie Ausdruck eines künstlerischen Wollens, das in seiner strukturellen Dichte weit über den kompositorischen Standard der Zeit hinausweist und später häufig in esoterischen Kategorien verstanden wurde.

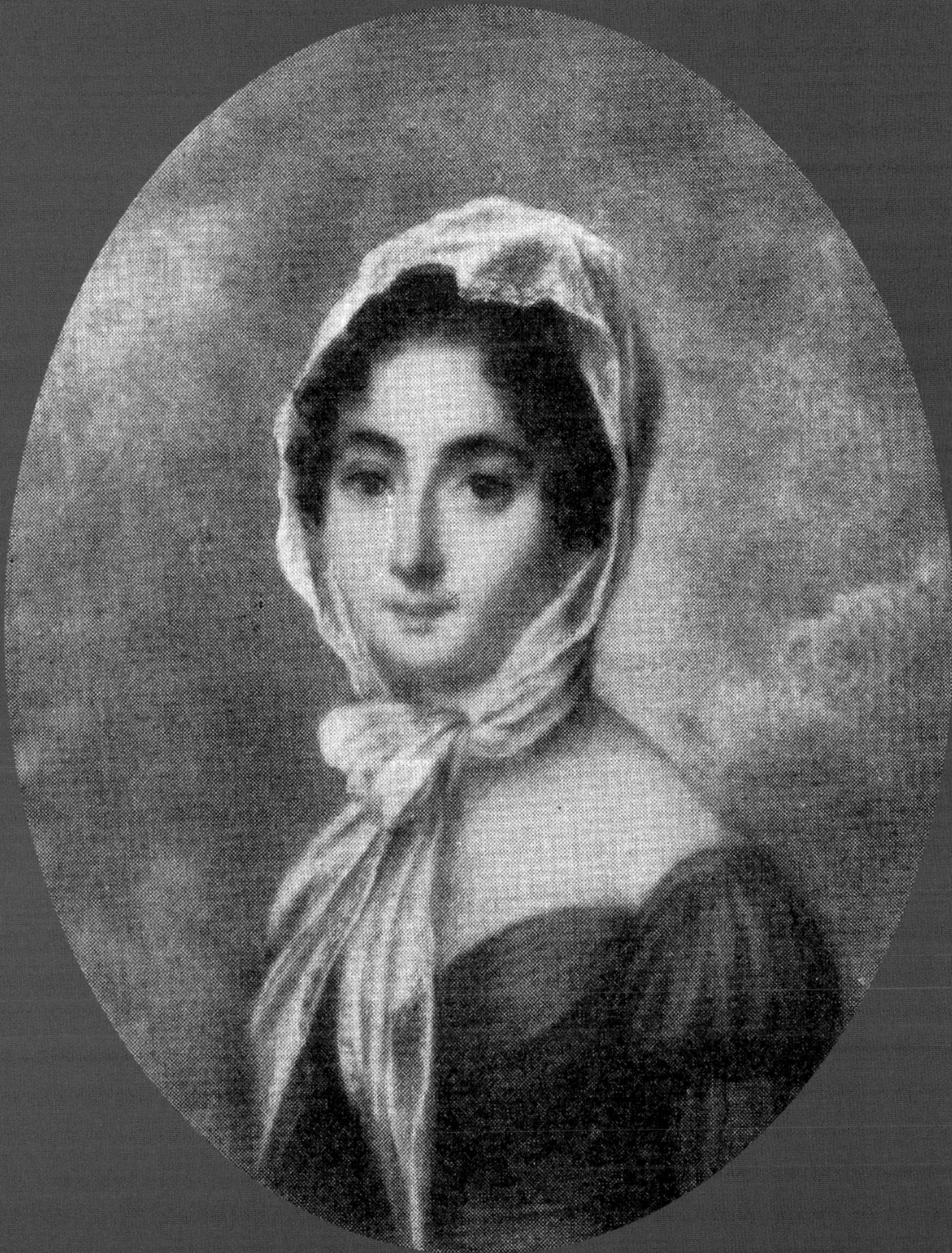

DIE UNSTERBLICHE GELIEBTE UND ANDERE FRAUEN

◄

Anonym: Josephine Gräfin Deym, geb. von Brunsvik, Bleistiftminiatur, um 1800

Trotz zahlreicher Frauen, die Beethoven im Laufe seines Lebens kennenlernte – darunter Gattinnen oder Töchter von Adligen, Schülerinnen, Pianistinnen, Sängerinnen, eine Klavierbauerin –, war es ihm nicht vergönnt, eine Ehe einzugehen, obwohl er dies lange anstrebte. Entweder schreckte er selbst vor einem solchen als endgültig empfundenen Schritt zurück, oder die favorisierte Partnerin tat dies in Kenntnis seiner im Grunde abenteuerlichen Lebensweise, bei der neben dem Komponieren und Konzertieren am Klavier kaum Platz für einen halbwegs geordneten Ehe- oder gar Familienalltag übrig geblieben wäre. Bei adligen Damen machte der Standesunterschied eine Heirat ohnehin unmöglich. Insgesamt 28-mal ist dokumentiert, dass Frauen Beethoven einen Korb gaben.

Umso heftiger konnte er von erotischen Leidenschaften erfasst werden; sie vermochten jedoch den Belastungen, die solche Beziehungen mit sich bringen können, auf Dauer nicht standzuhalten. Ferdinand Ries bezeugte rückblickend (in mindestens einem Falle freilich irrtümlich), sieben Monate sei das Maximum gewesen, das Beethoven mit einer Dame ausgehalten habe. Dies schloss späteres erneutes Aufleben seiner Gefühle nicht aus, vor allem aber, dass Beethoven nach dem Ende einer leidenschaftlichen Phase weiter – zum Teil lebenslang – freundschaftliche Verbindungen zu einigen seiner Partnerinnen aufrechterhalten konnte.

Das Frauenbild, das Beethoven als Kind umgab, war durch seine zupackende, an den alltäglichen Herausforderungen des Lebens geschulte Mutter geprägt, die nichts auf überflüssiges Geschwätz gab und keinen Anlass sah, ihrem Sohn mehr als ein Mindestmaß mütterlicher Zuwendung und Liebe zu schenken. Sie litt permanent unter der psychischen Labilität ihres Mannes, deren Folgen sie so gut es ging glattzubügeln versuchte. Und sie neigte selbst zu Schwermut. Der junge Beethoven spürte die Ambivalenz, dass seine Mutter einerseits dem Vater zwar auf musikalisch-künstlerischem Gebiet nichts entgegenzusetzen vermochte, andererseits jedoch in Wahrheit die Lebenserfahrenere, die Stärkere von beiden war – diejenige, die die zuletzt fünfköpfige Familie zusammenhielt.

Bereits während seiner Jugend in Bonn soll Beethoven an jedem Finger mindestens zehn Affären gehabt haben, wie sein Freund Franz Gerhard Wegeler nicht ohne Übertreibung mitteilte. Aber auch Ferdinand Ries erinnerte sich: „Wenn wir an einem etwas reizenden Mädchen vorbeigingen, drehte er sich um, sah es mit seinem Glase nochmals scharf an und lachte oder grinste, wenn er sich von ihr bemerkt fand."

Beethoven galt zwar in Wien keineswegs als eine gute Partie. Dazu fehlte ihm nicht nur die adlige Herkunft (das „van" seines Namens war nicht mit einem „von" gleichrangig); selbst einflussreiche Adelsfamilien, die sich über das musikalische Genie ihres Schützlings oder Hauslehrers im Klaren waren, glaubten es ihren Töchtern nicht zumuten zu können, dass sie sich an einen solch chaotischen und in lebenspraktischen Fragen hilflosen Sonderling binden. Doch die jungen Damen genossen es in der Regel schon, wenn sich der Mann, den eine Starkult-Aura umgab, für sie interessierte. Er durfte nur nicht zu weit gehen.

Beethovens Umgang mit Frauen war durchaus gespalten. Da gab es ebenjene zahlreichen adligen Damen, die er im Klavierspiel unterrichtete, in denen er liebenswerte Geschöpfe sah und mit denen er sich ggf. sogar auf Augenhöhe auszutauschen vermochte. Bei anderen begnügte er sich damit, sich Schwärmereien und Verliebtheiten gefallen zu lassen oder selbst in derartige Zustände zu verfallen und die unterschiedlichen Reaktionen der Angebeteten hinzunehmen.

Aber Beethoven unterhielt zwangsläufig auch viele Kontakte zu weiblichen Hausangestellten, denen er von vornherein weniger Respekt zubilligte. Obwohl er auf deren Arbeit und Umsicht in besonderem Maße angewiesen war, schmähte er etliche von ihnen ohne ersichtlichen Grund mit Worten wie „die Alte", „alte Hexe", „busige Betrügerin", „Erzschwein von Haushälterin", „Frau Schnaps", „schreckliches Vieh" oder „weibliches Scheusal". Und dass er zuweilen die Dienstleistungen von Prostituierten in Anspruch nahm, hinderte ihn nicht daran, sie zu verachten. Der Briefwechsel mit dem befreundeten Sekretär der ungarischen Hofkanzlei Nikolaus Zmeskall (1759–1833) enthält in den Jahren 1813 bis 1817 eine ganze Reihe an einschlägigen Hinweisen. Beispielsweise riet ihm Beethoven zur Vermeidung von Geschlechtskrankheiten: „Enthalten Sie sich der morschen Festungen, der Angriff nimmt mehr mit, als von wohl erhaltenen." Gleichwohl notierte er in seinem Tagebuch: „Sinnlicher Genuss ohne Vereinigung der Seelen ist und bleibt viehisch, nach selben hat man keine Spur einer edlen Empfindung, vielmehr Reue." Er formulierte damit einen Anspruch, den er selbst nicht einlösen wollte oder konnte.

Bereits im Alter von 15 Jahren hatte Beethoven in Bonn begonnen, die Kinder der Familie von Breuning, in der er wie ein Sohn aufgenommen worden war, im Klavierspiel zu unterrichten. Zur fast gleichaltrigen Eleonore entwickelten sich fortan zarte Bande – für Beethoven dürfte es die erste Liebe gewesen sein. Später hei-

▶ *Johann Baptist von Lampi d. Ä.: Therese von Brunsvik, Gemälde, 1806*

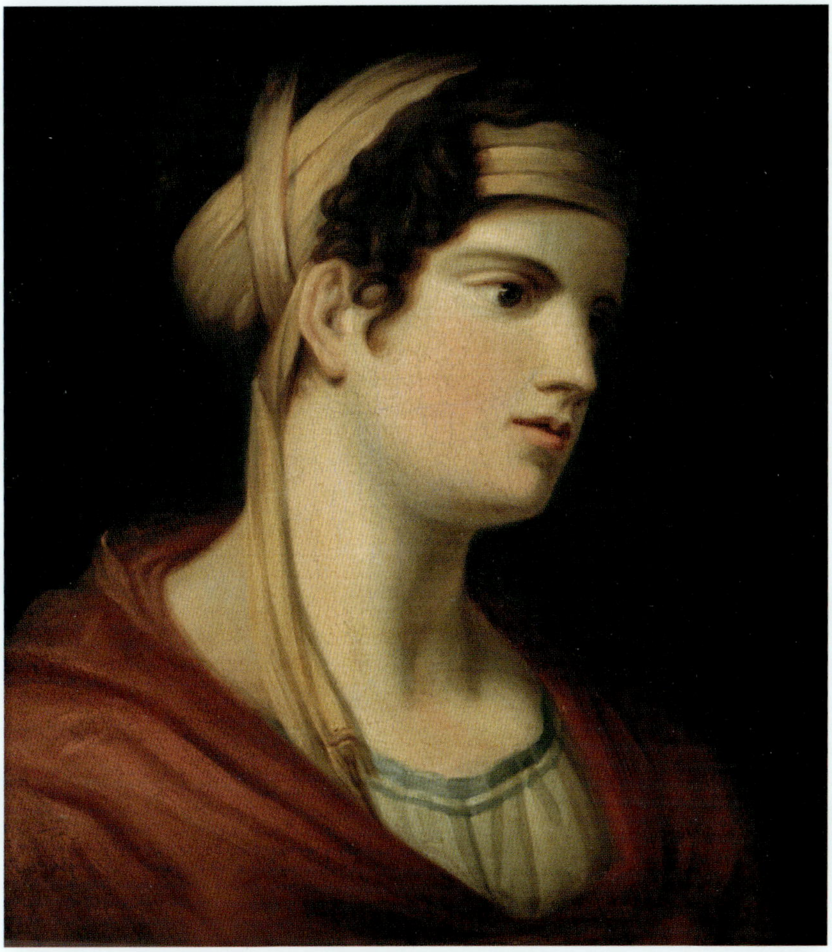

ratete sie seinen engen Freund Franz Gerhard Wegeler, der Beethoven lebenslang verbunden blieb.

Als die verwitwete ungarische Gräfin Anna von Brunsvik geb. Freiin Wankel von Seeberg (1752–1830) im Mai 1799 ihre Töchter nach Wien holte, um sie standesgemäß verheiraten zu können, übergab sie Therese (1775–1861) und Josephine (1779–1821) sogleich dem besten Klavierlehrer Wiens zur Ausbildung. Beethoven kam diesem Auftrag besonders gern und über die vereinbarte Stundenzahl hinaus unentgeltlich nach, da Therese als Pianistin überdurchschnittlich begabt war und da er sich auf der Stelle in Josephine verliebte. Mit Therese, die unverheiratet blieb und nach Beethovens Tod den ersten Kindergarten Ungarns gründen sollte, verband ihn eine langjährige Freundschaft. Im Falle Josephines hatte die Mutter nach wenigen Wochen in dem Grafen Joseph Deym (1752–1804) einen passenden Heiratskandidaten gefunden und beeilte sich, die Hochzeit im Sommer zu ermöglichen. Damit war die Gefahr gebannt, dass die Liebesbeziehung zwischen Josephine und Beethoven in ein Stadium treten

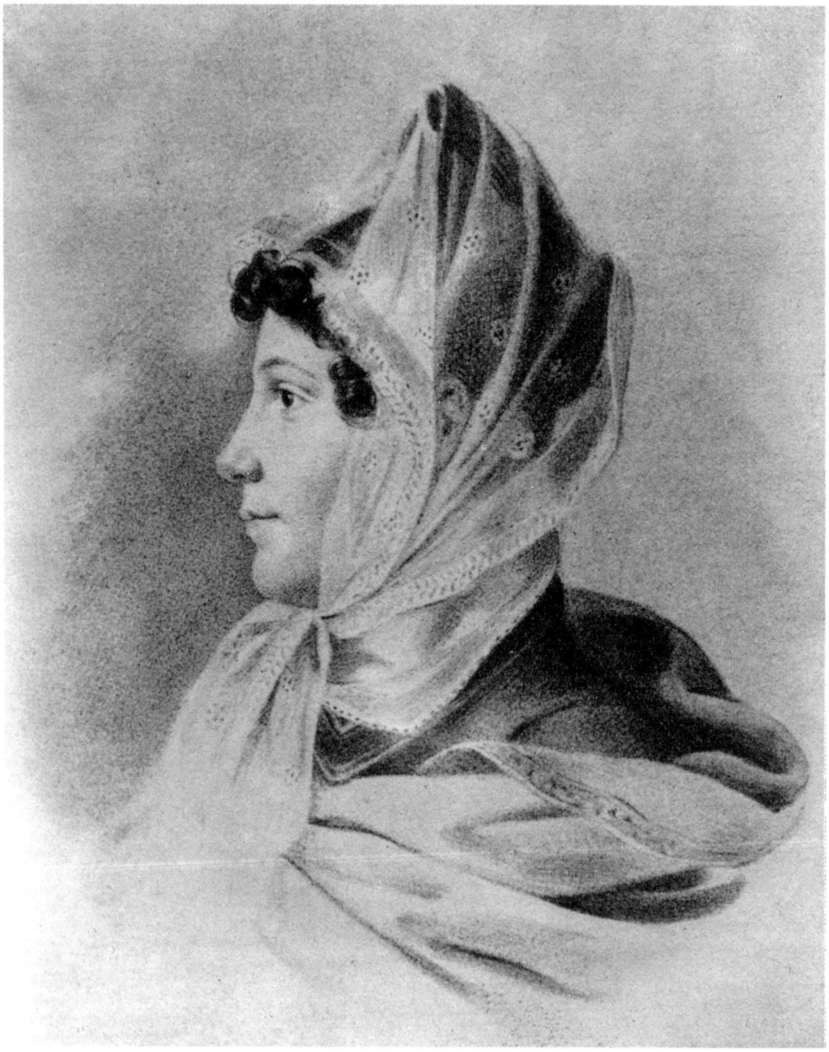

◀
Anonym: Giulietta Gräfin Guicciardi, Heliogravüre, nach 1800

konnte, in dem unwiderrufliche Konsequenzen drohten. Ende 1799 durfte Beethoven sogar die inzwischen verheiratete Angebetete wieder zum Musizieren aufsuchen. Dass dies nicht zum allmählichen Verlöschen ihrer Beziehung führte, hat sich einige Jahre später sehr deutlich gezeigt.

Doch zunächst tauchte im Sommer 1800 mit Giulietta Guicciardi (1784–1856) eine Cousine der Brunsviks in Wien auf, deren Schönheit (aber auch Geltungsbedürfnis) sogar Josephine im Januar 1801 in einem Brief an ihre Geschwister erwähnte. Nachdem sie spätestens im Herbst als Klavierschülerin zu Beethoven gekommen war, täuschte er sich über ihre Gefühle zu ihm und gestand seinem Jugendfreund Wegeler am 16. November 1801 in einem Brief: „… ein liebes zauberisches Mädchen, … die mich liebt und die ich liebe … das erstemal, dass ich fühle, dass – heiraten

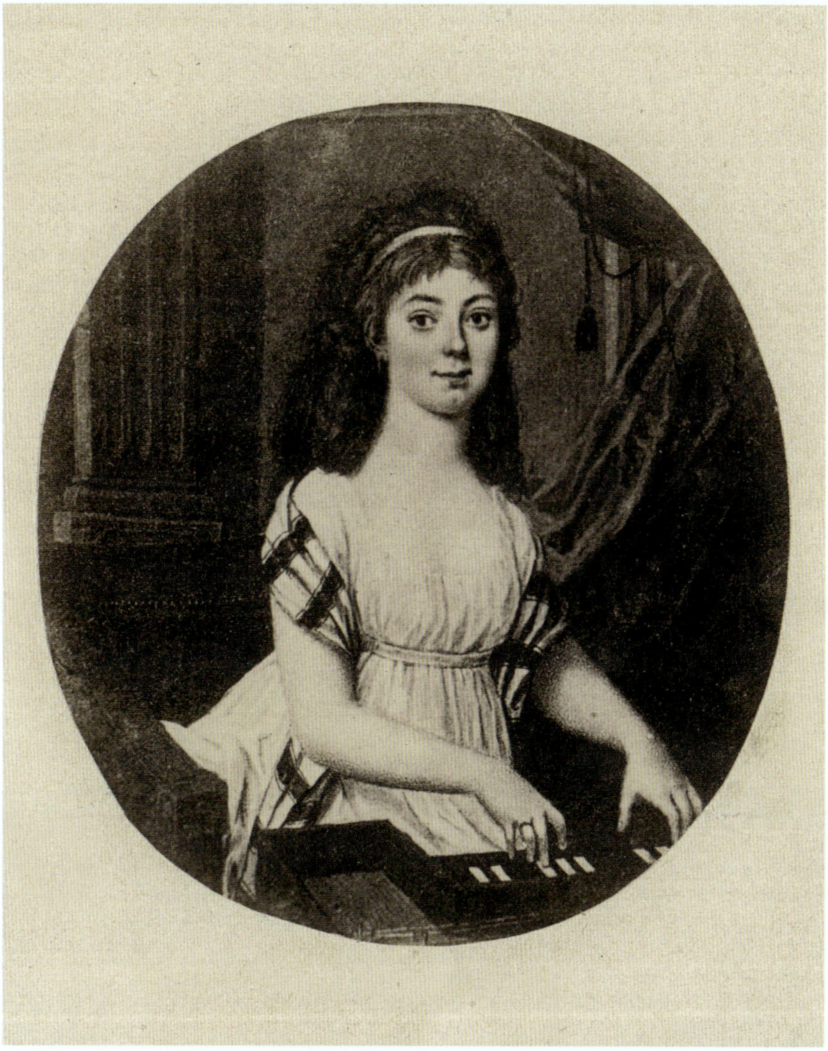

Anonym: Dorothea von Ertmann, Miniatur

glücklich machen könnte, leider ist sie nicht von meinem Stand". Beethoven hatte um ihre Hand angehalten; ihre Eltern lehnten jedoch die Verbindung ab. Stattdessen heiratete sie 1803 den Ballettkomponisten Graf Wenzel Robert von Gallenberg (1783–1839), mit dem sie sich in Neapel niederließ. Das Ehepaar hatte fünf Söhne und vermutlich auch mehrere (nicht belegbare) Töchter.

Im gleichen Jahr fiel Beethoven beim Besuch einer Wiener Musikalienhandlung Dorothea von Ertmann (1781–1849) auf, als sie mehrere seiner Werke am Klavier probierte, ohne seine Anwesenheit zu bemerken. Er war von ihrem einfühlsamen, aber auch eigenwilligen Spiel überrascht und machte sie zu seiner Klavierschülerin. Der Komponist und Musikschriftsteller Johann Friedrich Reichardt (1752–1814) rühmte 1805 die „Kraft, Seele und Vollkommenheit" ihres Vortrags, „die uns alle entzückte.

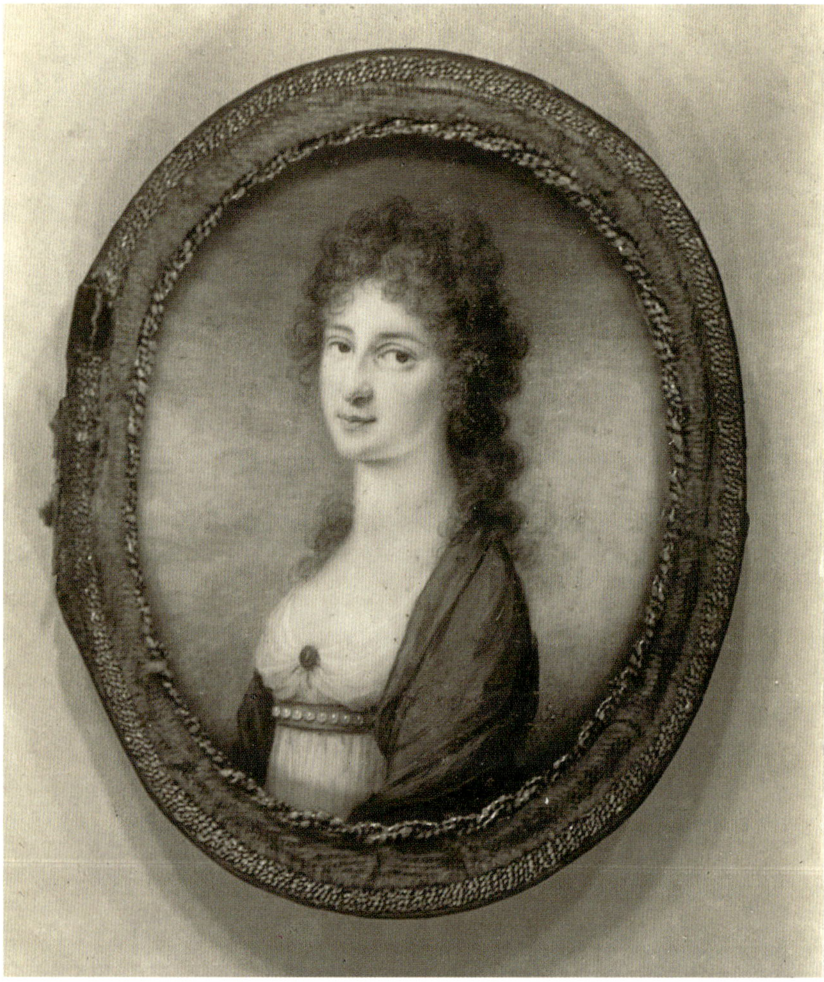

◀

Anonym: Bildnis einer Unbekannten, Miniatur auf Elfenbein, um 1800. Das Porträt aus dem Besitz Beethovens stellt möglicherweise Gräfin Anna-Marie von Erdödy dar.

Es ist nicht möglich, etwas Vollkommeneres auf dem vollkommenen Instrumente zu hören. Es war ein schönes Streichersches Fortepiano, das heute zu einem ganzen Orchester beseelt wurde." Obwohl sie nur in Salons, also nicht im engeren Sinne öffentlich auftrat, galt sie als eine der besten Beethoven-Interpretinnen ihrer Zeit in Wien. Sie spielte auch als erste sämtliche Klaviersonaten Beethovens. Dieser widmete ihr 1817 eine Sonate „als Beweis meiner Anhänglichkeit an ihr Kunsttalent wie an ihre Person". Mit ihrem Ehemann, einem Oberst, übersiedelte sie 1824 nach Mailand. Dorothea von Ertmann charakterisierte Beethoven rückblickend gegenüber ihrer Nichte: „Er war sehr reizbar, sehr aufbrausend, sehr empfindlich und dadurch oft ungerecht und misstrauisch gegen seine besten Freunde. Wer hätte aber dem durch seine zunehmende Taubheit so unglücklichen Mann gram sein können! Man muss seinen physischen und moralischen Leiden Rechnung tragen und ihm alles vergeben. Auf diese Weise haben wir jahrelang in ungetrübter Freundschaft gelebt."

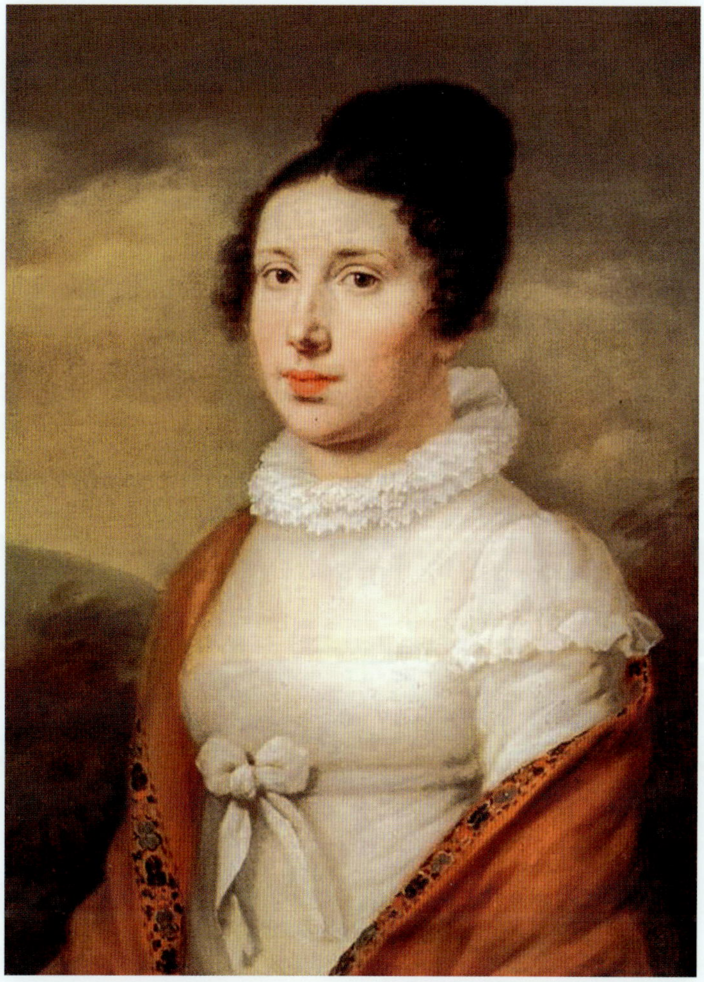

Willibrord Joseph Mähler (?): Elisabeth Röckel, Gemälde, um 1814

Eine herausragende Rolle für Beethoven spielte Gräfin Anna-Marie von Erdödy (1778–1837) beim Zustandekommen des Rentenvertrags aus dem Jahre 1809, der seinen Weggang von Wien nach Kassel verhinderte. Beethoven kannte die ungarische Adlige, die unter einer rheumatischen Erkrankung litt, sich 1805 von ihrem Mann getrennt hatte und seitdem als alleinerziehende Mutter mit drei Kindern Konzerte in ihrem Wiener Haus veranstaltete, bereits einige Jahre. Er wohnte 1808/09 in ihrem Haus und versicherte ihr 1810 (nach einem zwischenzeitlichen Zerwürfnis, für das er sich entschuldigt hatte), „dass sie mir so lieb und wert sind, dass es schwerlich hierin noch einen höheren Grad geben kann". Dies dürfte allerdings nicht im erotischen Sinne, sondern vielmehr auf praktische Organisationsfragen seines Lebens sowie auf ihre beinahe seelsorgerliche Betreuung bezogen zu verstehen sein.
Die Sängerin Elisabeth Röckel (1793–1883), die über ihren Bruder Joseph August Röckel, der 1806 den Florestan bei der Uraufführung der Oper *Leonore* in der

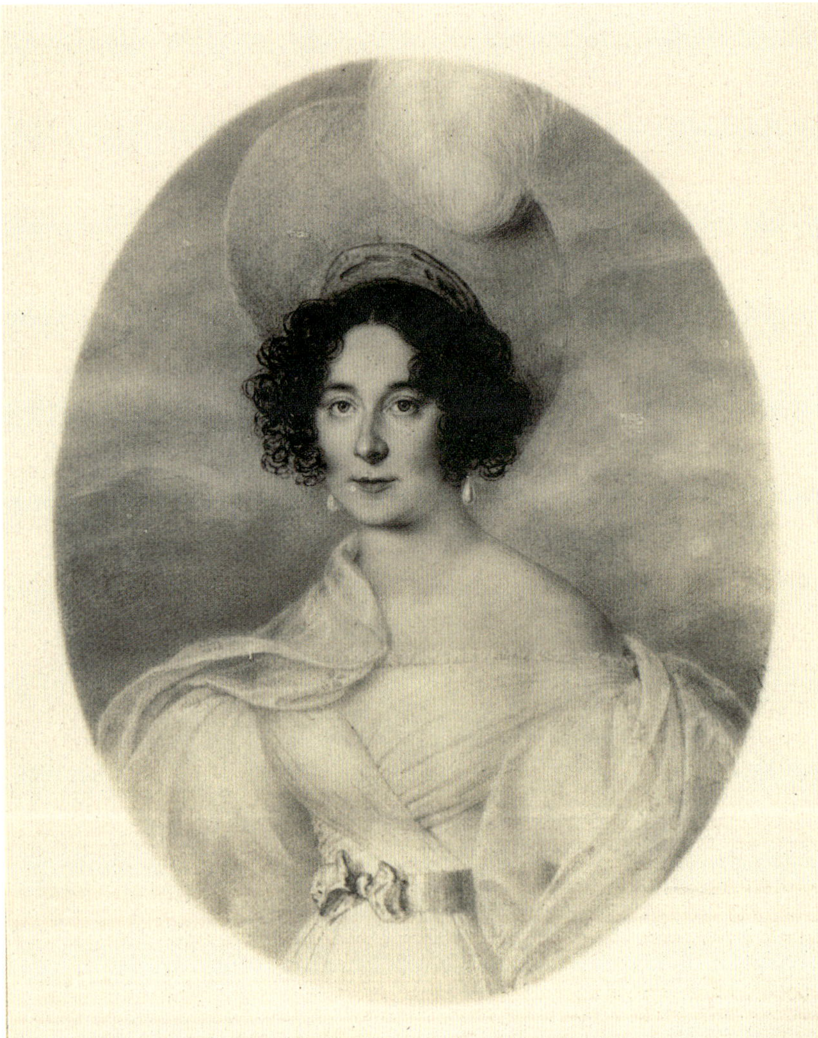

Anonym: *Therese Malfatti, Pastell-Porträt*

Zweitfassung sang, mit Beethoven in Kontakt kam, war mit ihm 1808 bis 1814 eng befreundet. Er hegte Heiratsabsichten; sie vermählte sich 1813 jedoch mit dem Komponisten Johann Nepomuk Hummel (1778 – 1837) und bekam zwei Söhne. Im Jahr 1816 zog die Familie von Wien nach Stuttgart, später weiter nach Weimar. Nach einem Besuch bei Beethoven wenige Tage vor dessen Tod bekundete Elisabeth Hummel, „welch tiefe Wurzeln ihre einstige Liebe zu Beethoven geschlagen und noch immer in ihr lebe".

Beethovens enger Freund Ignaz von Gleichenstein führte ihn 1810 bei der Familie des Großhändlers Jakob Friedrich Malfatti (1769 – 1829) ein. Er selbst war mit der zweiten Tochter Anna Malfatti (1792 – 1869) verlobt, während Beethoven sich innerhalb weniger Wochen in die ältere Tochter Therese Malfatti (1792 – 1851) verliebte. Eines der berühmtesten Klavierstücke der Weltliteratur, die Bagatelle *Für Elise* WoO 59, widmete Beethoven im Frühjahr seiner neuen Klavierschülerin (die Handschrift „Für Therese" auf dem inzwischen verschollenen Autograf dieses Werkes ist im späteren 19. Jahrhundert offensichtlich falsch entziffert worden). Seine Heiratsvorbereitungen – er beschaffte alle erforderlichen Papiere – gediehen so weit wie nie zuvor, zumal hier kein Standesunterschied zu einer Adligen zu überwinden war und er mit seinem Rentenvertrag finanziell abgesichert schien. Doch Therese lehnte im Mai 1810 seinen Antrag ab. Ihre Eltern, bei denen er sich eigentlich sehr wohl fühlte, hatten ihm ausrichten lassen, er sei zwar als Musiker in der Familie willkommen, aber nicht als Heiratskandidat. Beethoven reagierte brieflich: „Deine Nachricht stürzte mich aus den Regionen des höchsten Entzückens wieder tief herab." Er fühlte sich tief gedemütigt und beschloss, jegliche Heiratsabsichten aufzugeben. Therese heiratete 1816 den k.k. Hofrat Baron Johann Wilhelm von Droßdik (1771 – 1852).

Etwa zur gleichen Zeit, als Beethoven die Absage Therese Malfattis hinnehmen musste, lernte er Ende Mai 1810 Antonie Brentano geb. von Birkenstock (1780 – 1869) über deren Halbschwägerin Bettina von Arnim geb. Brentano (1785 – 1859) kennen. Antonie wurde zu einer der engsten Freundinnen Beethovens. Ihrem Tagebuch vertraute sie an, mit Beethoven verbinde sie eine „Wahlverwandtschaft". In einem Brief vom 11. März 1811 teilte sie Bettina mit, Beethoven („einfach, edel, gutmütig"), der sie „beinahe täglich" besuche, sei ihr „einer der liebsten Menschen" geworden. Auch Antonies Ehemann, der Frankfurter Bankier Franz Brentano (1765 – 1844), der sich nur selten in Wien aufhielt, gehörte später zu Beethovens Freundeskreis und unterstützte ihn mehrfach mit großzügigen günstigen Darlehen. Das Ehepaar hatte sechs Kinder. Im Unterschied zu Antonie ist Bettinas wiedergegebenen Äußerungen nur mit großer Vorsicht zu begegnen. Das gilt beispielsweise für das gern zitierte Wort „Musik ist höhere Offenbarung als alle Weisheit und Philosophie", das Bettina von Arnim (sie behauptete Goethe gegenüber, Beethoven sei in sie verliebt) mit ihrer literarischen Fantasie dem Komponisten offensichtlich in den Mund gelegt hat.

Kurz nach Beethovens Tod fand man in einer Geheimschublade des alten Schreibtischs in Beethovens letzter Wohnung zusammen mit Miniaturen der Gräfin Giulietta Guicciardi und der Gräfin Marie Erdödy einen Brief vom 6. und 7. Juli ohne Jahresangabe (er konnte nachträglich auf das Jahr 1812 datiert werden, als Beethoven in Teplitz weilte) und ohne Angabe einer Adressatin – nur überschrieben mit „An die Unsterbliche Geliebte".

Beethoven „An die Unsterbliche Geliebte" (Auszüge):
Am 6. Juli morgens. Mein Engel, mein Alles, mein Ich! Nur einige Worte heute, und zwar mit Bleistift – (mit Deinem). … Warum dieser tiefe Gram, wo die Notwendigkeit spricht? Kann unsere Liebe anders bestehen als durch Aufopferungen, durch Nicht-alles-verlangen? Kannst Du es ändern, dass Du nicht ganz mein, ich nicht ganz Dein bin? Ach Gott,

blick' in die schöne Natur und beruhige Dein Gemüt über das Müssende! Die Liebe fordert alles und ganz mit Recht; so ist es mir mit Dir, Dir mit mir – nur vergisst Du so leicht, dass ich für mich und für Dich leben muss! Wären wir ganz vereinigt, Du würdest dieses Schmerzliche ebenso wenig als ich empfinden. – … Wir werden uns wohl bald sehen! Auch heute kann ich Dir meine Bemerkungen nicht mitteilen, welche ich während dieser wenigen Tage über mein Leben machte. Wären unsre Herzen immer dicht beieinander, ich machte wohl keine dergleichen. Die Brust ist voll, Dir viel zu sagen! Ach, es gibt Momente, wo ich finde, dass die Sprache noch gar nichts ist. Erheitere Dich – bleibe mein treuer, einziger Schatz, mein Alles, wie ich Dir – das übrige müssen die Götter schicken, was für uns sein muss und sein soll. – Dein treuer Ludwig.

Abends, Montag am 6. Juli. Du leidest, Du mein teuerstes Wesen! – … Du leidest! – Ach, wo ich bin, bist Du mit mir, mit mir und Dir rede ich. Mache, dass ich mit Dir leben kann! Welches Leben!!!! – so!!!! – Ohne Dich – verfolgt von der Güte des Menschen hier und da, die ich meine, ebenso wenig verdienen zu wollen, als sie zu verdienen. Demut des Menschen gegen den Menschen, sie schmerzt mich, und wenn ich mich im Zusammenhang des Universums betrachte, was bin ich und was ist der – den man den Größten nennt – und doch ist wieder hierin das Göttliche des Menschen! Ich weine, wenn ich denke, dass Du erst wahrscheinlich Sonnabend die erste Nachricht von mir erhältst. – Wie Du mich auch liebst – stärker liebe ich Dich doch! Doch nie verberge Dich vor mir! – Gute Nacht – als Badender [Kurgast] *muss ich schlafen gehen. – Ach Gott – so nah! So weit! Ist es nicht ein wahres Himmelsgebäude, unsre Liebe, aber auch so fest, wie die Feste des Himmels. –*

Guten Morgen! Am 7. Juli. Schon im Bette drängen sich die Ideen zu Dir, meine unsterbliche Geliebte, hier und da freudig, dann wieder traurig, vom Schicksale abwartend, ob es uns erhört. – Leben kann ich entweder nur ganz mit Dir oder gar nicht, ja, ich habe beschlossen, in der Ferne so lange herumzuirren, bis ich in Deine Arme fliegen kann, und mich ganz heimatlich bei Dir nennen kann, meine Seele, von Dir umgeben, ins Reich der Geister schicken kann. – Ja, leider muss es sein, Du wirst Dich fassen, umso mehr, als Du meine Treue gegen Dich kennst. Nie eine andere kann mein Herz besitzen, nein – nie! – O Gott, warum sich trennen müssen, wenn man so liebt, und doch ist mein Leben in W. [Wien] *so wie jetzt, ein kümmerliches Leben. Deine Liebe macht mich zum Glücklichsten und Unglücklichsten zugleich. In meinen Jahren jetzt bedürfte ich einiger Einförmigkeit, Gleichheit des Lebens – kann diese bei unserem Verhältnisse bestehen? – Engel, eben höre ich, dass die Post alle Tage abgeht, und ich muss daher schließen, damit Du den Brief gleich erhältst. – Sei ruhig. Nur durch ruhiges Beschauen unseres Daseins können wir unsern Zweck,*

▶
Nikolaus Lauer: Antonie Brentano mit ihren Kindern Georg und Fanny, Pastellbild 1809

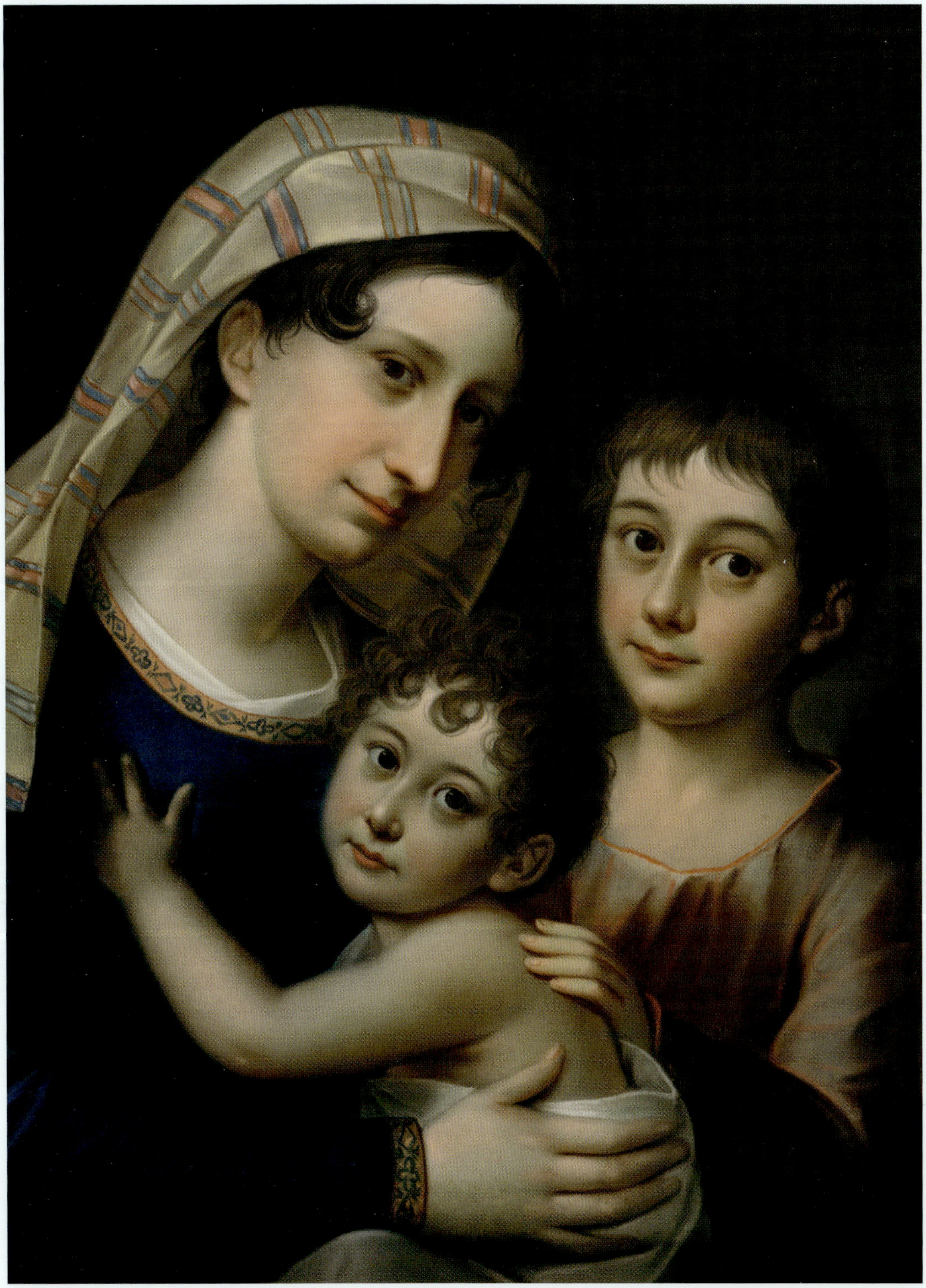

zusammen zu leben, erreichen. – Sei ruhig – liebe mich! Heute – gestern – welche Sehnsucht mit Tränen nach Dir – Dir – Dir – mein Leben – mein Alles! Leb wohl! O liebe mich fort. – Verkenne nie das treueste Herz Deines Geliebten! Ewig Dein – ewig mein – ewig uns. L.

Wurde dieser Brief von der Empfängerin später zurückgegeben oder wurde er niemals abgeschickt? – Vor allem aber: An wen richtet er sich?

Die Beethoven-Forschung hat in den vergangenen anderthalb Jahrhunderten fast ein Dutzend Kandidatinnen für die Unsterbliche Geliebte präsentiert, ihre Zahl im Ausschlussverfahren nach und nach bis auf zwei – Josephine Deym und Antonie Brentano – reduziert, letztlich aber die Adressatin des Briefes nicht mit letzter Sicherheit identifizieren können. Relevanter als dieses Desiderat ist freilich die Kenntnis von Beethovens Empfindungswelt in einer emotionalen Ausnahmesituation, die aus dem Brief spricht. Nirgendwo sonst – mit Ausnahme des Heiligenstädter Testaments – ist ein Textdokument aus der Hand Beethovens überliefert, in dem er sein Innerstes so leidenschaftlich und ungebrochen offenbart. Hier geht es nicht um eine Liebelei oder Affäre; hier geht es ums Ganze, um die große Liebe seines Lebens – die Liebe zu einer verheirateten Frau mit mehreren Kindern, die unter keinen Umständen öffentlich bekannt werden durfte.

Josephine Brunsvik hatte 1799 den wesentlich älteren Grafen Joseph Deym – er leitete eine Kunstgalerie und besaß ein Wachsfigurenkabinett in Wien – geheiratet und ihm in den folgenden Jahren vier Kinder geschenkt. Als er 1804 überraschend starb, machte sich Beethoven Hoffnungen auf eine gemeinsame Zukunft mit Josephine. Er schrieb ihr bis 1809 zahlreiche leidenschaftliche Liebesbriefe, die die Familie Brunsvik nach Josephines frühem Tod konsequent unter Verschluss hielt. Erst 1957 sind vierzehn dieser Briefe aufgetaucht. Ihr Duktus erinnert an Beethovens späteren Brief an die unsterbliche Geliebte. Er nannte sie Engel, Herz, mein Eigen, Geliebte und sprach von ewiger Treue. Zunächst erwiderte sie vorsichtig Beethovens Drängen. So sicherte sie ihm „den Besitz des edelsten ihres Ich's" zu. In einem anderen Brief schrieb sie: „Mein Herz haben Sie schon längst, lieber Beethoven, wenn Ihnen diese Versicherung Freude machen kann, so empfangen Sie sie – Aus dem reinsten Herzen".

Einer Eheschließung mit dem nichtadligen Beethoven jedoch musste sie entsagen, da sie in diesem Falle die von ihrem verstorbenen Ehemann ausdrücklich auf sie übertragene Vormundschaft über ihre adligen Kinder verloren hätte. Fast inständig bat sie Beethoven 1807: „Das Vergnügen Ihres Umgangs hätte der schönste Schmuck meines Lebens sein können, liebten Sie mich minder sinnlich – dass ich diese sinnliche Liebe nicht befriedigen kann – zürnen Sie nicht auf mich – Ich müsste heilige Bande verletzen, gäbe ich Ihrem Verlangen Gehör – Glauben Sie – dass ich, durch Erfüllung meiner Pflichten, am meisten leide – und dass gewiss edle Beweggründe meine Handlungen leiteten."

Ein Jahr später reiste Josephine mit ihrer Schwester Therese nach Yverdon (Westschweiz), um ihre Söhne an der dortigen, von dem Reformpädagogen Johann Heinrich Pestalozzi (1746–1827) geleiteten Erziehungsanstalt ausbilden zu lassen. Hier lernte sie den estnischen Baron Christoph Freiherr von Stackelberg (1777–1841) kennen, den sie 1810 infolge einer zuvor unehelich geborenen gemeinsamen Tochter heiraten musste. Obwohl sie anschließend noch ein weiteres Kind zur Welt brachte, war die Ehe von Anfang an unglücklich. Sie litt unter schwerwiegenden selbstverschuldeten finanziellen Problemen Stackelbergs, besonders aber unter dessen exzentrischem Verhalten seiner Frau gegenüber. Warum sich die verzweifelte Josephine unter diesen Umständen im Juni oder Anfang Juli 1812 allein nach Prag begab, kann nur vermutet werden (möglicherweise suchte sie juristischen Rat für eine Scheidung), da die entsprechenden Seiten ihres Tagebuches später säuberlich herausgeschnitten worden sind.
Auf dem Weg zu einem Kuraufenthalt in Teplitz reiste Beethoven ebenfalls nach Prag und verbrachte hier den Abend und die Nacht vom 3. zum 4. Juli 1812 mit jener Frau, die er wenige Tage später als unsterbliche Geliebte in seinem Brief verewigt hat – Gräfin Josephine von Brunsvik-Deym-Stackelberg. Umgehend kehrte sie nach Wien zurück, um die Scheidung von Stackelberg zu erwirken – und um ihn zuvor in den Glauben zu versetzen, die Frucht ihrer beginnenden Schwangerschaft sei von ihm. Denn sonst hätte sie keine Chance gehabt, ihre Kinder zu behalten. Am 8. April 1813 brachte sie ihr siebentes Kind zur Welt und gab ihm den ungewöhnlichen, aus Goethes *Die Leiden des jungen Werther* bekannten Namen Minona, rückwärts gelesen „Anonim". Therese, die Patentante des Mädchens, notierte, es sei stark und robuster als seine älteren Schwestern – und es habe „das meiste Genie" von ihnen. Minona soll nicht nur Klavier gespielt, sondern auch komponiert haben. Beethovens Gesichtszüge lebten in ihr weiter. Unverheiratet ist sie im Alter von 84 Jahren gestorben.
Josephine musste nach 1813 weitere schwere Schicksalsschläge erleiden. Möglicherweise kam 1816 noch ein Treffen mit Beethoven zustande. Bereits 1821 schloss sie vereinsamt und verarmt im Alter von nur 42 Jahren für immer die Augen. Ihre Schwester Therese schrieb über zwei Jahrzehnte später in ihr Tagebuch über Josephine und Beethoven: „Sie waren füreinander geboren und lebten beide noch, hätten sie sich vereint."

Fanny Giannattasio del Rio, die Tochter des Internatsleiters von Beethovens Neffen ab 1816 und stille Verehrerin des Komponisten, zitierte ihn in ihrem Tagebuch: *Was ihn beträfe, so habe er noch keine Ehe gekannt, von welcher nach einiger Zeit nicht das Eine oder Andere den Schritt bereut hätte; – und von einigen Mädchen, welche er in früheren Zeiten zu besitzen als das größte Glück erachtet hätte, habe er in der Folge eingesehen, dass er sehr glücklich sei, dass keine derselben seine Frau geworden sei, und wie gut es sei, dass die Wünsche oft nicht erfüllt werden.*

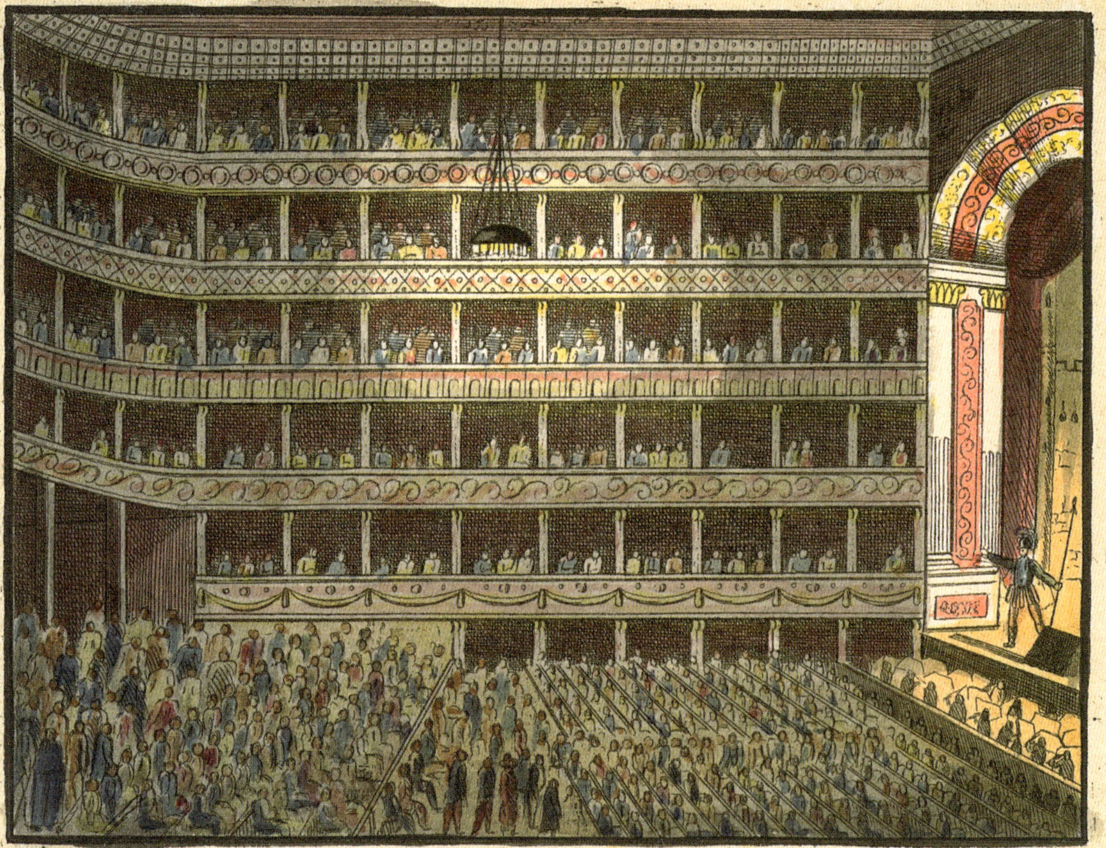

Vue de l'Interieur du theatre nati-
onal prés de la porte d'Italie.

Nr. 34.

Ansicht von iñern Prospekt der k: k:
national Theaters an dem Kärntnerthor.

Wien bey Math. Artaria am Kohlmarkt No. 258.

11

FIDELIO

◄

Innenansicht des Kärntnertortheaters um 1810, kolorierter Kupferstich nach einer anonymen Zeichnung, hier in einem zweiten, von Matthias Artaria veröffentlichten Abdruck, Wien, um 1822–1827. Das Haus wurde 1708 eröffnet. Hier begann 1814 der Siegeszug des „Fidelio" in der dritten und letzten Fassung. Als das Kärntnertortheater 1870 den Spielbetrieb einstellte und wenig später abgerissen wurde, hatte die benachbarte neue Hofoper, die spätere Staatsoper, bereits seine Funktion übernommen.

Zu Beginn des 19. Jahrhunderts, als Mozarts Opern bereits weithin bekannt waren, fehlte es in Wien unter den Komponisten an neuen Opernstars, die den Erfolg von Mozart hätten fortsetzen können. Stattdessen wurden gern französische Opern auf die Bühne gebracht, allen voran die des seit 1788 in Paris wirkenden Italieners Luigi Cherubini (1760–1842). Bei einem Wien-Besuch lernte Beethoven ihn 1805 persönlich kennen. Bis zuletzt schätzte er ihn als einen der besten Opernkomponisten seiner Zeit.

Für Wien war das Jahr 1805 politisch durch die Besetzung durch napoleonische Truppen am 13. November geprägt (in deren Gefolge nicht etwa Beethoven, sondern der noch immer in Wien weilende Cherubini im Auftrag Napoleons Hofkonzerte veranstalten musste). Beethoven jedoch fühlte sich durch Cherubini beflügelt, seine im Vorjahr begonnene Oper zu vollenden. Ihr Titel wechselte mit jeder neuen Fassung: „Fidelio oder Die eheliche Liebe" (1805, für die Uraufführung gekürzt zu „Fidelio") – „Leonore" bzw. „Leonore oder Der Triumph der ehelichen Liebe" (1806) – „Fidelio" (1814).

Es war nicht der erste Versuch Beethovens, der bereits in nahezu allen Gattungen der Instrumentalmusik neue, maßstabsetzende Werke geschaffen hatte, sich nun auch mit der wichtigsten musikdramatischen Vokalgattung – der Oper – zu befassen. Er hatte 1803 Emanuel Schikaneder (1751–1812), dem Librettisten von Mozarts *Zauberflöte*, zugesagt, für dessen Theater an der Wien eine Oper zu schreiben. Dafür bediente er sich zunächst Schikaneders Libretto *Vestas Feuer* über ein antikes Sujet.

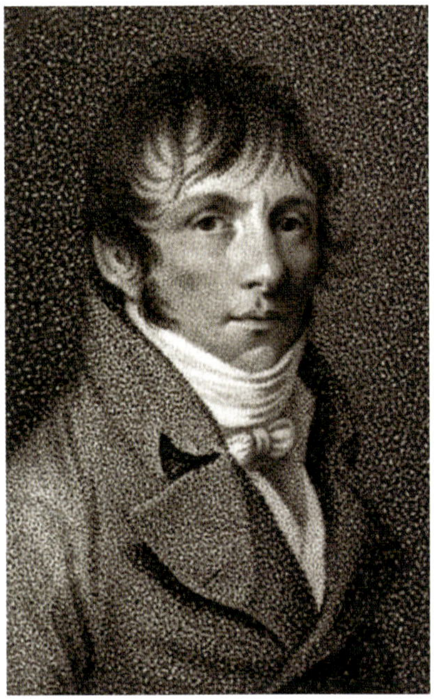

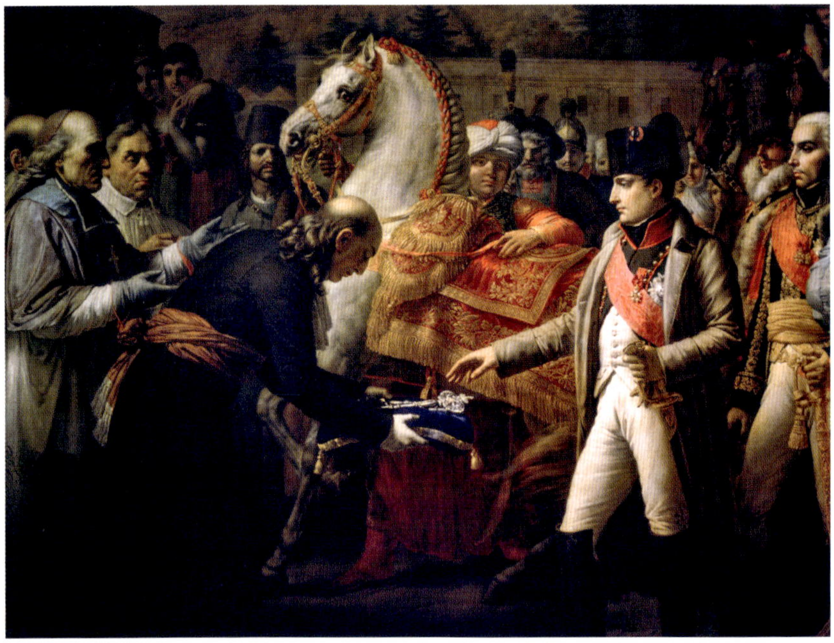

◄
Friedrich Wilhelm Bollinger: Luigi Cherubini, Lithografie, 1803

▲
Anne-Louis Girodet de Roucy-Trioson: Kaiser Napoleon I. nimmt am 13. November 1805 in Schloss Schönbrunn die Stadtschlüssel Wiens in Empfang, Ölgemälde auf Leinwand (Ausschnitt), 1808

Bald begeisterte er sich jedoch für die *Leonore* von Jean Nicolas Bouilly (1763 – 1842), obwohl dieser Stoff gerade erst innerhalb weniger Jahre von drei anderen Komponisten vertont worden war. Als Schikaneder im Februar 1804 als Theaterdirektor entlassen wurde, fühlte sich Beethoven nicht mehr an seine Zusage an ihn gebunden. Er war nun frei für ein Libretto, das ihn brennend interessierte. Hier hatte er jenen „großen Gegenstand aus der Geschichte" gefunden, den er einmal in einem Brief an den Dichter August von Kotzebue (1761 – 1819) forderte. Die Geschichte spielt während der Französischen Revolution in der Touraine und verbindet eine politische Herausforderung – die Aufhebung einer Tyrannenentscheidung – mit der aus leidenschaftlicher Liebe erwachsenden Risikobereitschaft, die Freiheit oder gar das eigene Leben dafür aufs Spiel zu setzen. Der Name „Fidelio" für die als Mann verkleidete Hauptfigur der Leonore geht auf Shakespeares Romanze „Cymbeline" zurück, die jedoch nicht von Befreiung, sondern von Intrige handelt.
Beethovens viel später geäußerter grundsätzlicher Wunsch nach einem Operntext, „der mich anregt … und etwas Sittliches, Erhebendes" sein muss, war hier erfüllt worden und ermöglichte ihm einen Operntypus, der höchst unterschiedliche Traditionslinien aufnahm und zu etwas ganz Neuem verknüpfte. Dazu gehören weit zurückreichende Überlieferungen wie Heldenlied und Tragödie ebenso wie das Singspiel mit gesprochenen Dialogen aus dem 18. Jahrhundert. Das Werk aber wurde insbesondere dank des politisch-realistischen Habitus der zeitgenössischen französischen Befreiungsoper unverwechselbar.
Beethovens Oper, für die der neue Librettist Joseph Sonnleithner (1766 – 1835) bis zuletzt um die Aufhebung der verhängten Zensur kämpfen musste, fiel bei der

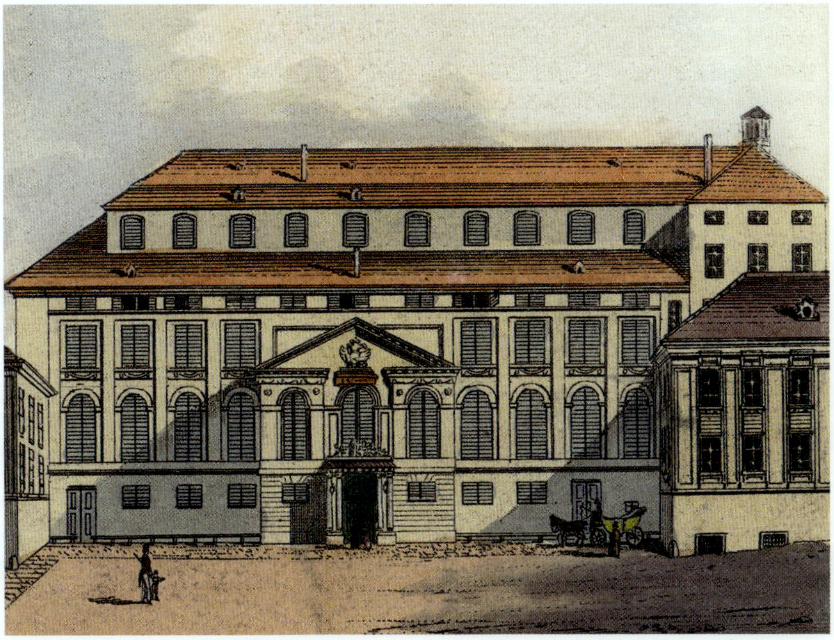

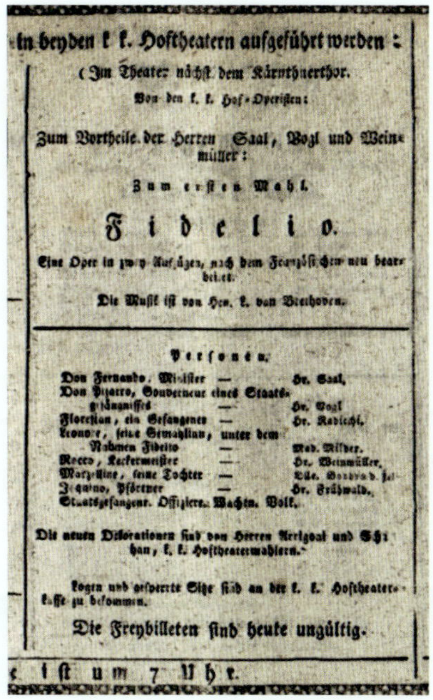

in beyden k. k. Hoftheatern aufgeführt werden:

(Im Theater nächst dem Kärnthnerthor.

Von den k. k. Hof-Operisten:

Zum Vortheile der Herren Saal, Vogl und Weinmüller:

Zum ersten Mahl.

F i d e l i o.

Eine Oper in zwey Aufzügen, nach dem Französischen neu bearbeitet.

Die Musik ist von Hrn. L. van Beethoven.

Personen.

Don Fernando, Minister	—	Hr. Saal.
Don Pizarro, Gouverneur eines Staatsgefängnisses	—	Hr. Vogl
Florestan, ein Gefangener	—	Hr. Radichi.
Leonore, seine Gemahlinn, unter dem Nahmen Fidelio	—	Mad. Milder.
Rocco, Kerkermeister	—	Hr. Weinmüller.
Marzelline, seine Tochter	—	Dlle. Bondra d. j.
Jaquino, Pförtner	—	Hr. Frühwald.

Staatsgefangene. Offiziere. Wachen. Volk.

Die neuen Dekorationen sind von Herren Arrigoni und Schinhan, k. k. Hoftheatermahlern.

Logen und gesperrte Sitze sind an der k. k. Hoftheaterkasse zu bekommen.

Die Freybilleten sind heute ungültig.

... ist um 7 Uhr.

▲

Johann Wenzel Zinke: Theater an der Wien, Stich nach einer Zeichnung von Eduard Gurk, um 1830. In der Nachfolge des Freihaustheaters hatte Emanuel Schikaneder das Theater an der Wien 1801 am hier unterirdisch verlaufenden Wienfluss errichten lassen; 2006 wurde es als neues Opernhaus der Stadt Wien neu eröffnet. Hier fanden die Uraufführungen der ersten beiden Fassungen des „Fidelio" 1805 und 1806 sowie mehrerer Sinfonien Beethovens statt. Zeitweise bewohnte der Meister ein Appartement im Theatergebäude; „Fidelio" wurde z. T. hier komponiert.

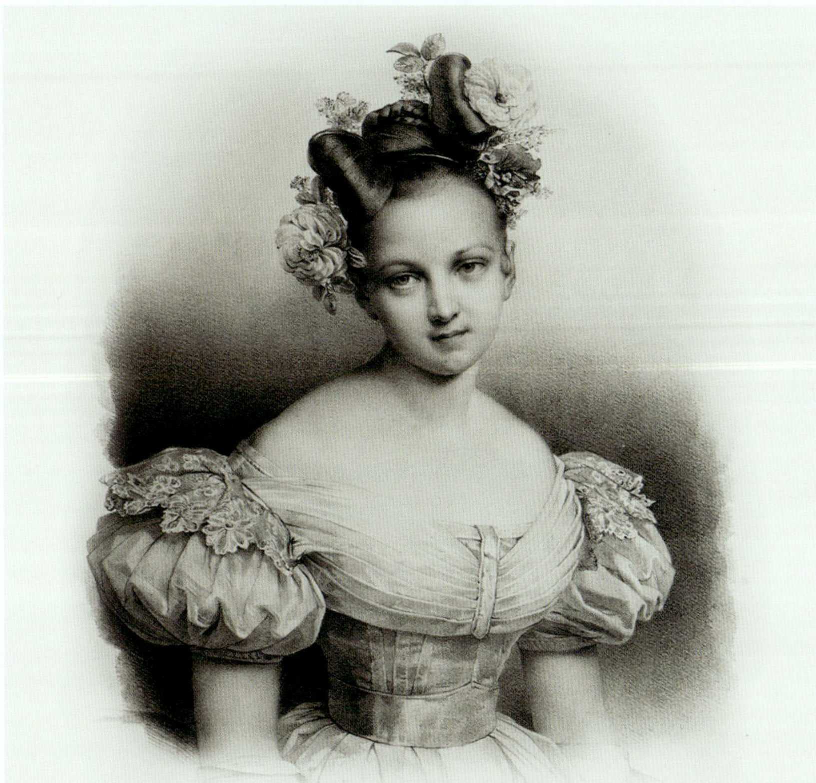

▶▶

Theaterzettel der Erstaufführung des „Fidelio", 1805

▶

Henri Grevedon: Wilhelmine Schröder-Devrient, Kreidelithografie, 1830

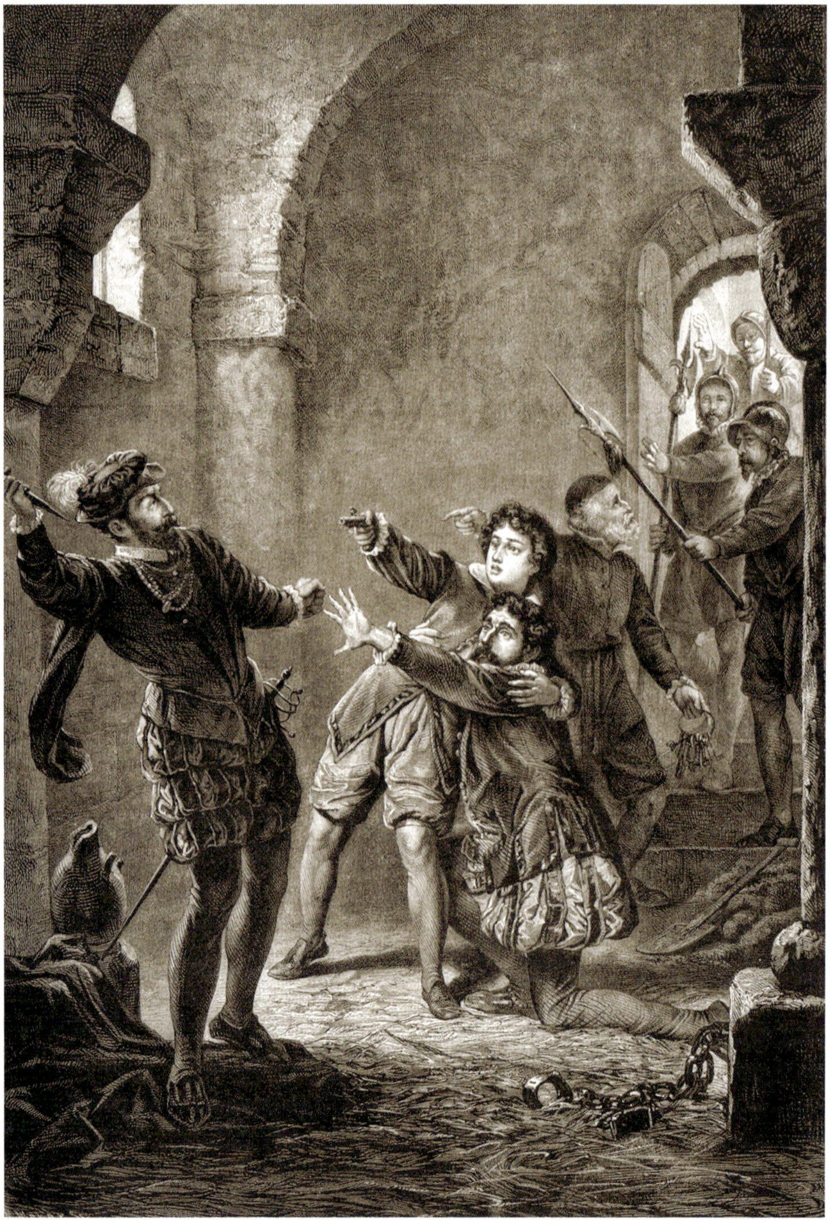

◄ *Szenenbild aus dem zweiten Akt des „Fidelio". Holzstich nach einem Gemälde von Eugen Klimsch, um 1880. Gezeigt wird der entscheidende Augenblick, in dem sich Leonore mit den Worten „Töt' erst sein Weib" vor ihren Gatten Florestan stellt, den Pizarro zu ermorden versucht. Kurz darauf ertönt das rettende Trompetensignal.*

Uraufführung im Theater an der Wien am 20. November 1805 in Anwesenheit von zahlreichen Offizieren der neuen französischen Besatzung glatt durch. Sie wussten mit dem heroischen Ringen um Befreiung aus ungerechtfertigter Knechtschaft nicht sonderlich viel anzufangen. Damit nahm eine Reihe von Umarbeitungen ihren Lauf, die nicht nur zu Kürzungen und Straffungen führte, sondern auch die Ouvertüre betraf, von der allein vier verschiedene Fassungen vorliegen.

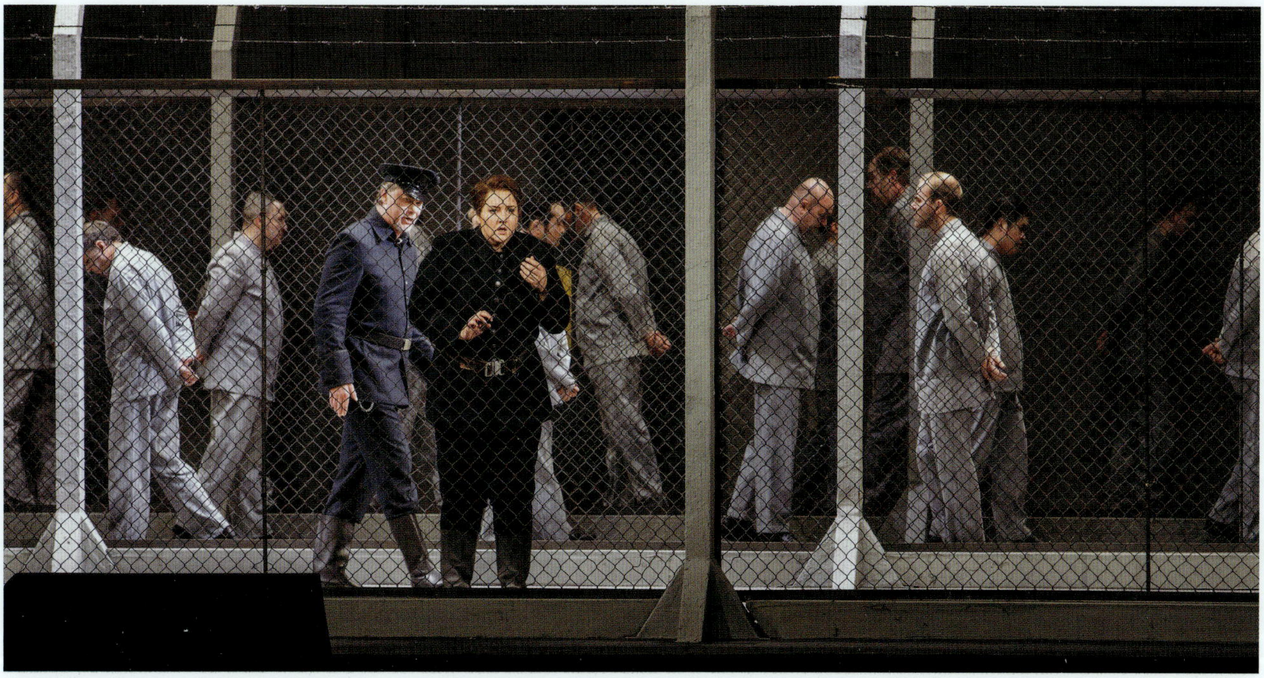

Szenenfoto aus der „Fidelio"-Inszenierung der Semperoper Dresden unter der Regie von Christine Mielitz. Während der Premiere am 7. Oktober 1989 erhoben Zehntausende Dresdner auf dem Theaterplatz und in der umliegenden Innenstadt unüberhörbar ihre Stimme für eine Welt ohne Gewalt und ohne Unterdrückung. Sie trugen damit – während die Sicherheitskräfte ein letztes Mal gewaltsam gegen sie vorgingen – zum Zerfall eines von Machtmissbrauch und umfassender Bespitzelung geprägten totalitären Regimes bei. Kaum jemals zuvor in der Geschichte wurde eine Operninszenierung in solch einer thematischen und zugleich lokalen Parallelität zu einer sich zuspitzenden krisenhaften politischen Entwicklung verwirklicht. Eine einzigartige Aufführung in einer von heiligem Ernst getragenen Atmosphäre.

Die Aufführung der zweiten Opernfassung am 29. März 1806 brachte zwar einen bescheidenen Erfolg, war aber von einem Durchbruch für das Werk noch weit entfernt. Beethoven nahm auch diese Fassung zurück, zumal er sich vom Intendanten über den Tisch gezogen fühlte. Erst mit der stärker auf die musikalische Konfliktdramatik fokussierten dritten Fassung, die im Kärntnertortheater am 23. Mai 1814 – zwischen dem Sturz Napoleons und dem Beginn des Wiener Kongresses – aus der Taufe gehoben wurde, bahnte sich ein durchschlagender Erfolg an. Allein in Wien wurde *Fidelio* op. 72 bis Ende dieses Jahres 22-mal gegeben.

Zur weiteren Verbreitung im deutschen Sprachraum trug ab 1822 die später hochberühmte Sängerin Wilhelmine Schröder-Devrient (1804–1860) in der Titelrolle wesentlich bei.

Beethoven – nun auch als Opernkomponist etabliert – erteilte 1815 dem Schriftsteller Franz Grillparzer (1791–1872) den Auftrag, ein Libretto für eine neue Oper zu schreiben. Umgehend verfasste dieser die romantische Zauberoper *Melusina*. Doch der Komponist forderte, kaum dass Grillparzer auf einen Wunsch eingegangen war, die nächste Änderung; er lavierte, skizzierte und zögerte – letztlich konnte er sich nicht zur Vertonung dieses Librettos entschließen. Es wurde stattdessen nach Beethovens Tod von Conradin Kreutzer (1780–1849) vertont.

Auch andere Opernprojekte wie „Faust", „Macbeth" oder „Odysseus", die an Beethoven herangetragen worden waren oder die er selbst ins Auge gefasst hatte, scheiterten in einem frühen Stadium oder verliefen im Sande.

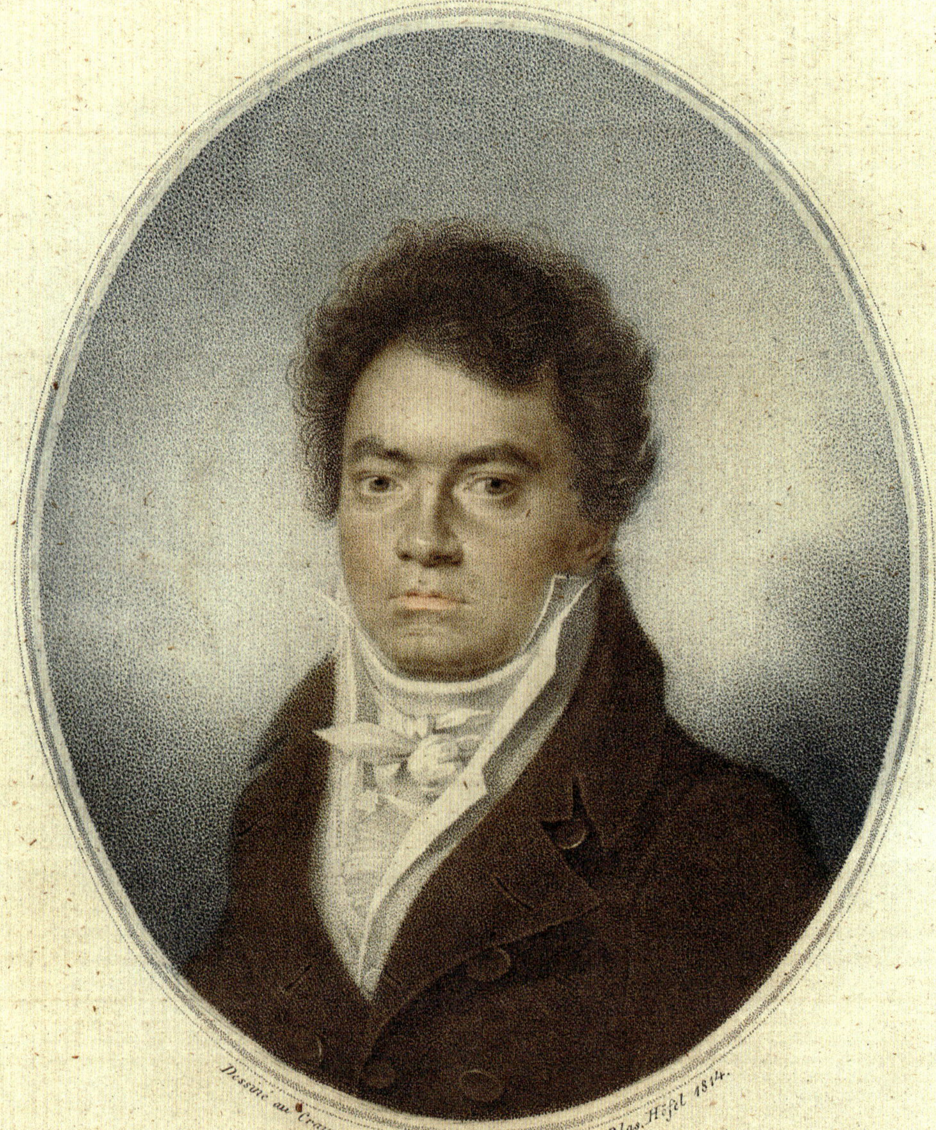

Dessiné au Crayon par Louis Letronne et gravé par Blas. Höfel 1814.

LUDWIG van BEETHOVEN.

Wien bey Artaria und Comp.

MUSIK RUND UM DEN WIENER KONGRESS

◄

Blasius Höfel: Ludwig van Beethoven, Kupferstich nach Louis Letronne, 1815. Das Porträt zeigt den Komponisten in der Zeit seines größten Ruhmes, die sich mit dem umjubelten Orchesterwerk „Wellingtons Sieg" 1813 und der ebenfalls umjubelten Letztfasssung der Oper „Fidelio" 1814 verbindet. Als Frontispiz der Leipziger „Allgemeinen musikalischen Zeitung" (der damals führenden Musikzeitschrift Deutschlands) des Jahrgangs 1817 prägte Höfels Beethoven-Porträt früh das Bild, das man sich in der musikalischen Fachwelt außerhalb Wiens von ihm machte.

Beethovens Ruf als herausragender Komponist der Gegenwart war unumstritten geworden, als 1814/15 mit dem Wiener Kongress ein diplomatisches Großereignis von welthistorischer Bedeutung, bei dem die Neuordnung Europas nach der Niederlage Napoleons ausgehandelt wurde, das Leben Wiens dominierte. Zu den mittlerweile etwa 350.000 Einwohnern der Stadt kamen etwa 100.000 Gäste, die über viele Monate hinweg beherbergt, verpflegt und anderweitig versorgt werden mussten. Aber auch Verhandlungsräume, Vergnügungs- und Zerstreuungsmöglichkeiten waren für die etwa 300 Könige, Prinzen, Herzöge, Reichsfürsten, Reichsgrafen und Diplomaten aus etwa 250 Herrscherhäusern, die jeweils mit Hofstaat und zahlreichen Dienern anreisten, zu organisieren. Nahezu jeden Abend wurden gleichzeitig an vielen Orten Bälle, Diners (hier konkurrierten die besten Köche Europas miteinander), Konzerte und Salongesellschaften mit Konversation und Spiel veranstaltet. Das später oft zitierte Wort vom Kongress, der tanzt, dürfte wohl eher ein untertreibendes Bild zeichnen. Eine Karikatur jener Zeit versuchte die jeweiligen Herrscher etwas unterscheidbarer zu machen und postulierte: „Der König von Bayern trinkt für alle. Der König von Dänemark spricht für alle. Der König von Württemberg isst für alle. Der Zar liebt für alle. Der Kaiser zahlt für alle. Der König von Preußen denkt für alle, und Talleyrand beschwindelt alle."

Für Beethoven, dessen Einkommensverhältnisse trotz des Rentenvertrags von 1809 keineswegs befriedigend blieben, zeigte sich der Wiener Kongress als willkommene Möglichkeit, neue eigene Werke aufzuführen und dabei auch beträchtliche zusätzliche Einnahmen zu generieren. Allerdings blieben diese „Gebrauchsmusiken" im

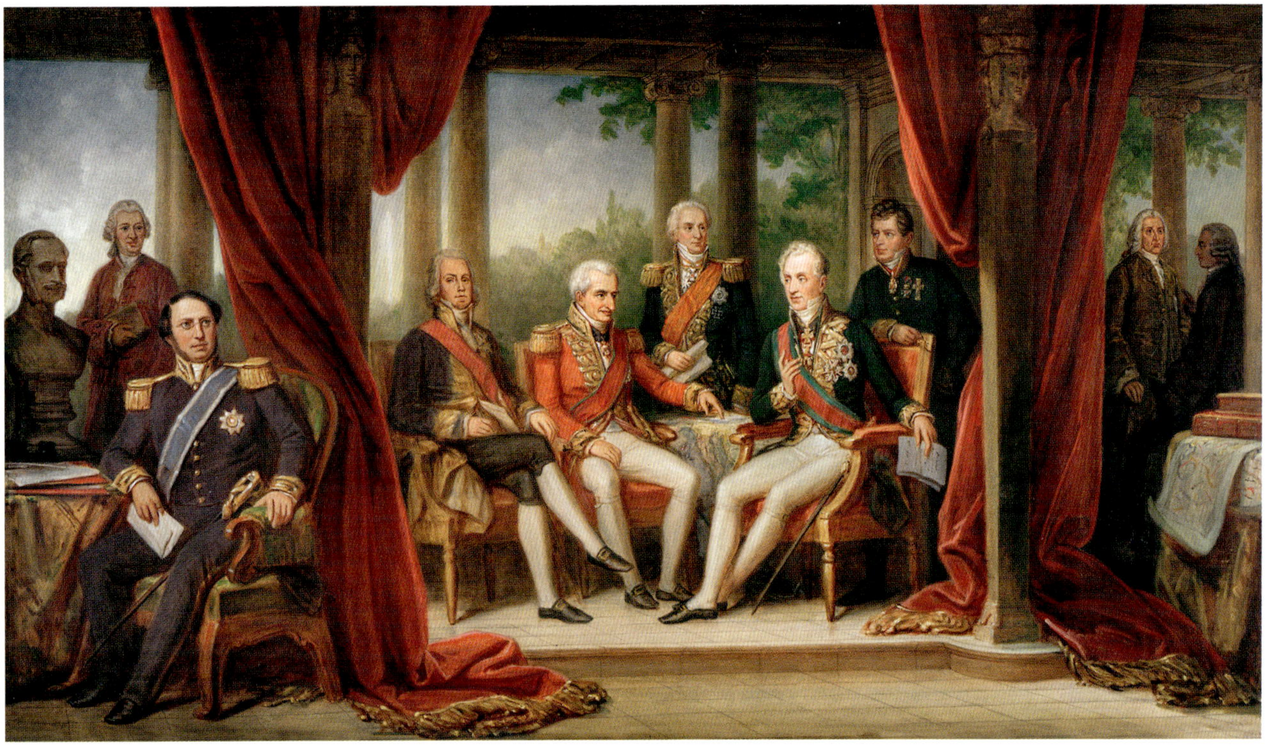

▲

Engelbert Seibertz: Versammlung bedeutender Staatsmänner zur Zeit des Wiener Kongresses, Gemälde, um 1900. In der Bildmitte (von links) der französische Außenminister Charles-Maurice de Talleyrand (1754–1838), der bayrische Außenminister Maximilian von Montgelas (1759–1838), der preußische Staatskanzler Karl August von Hardenberg (1750–1822), der österreichische Außenminister Klemens Wenzel von Metternich (1773–1859) und dessen Sekretär und Berater Friedrich von Gentz (1764–1832).

Bewusstsein der Nachwelt als weniger erhaben in Erinnerung, da Beethoven mit ihnen oft kriegerische Ereignisse programmatisch reflektierte. Zwar schien der Widerspruch zwischen künstlerischer Stagnation und gesellschaftlichem wie kommerziellem Erfolg bei Beethoven in den Jahren um den Wiener Kongress spektakulär; in Wahrheit jedoch bedingten beide Tendenzen einander.

Bereits vor der Eröffnung des Wiener Kongresses führte Beethoven am 8. Dezember 1813 mit nicht weniger als 69 Streichern sein großes Orchesterwerk *Wellingtons Sieg oder Die Schlacht bei Vittoria* op. 91 auf. In ihr ging es um den Sieg eines englischen Generals über die napoleonische Armee in Nordspanien ein halbes Jahr zuvor. Den zweiten Teil hatte Beethoven für das 1804 gebaute Panharmonikum des Wiener Mechanikers und k.k. Hofkammermaschinisten Johann Nepomuk Mälzel (1772–1838) komponiert. Mit diesem ausgeklügelten selbstspielenden Musikgerät konnte ein großbesetztes Orchester mit bis zu 259 Einzelinstrumenten imitiert werden.

Unter den weiteren Aufführungen dieser „Schlachtensinfonie" – sie wurde nicht in die Zählung der übrigen Sinfonien eingefügt – ragt die am 29. November 1814 im Redoutensaal der Wiener Hofburg zusammen mit der Kantate *Der glorreiche Augenblick* op. 136, mit der sich der Kongress selbst feierte, vor etwa 2000 Zuhörern heraus, darunter der Crème de la Crème der europäischen Adelseliten. Ein riesiger Orchesterapparat mit allein 68 Streichern stand dem bereits stark hörgeschädigten Dirigenten Beethoven wiederum zur Verfügung. Nicht eine Aufführung der *Missa*

▶
Mälzels Metronom, Zeichnung, 1815. Johann Nepomuk Mälzel ist weniger durch die (nahezu wirkungslosen) Hörrohre, die er für Beethoven konstruierte, durch Fußprothesen für die Kriegsversehrten des Jahres 1809 oder durch das eher kuriose Panharmonikum bekannt geworden als vielmehr durch einen Taktschlagautomaten namens Metronom, mit dem das einmal gewählte Tempo eines Musikstückes durch markantes „Knacken" – zumindest während des Übens und Probens – konstant gehalten werden konnte und auf diese Weise die Tempovorstellungen eines Komponisten genau fixiert und umgesetzt werden konnten.

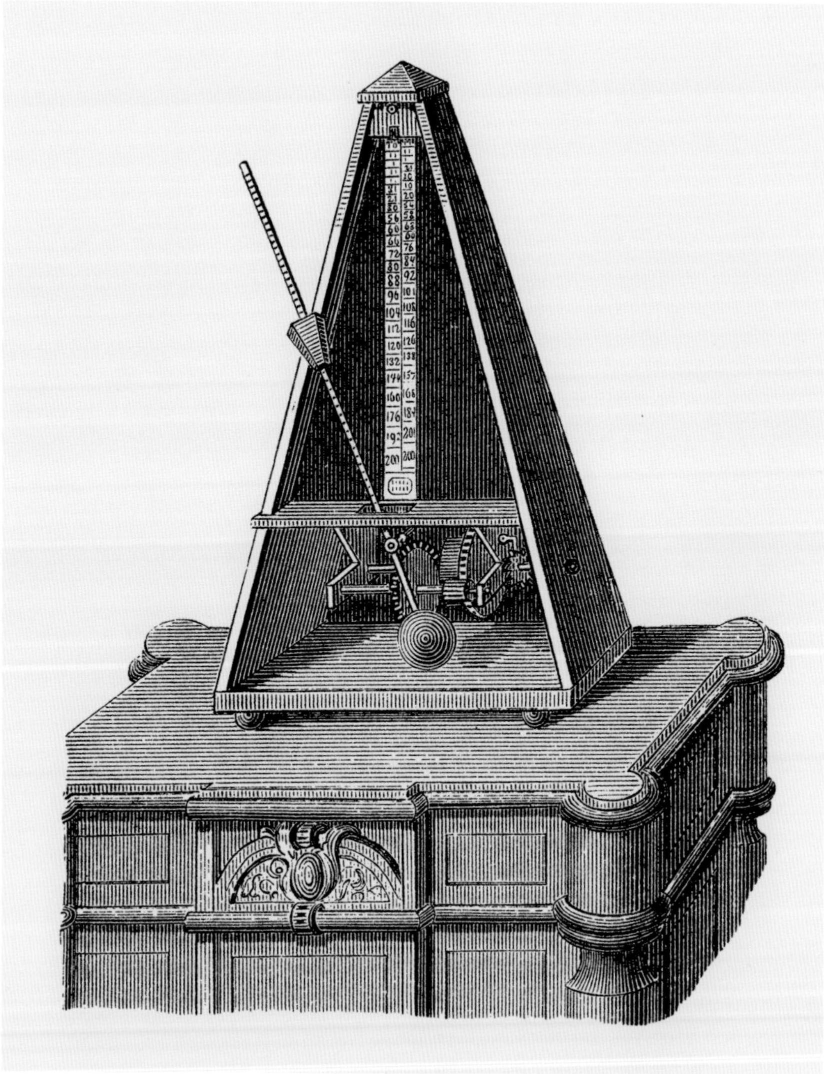

solemnis oder der *Neunten Sinfonie*, sondern dieses politisch repräsentative Konzert war das finanziell ertragreichste seines Lebens.
Der Wiener Kongress war das größte Fest, das sich der europäische Adel je gegönnt hat. Aus vielen Ländern Europas waren Herrscher und Diplomaten mit ihrem Gefolge nach Wien gekommen. Sie alle feierten den unter seiner fortgeschrittenen Taubheit leidenden und zugleich genialen Komponisten Beethoven. Sie alle trugen seinen Ruhm hinaus in die Welt – eine Konstellation, die dieser sich nicht besser hätte wünschen können.
Die Kritik des Musiktheoretikers und Komponisten Gottfried Weber (1779–1839) an der vordergründigen Tonmalerei in *Wellingtons Sieg oder Die Schlacht bei Vittoria* in der Zeitschrift „Cäcilia" 1825 versah Beethoven mit einer „Randglosse" in der Art

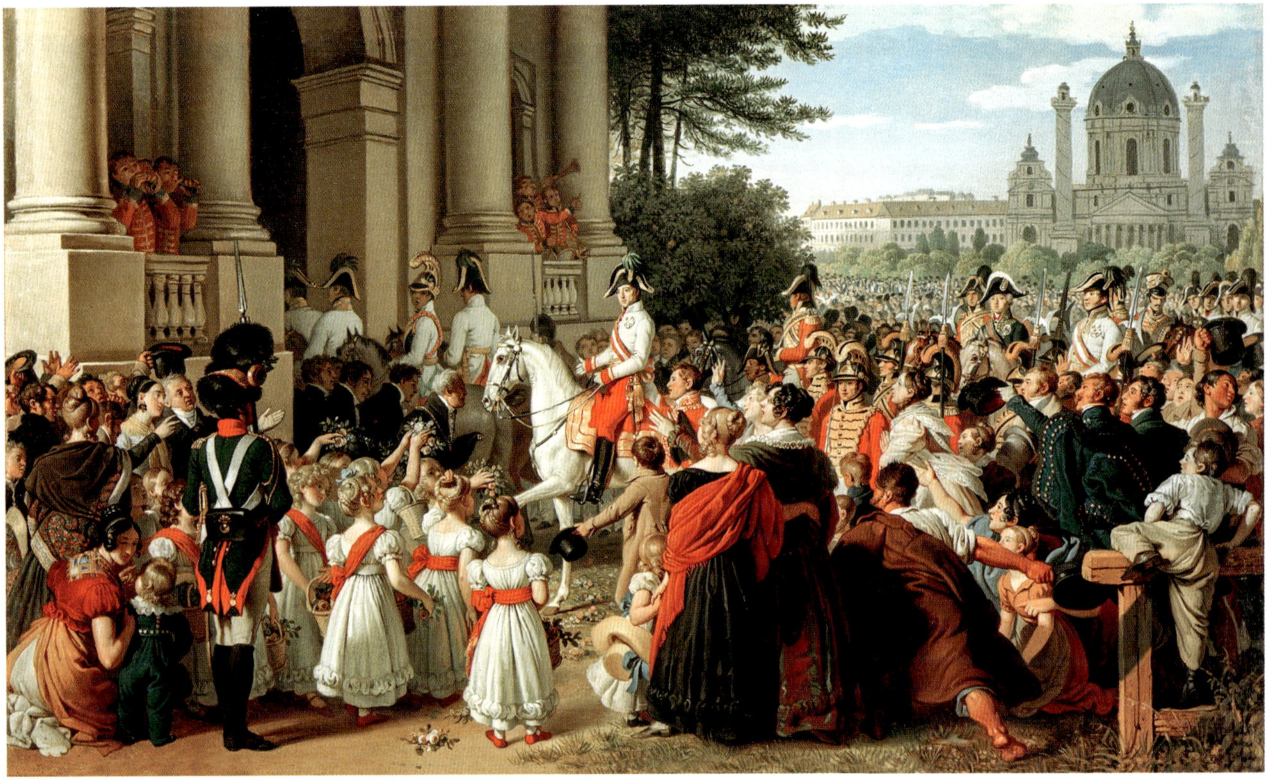

▲

Johann Peter Krafft: Einzug des Kaisers Franz I. in Wien nach dem Pariser Frieden am 16. Juni 1814, Gemälde, vor 1828. Die Darstellung dieses symbolisch aufgeladenen Moments der österreichischen Geschichte entstand als Teil eines Bilderzyklus für den Audienzwartesaal der Wiener Hofburg.

eines schriftlichen Raptus: „Ach du erbärmlicher Schuft, was ich scheiße, ist besser, als was du je gedacht."

Er hatte Werke wie *Wellingtons Sieg* oder den *Glorreichen Augenblick* (und einige weitere) so eingängig und vom Anspruch her überschaubar angelegt, dass ihre politische Funktion, die in der Verherrlichung des Kaisers, der Habsburger, des siegreichen alliierten Militärs und der Stadt Wien nach Napoleons Rückzug bestand, ungeschmälert zum Tragen kommen konnte. Gerade auch mit begrenzten musikalischen Mitteln schenkte Beethoven den ergriffenen oder jubelnden Menschen in großer Zahl die Chance zu einer leichten Identifikation mit diesen Werken. Sie – wie geschehen – als Lärmstück oder Kitsch abstempeln zu wollen, wird ihrer Bedeutung im damaligen Umfeld der großen Politik nicht gerecht und leistet nur der fragwürdigen Mystifizierung Beethovens als eines ausschließlich heroischen und tiefgründigen Komponisten Vorschub.

Am 16. November 1815 wurde Beethoven die Ehrenbürgerschaft der Stadt Wien verliehen. Er hatte Adel und gehobenes Bürgertum unter der Flagge repräsentativer Musik in Lebensweise und Mentalität einander näher gebracht und diese Idee über die heimreisenden Diplomaten in viele Länder Europas getragen. Dennoch – er selbst sollte bis zu seinem Lebensende in den Augen der Einflussreichen nur das nichtadlige Genie bleiben.

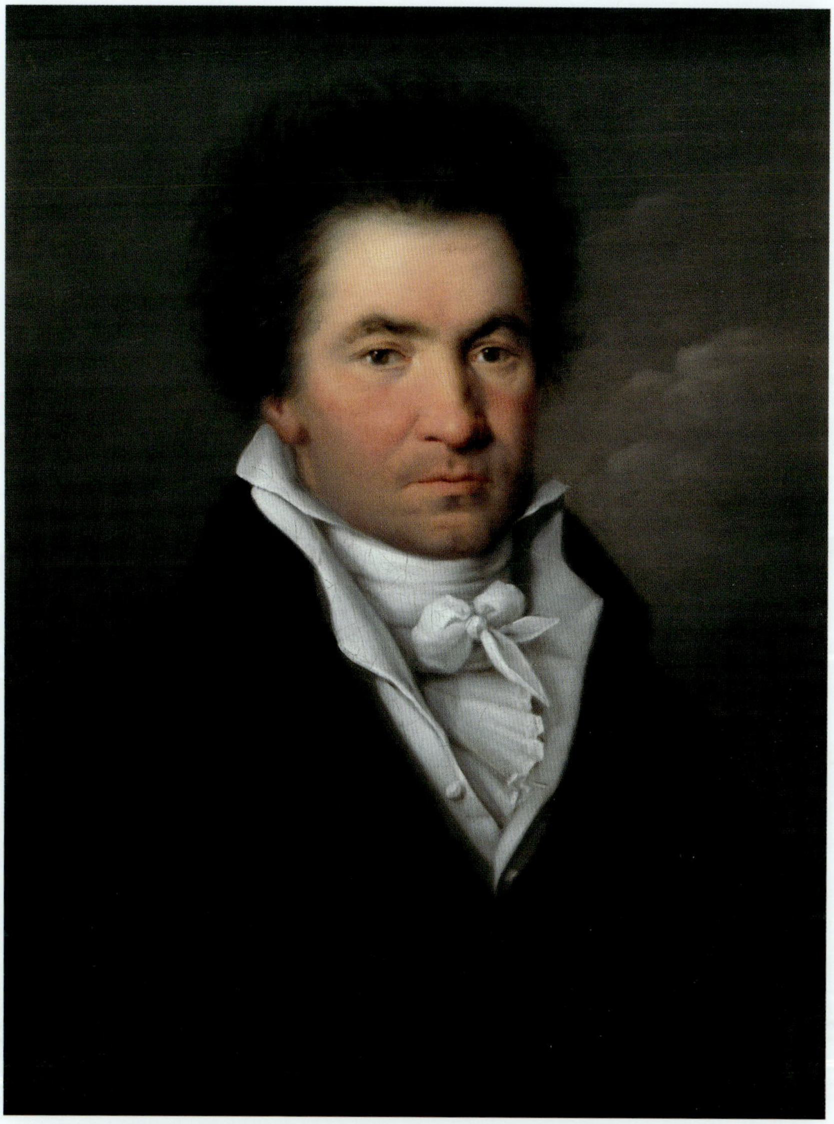

Joseph Willibrord Mähler: Ludwig van Beethoven, Ölgemälde, 1815. In der Literaturzeitschrift „Friedensblätter" wurde das Bild 1815 als Teil einer „Galerie ausgezeichneter Tonkünstler" gerühmt, bei der „man nicht weiß, ob man mehr die vollendete Ähnlichkeit oder die echte Seelenmalerei … bewundern soll." Tatsächlich behielt Mähler eine Fassung dieses Bildes lebenslang in seinem Besitz.

Nach dem diplomatischen und kulturellen Feuerwerk des Wiener Kongresses trat in der Stadt Ernüchterung ein. Künstler jedweder Coleur mussten sich mit der überbordenden Zensur des Restaurationsregimes arrangieren. Das Interesse des adligen und des bürgerlichen Publikums an anspruchsvoller Musik ging zurück. Ein dichtes Spitzelsystem beförderte den Rückzug ins Private. Für Beethoven kamen die ins Endstadium eingetretene Ertaubung und andere Erkrankungen, finanzielle Engpässe, Querelen mit Wohnungsvermietern und nicht zuletzt der selbstgewählte trostlose Kampf um seinen Neffen Karl hinzu – eine Gemengelage, die nicht dazu angetan war, neue Impulse zum Komponieren zu setzen.

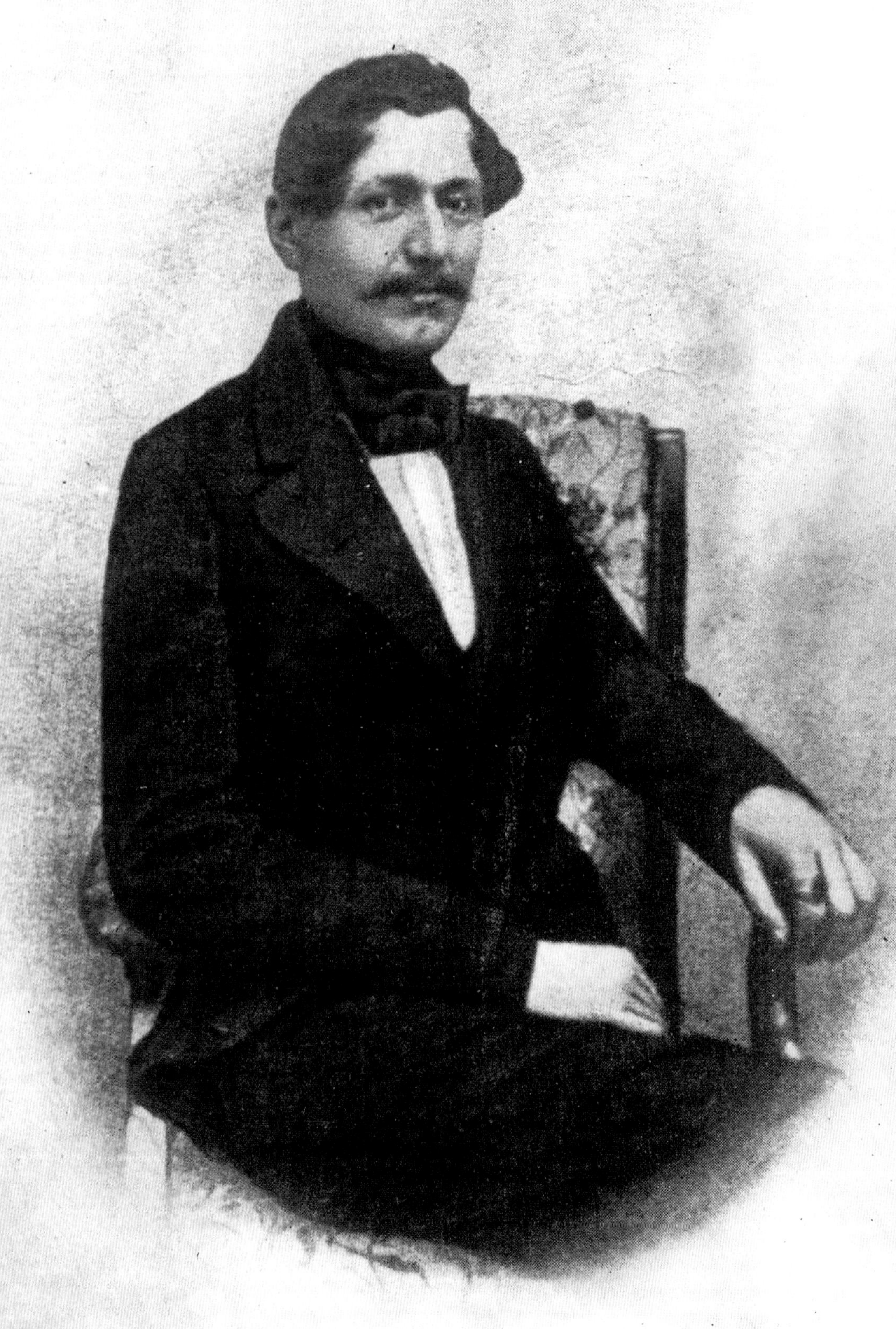

DIE NEFFENTRAGÖDIE

◄

Anonym: Beethovens Neffe Karl van Beethoven (1806–1858), Fotografie einer Daguerreotypie aus den 1840er Jahren

Ab 1815 wandte Beethoven enorme Energie für eine private Angelegenheit auf, die geradezu wie ein entschlossen in Angriff genommenes „Projekt" wirkt: die Erziehung seines Neffen und die dazu erforderliche Vormundschaft.

Beethovens vier Jahre jüngerer Bruder Kaspar Karl verstarb am 15. November 1815 an Tuberkulose und hinterließ sein einziges Kind, den neunjährigen Karl, in der Obhut einer Mutter, in der Beethoven die Verkörperung einer „Königin der Nacht" sah. Johanna van Beethoven (1786–1868) sei „zur Intrige geboren, ausgelernt in Betrug, Meisterin in allen Künsten der Verstellung". Tatsächlich war sie bereits 1804 beschuldigt worden, ihre Eltern bestohlen zu haben. Wegen einer schwerwiegenden Veruntreuung und Verleumdung wurde sie am 30. Dezember 1811 zu einem Jahr schweren Kerkers verurteilt, musste jedoch dank des Einsatzes ihres Ehemanns nur wenige Tage in Polizeiarrest verbüßen. Nicht zuletzt erbitterte Beethoven die notorische eheliche Untreue seiner Schwägerin.

Unter diesem Eindruck hatte Kaspar Karl van Beethoven in seinem 1813 erstellten Testament Ludwig als Onkel zum Vormund seines Neffen Karl bestimmt. Am 14. November 1815, dem Vortag seines Todes, änderte er dieses Testament jedoch zugunsten einer (vom Gesetz gar nicht vorgesehenen) gemeinsamen Vormundschaft seiner Frau Johanna und seines Bruders Ludwigs. Als dieser davon erfuhr, strich er kurzerhand den Namen Johannas im Testament durch, da „ich durchaus an ein solches schlechtes Weib bei der Erziehung des Kindes nicht gebunden sein wollte". Keinen Moment dachte er daran, dass ein Kind nicht ohne Not von seiner Mutter getrennt werden sollte (und schon gar nicht, wenn sein

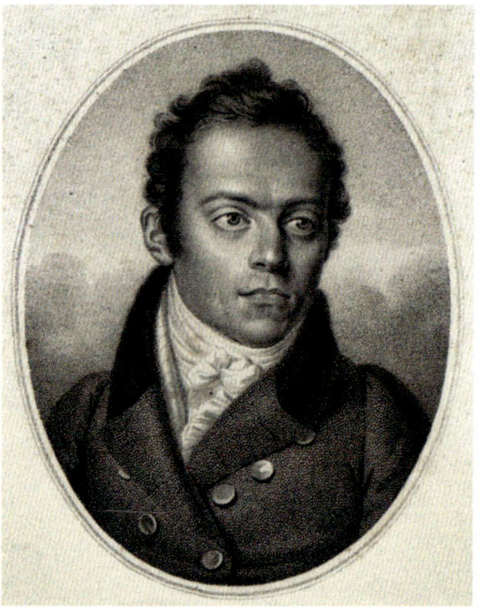

◀ *Anonym: Carl Czerny, Porträt, 1830. Bereits im Alter von neun Jahren erhielt Czerny Klavierunterricht von Beethoven. Grundlage dafür bildete Carl Philipp Emanuel Bachs Klavierschule „Versuch über die wahre Art das Clavier zu spielen" (1753 und 1762).*

Vater gerade verstorben war) – eine Erkenntnis, die schon zur damaligen Zeit Allgemeingut war. Beethoven hatte allein sein Erziehungsprojekt am Beispiel des Neffen im Sinne. Dabei hegte er durchaus hehre Absichten, wie er in einem Brief vom 21. Januar 1816 bekundete: „Ich werde also nun in diesem meinem lieben Neffen allen meinen Feinden und Freunden suchen etwas besseres hervorzubringen als ich selbst." Selbst diese Ankündigung lässt freilich erkennen, dass es ihm weniger um seinen Neffen als um ein Sich-selbst-Beweisen ging. Er wollte zeigen, dass er in der Lage ist, nicht nur unsterbliche Musik, sondern auch einen idealen Menschen zu schaffen.

Entgegen Beethovens Eingriff in das Testament verfügte sein Bruder unmittelbar vor seinem Tode dennoch mit einem Kodizill, dass Johanna als Mitvormund eingesetzt werde und der Sohn Karl auf keinen Fall von der Mutter entfernt werden dürfe. Doch dreizehn Tage nach Karls Tod beantragte Beethoven vor Gericht den Ausschluss der Mutter von der Vormundschaft. Am 19. Januar 1816 erreichte er sein Ziel: Das Gericht bestimmte ihn zum alleinigen Vormund. Zwei Wochen später wurde Karl seiner Mutter entzogen und in das von Giannatasio del Rio geleitete private Erziehungsinstitut, zu dem Beethoven gute Kontakte unterhielt, eingewiesen. „Der Knabe muss Künstler werden oder Gelehrter, um ein höheres Leben zu leben und nicht ganz ins Gemeine zu versinken. Nur der Künstler oder der freie Gelehrte tragen ihr Glück im Innern." Unter der Flagge dieses unerbittlich verfolgten, 1816 formulierten Planes vom „idealen Neffen" ließ Beethoven tatsächliche Neigungen des zehnjährigen Knaben außer Acht. Blind für dessen Nöte, zum Streitobjekt zwischen seiner Mutter und Beethoven geworden zu sein, beharrte er auf einer Erziehung zum „pünktlichsten Gehorsam" und verfestigte frühzeitig den Weg in die spätere Katastrophe. Er selbst geriet immer mehr in eine Schaffenskrise, in der nur noch wenige neue Kompositionen entstanden (etwa ab dem Wiener Kongress bis 1818). Diese Lähmung kompensierte er, indem er die pädagogische Herausforderung, die er in seinem Neffen sah, möglichst perfekt zu bewältigen versuchte.

Nun beabsichtigte Beethoven, Karl bei sich aufzunehmen, und suchte im September 1816 in Haushaltsfragen Rat. Er ließ ihn von seinem vormaligen Schüler, dem Klavierpädagogen und Komponisten Carl Czerny (1791–1857), unterrichten.

Im Mai 1817 erzwang Beethoven eine Vereinbarung mit seiner Schwägerin Johanna über deren Zahlungsverpflichtungen zum Unterhalt ihres Sohnes. Karl beendete am 24. Januar 1818 seinen Aufenthalt am Institut von Giannatasio del Rio und lebte fortan bei Beethoven. Anstelle eines Schulbesuchs erhielt er von einem Privatlehrer Unterricht. Im gleichen Jahr versuchte Johanna gerichtlich erneut vergeblich, die

Gottfried Bürklein: Das Beethoven-Haus in Heiligenstadt, Pfarrplatz Nr. 2, Aquarell 1868. Der Nürnberger Maler hielt 1867/68 mehrere Wohnhäuser Beethovens in Wien in Aquarellen fest. Heute beherbergt das Gebäude Pfarrplatz 2, das Beethoven im Sommer 1817 bewohnte, ein Weingut.

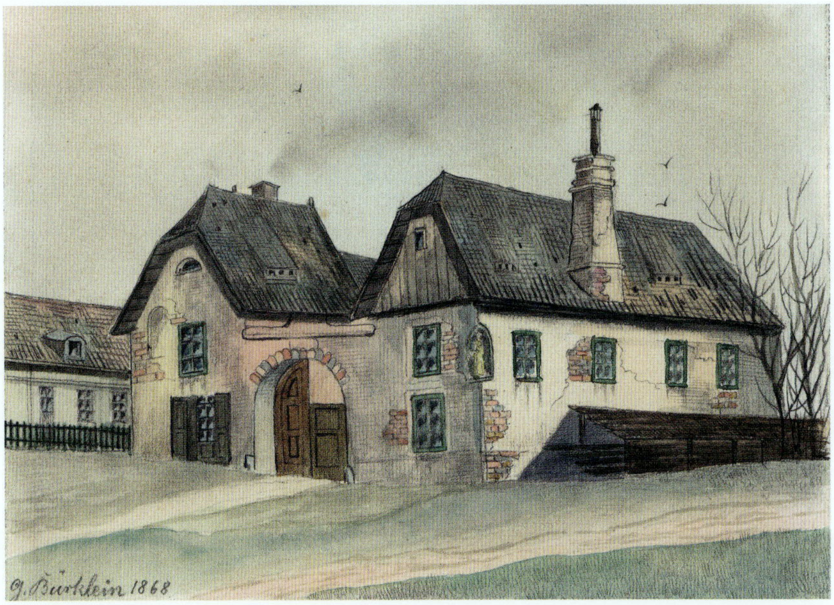

Vormundschaft für Karl wieder zu erlangen. Am 3. Dezember jedoch verließ Karl seinen Onkel und floh zu seiner Mutter. Mit Hilfe der Polizei holte Beethoven ihn umgehend zurück und brachte ihn wieder im Institut von Giannatasio del Rio unter. Diese Ereignisse bestärkten Johanna, eine erneute Eingabe beim Landrecht (Landgericht) einzureichen, um Karl dem Einfluss Beethovens zu entziehen. Die damit ausgelöste Anhörung brachte eine für diesen peinliche Wendung, da er leichtfertig und ungefragt die gegenüber einem adligen Namen geringere Wertigkeit seines Namensbestandteils „van" erwähnte, sodass der Fall an die niedrigere Instanz des Magistrats übergeben werden musste. Dort entschied man sich am 11. Januar 1819 für einen Entzug der Vormundschaft Beethovens, da seine Taubheit als Hindernis bei deren Ausübung gewertet wurde. Karl durfte zunächst zu seiner Mutter zurück und wurde bald in einem anderen, von Johann Kudlich geführten Erziehungsinstitut unterrichtet.

Voller Selbstgerechtigkeit schrieb Beethoven im Februar 1819 an einen Magistratsbeamten: „Kein Vormund aus irgendeinem Interesse bin ich nicht, aber ich will meinem Namen durch meinen Neffen ein neues Denkmal setzen. Ich brauche meinen Neffen nicht, aber er braucht mich …" Dem Onkel ging es darum, dass zum einen der Neffe den mit dem großen Namen Beethoven verbundenen Ruhm würdig bewahren und dass zum anderen seine eigene heroische Erziehungsleistung bei der Nachwelt Bewunderung finden möge.

Anstelle von Beethoven ernannte man im März 1819 den Magistratsrat Mathias von Tuscher zum Vormund von Karl. Bald darauf planten Beethoven und von Tuscher, Karl ins benachbarte Ausland nach Landshut zu verbringen. Sie scheiterten jedoch an der für die Ausstellung eines Passes zuständigen Behörde. Im Sommer trat Karl in das

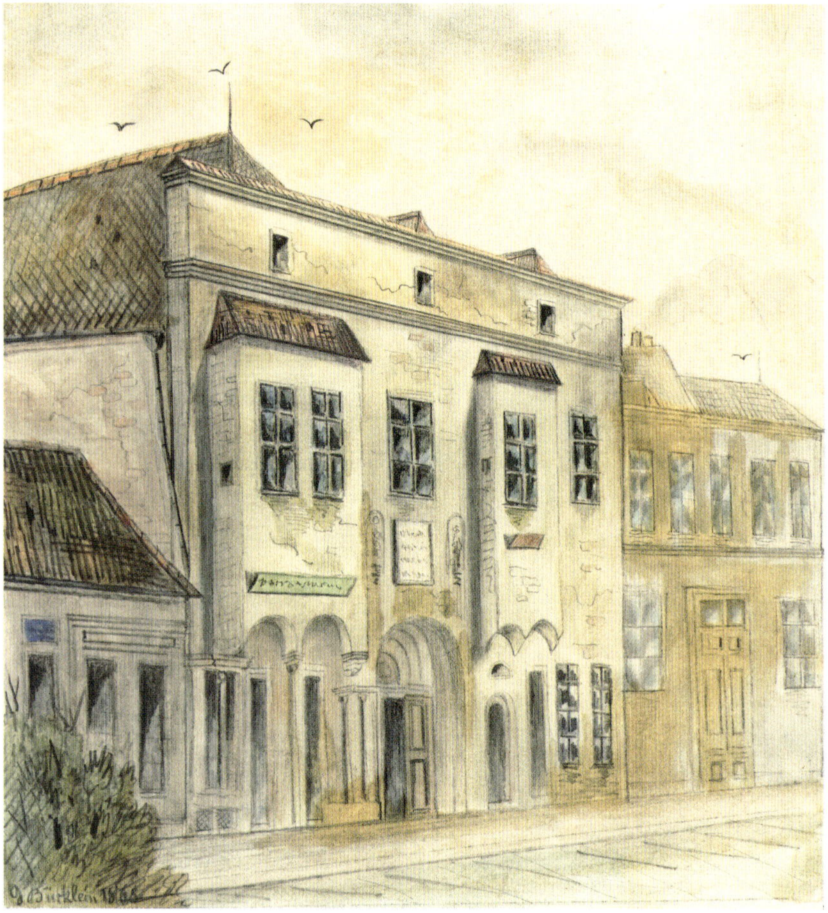

◀

Gottfried Bürklein: Das Beethoven-Haus in Mödling, Hauptstraße 79 (Hafner-Haus), Aquarell, 1868. Im Sommer 1818 bewohnte Beethoven gemeinsam mit seinem Neffen Karl einige Räume im Mödlinger Haus des Hafnermeisters Jakob Duschek. Im folgenden Jahr wurde ihm die Wohnung wegen „übermäßigen Lärmens" gekündigt.

private Bildungsinstitut Joseph Urban Blöchlingers ein (dieser gestaltete den Unterricht nach pädagogischen Prinzipien Pestalozzis, den er persönlich kannte). Hier beendete er seine schulische Ausbildung mit einem sehr guten Abschluss im Sommer 1823. Inzwischen legte von Tuscher seine Vormundschaft für Karl nieder; Beethoven übernahm sie daraufhin eigenmächtig ohne gerichtlichen Beschluss wieder und schrieb an den Librettisten Joseph Karl Bernard (1780–1850), mit dem er wegen eines Oratorium-Projekts (das nicht zustande kam) in Verbindung stand, am 19. August 1819 über den Dreizehnjährigen: „… meine Liebe zu ihm ist fort, er brauchte sie, ich habe der seinigen nicht nötig … dieses Scheusal … das Beste wäre die Vormundschaft niederzulegen ohne jemanden zu wählen und Karl seinem Schicksal gänzlich zu überlassen, denn er ist schon ein zu großer Taugenichts und passt am besten zu seiner Mutter und zu meinem Pseudo-Bruder …"
Das Gericht übertrug die Vormundschaft am 17. September 1819 jedoch nicht an ihn, sondern an den Stadtsequester Leopold Nussböck und Johanna, da Beethoven „physisch und moralisch nicht in der Lage sei", sie auszuführen. Mehrere Proteste

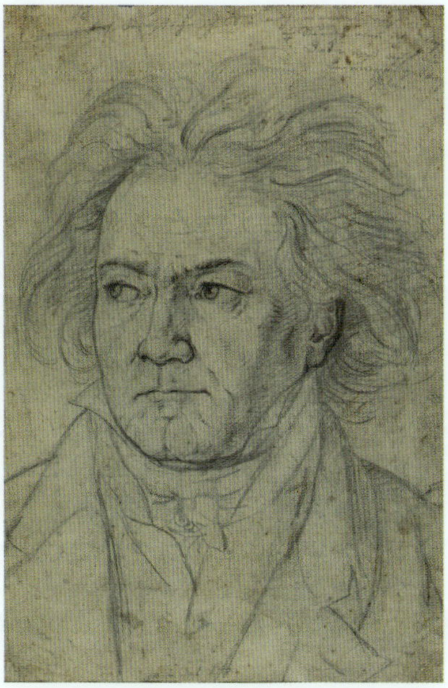

▶ *August von Kloeber: Ludwig van Beethoven, Bleistiftzeichnung 1818. Ein Doppelporträt Beethovens und seines Neffen in der Natur, das Kloeber ebenso wie diese Zeichnung bei Besuchen im Hafnerhaus schuf, ist nicht erhalten. Später erinnerte er sich, wie er Beethoven kennenlernte: „Bei meinen Spaziergängen in Mödling begegnete Beethoven mir mehrere Male, und es war höchst interessant, wie er, ein Notenblatt und einen Stummel von Bleistift in der Hand, öfters lauschend stehen blieb, auf und nieder sah und dann auf das Blatt Noten verzeichnete. … Das eine Mal, als ich gerade eine Waldpartie aufnahm, sah ich ihn mir gegenüber eine Anhöhe … hinaufklettern, den großkrempigen grauen Filzhut unter den Arm gedrückt; oben angelangt, warf er sich unter einen Kieferbaum lang hin und schaute lange in den Himmel hinein."*

von ihm hatten zunächst keinen Erfolg. Erst das von Beethoven am 7. Januar 1820 angerufene Appellationsgericht entschied zu seinen Gunsten. Nun wurde die Vormundschaft an ihn und an seinen Freund Karl Peters, den Hauslehrer der Familie Lobkowitz, übertragen – dies, obwohl wenige Wochen später Beamte des Wiener Magistrats in einem Bericht an das Appellationsgericht Beethovens ständige Versuche, Johanna als Mutter mit ihrer längst verbüßten Haftstrafe diskreditieren zu wollen, als „beweisloses Gewäsch" charakterisierten. Johanna van Beethoven wandte sich daraufhin an den Kaiser – ohne Erfolg. Danach scheint das wechselseitige Prozessieren um die Vormundschaft des Neffen vorerst zum Stillstand gekommen zu sein.

Karl wurde am 6. März 1823 schließlich zum alleinigen Erben von Beethovens gesamtem Besitz eingesetzt. Im Sommer nahm er ein Philologie-Studium an der Wiener Universität auf. Den Prüfungen, die nach einem Jahr anstanden, sah er sich jedoch nicht gewachsen; er wollte lieber zum Militär gehen. Beethoven bestand darauf, dass Karl das erste Studienjahr noch einmal absolviert. Die Situation verbesserte sich allerdings auch 1825 nicht. Nun entschied Beethoven, Karl solle eine zweijährige kaufmännische Ausbildung am Polytechnischen Institut in Wien erhalten.

Der Neffe pendelte nun zwischen dieser neuen Berufsvorbereitung, einem sogenannten Kostherrn, bei dem er wohnte und versorgt wurde, und Beethoven, für den er nach wie vor Sekretärdienste verrichtete. Es belastete den bald Neunzehnjährigen, dass der Onkel ihn noch immer zu überwachen versuchte, ständig Besuche einforderte und auf die Auswahl und Pflege von Freundschaften Einfluss zu nehmen beanspruchte.

Beethoven, der sich nicht mehr als Onkel, sondern als Vater empfand, schreckte nicht davor zurück, einen neuen Freund, den zweiten Geiger des Schuppanzigh-Quartetts Karl Holz (1799–1858), über das Verhalten des Neffen auszuhorchen. Ab 1826, als Beethoven zu diesem Zweck zum ersten Mal auch den Sommer in Wien verbrachte und auf seinen gewohnten Landaufenthalt verzichtete, traf sich der Neffe heimlich mit seiner Mutter. Der Respekt gegenüber Beethoven, dessen Briefe an ihn zwischen Vorhaltungen und Zuneigungssucht schwankten, war erloschen.

Mit zwei Pistolen unternahm Karl am 30. Juli 1826 auf der Festung Rauhenstein in Baden einen Selbstmordversuch. Er vermochte sich jedoch nur eine Streifschuss-Wunde am Kopf zuzufügen. Der Verletzte, der rechtzeitig gefunden wurde, ließ sich zu seiner Mutter bringen. Beim Polizei-Verhör – ein versuchter Suizid galt als Straftat – gab er zu

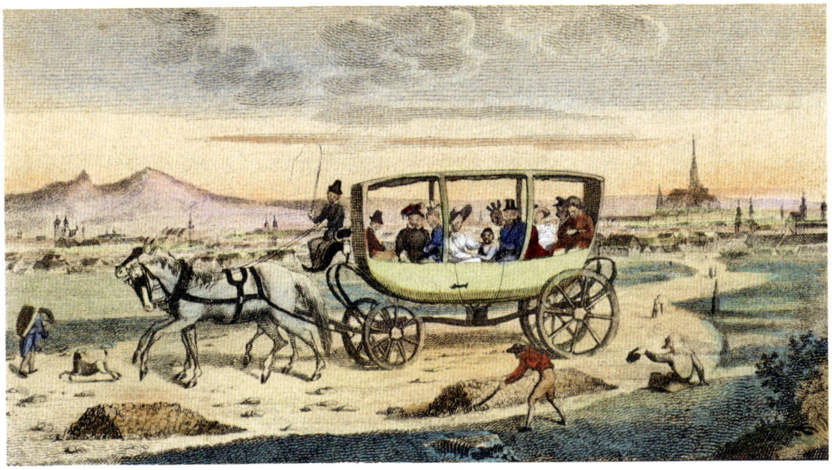

◀ *Anonym: Gesellschaftswagen gezogen von zwei Pferden mit Passagieren, kolorierte Radierung, um 1820, Österreich. Für ihre Besuche bei Beethoven reisten Karl Holz und Beethovens Neffe Karl 1825 mit einem dieser einfacher ausgestatteten und billigeren Wagen, die als „Wiener Fahrgelegenheit" bezeichnet wurden und nicht für Fernreisen vorgesehen waren. Trotz des Verdecks waren die zwölf Passagiere Regen und Wind ausgesetzt.*

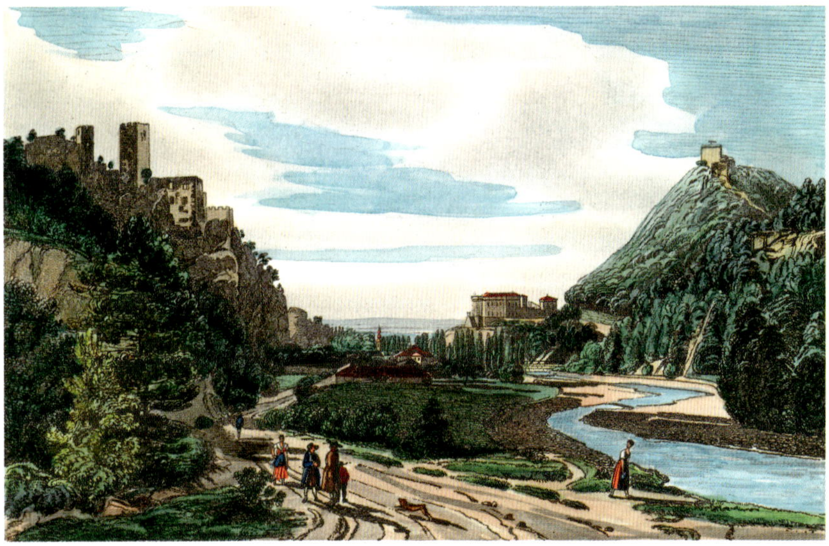

◀ *Anonym: Helenental bei Baden, kolorierte Radierung, um 1825. Links die Ruine der Festung Rauhenstein, wo Karl versuchte, sich umzubringen, rechts die Ruine Rauheneck, dazwischen Schloss Weilburg (1945 durch Brand zerstört) im malerischen Tal der Schwechat.*

Protokoll: „Ich bin schlechter geworden, weil mich mein Onkel besser haben wollte." Beethoven, tief getroffen, suchte wiederum Rat bei Karl Holz, der ihn jedoch ungeschönt direkt darüber aufklärte, der Neffe habe für seine Verzweiflungstat „keine andere Ursache angegeben, als die Gefangenschaft bei Ihnen". Während der ersten vier Wochen seines langen Krankenhausaufenthaltes begegneten sich Onkel und Neffe überhaupt nicht – offenbar auf Verlangen Karls, der gegenüber Holz drohte, „er reiße sich auf der Stelle den Verband weg, wenn von Ihnen [Beethoven] noch einmal die Rede ist".

In dieser deprimierenden Situation ließ sich Beethoven von Freunden zu einem Verzicht auf die weitere Vormundschaft für den inzwischen fast zwanzigjährigen Karl

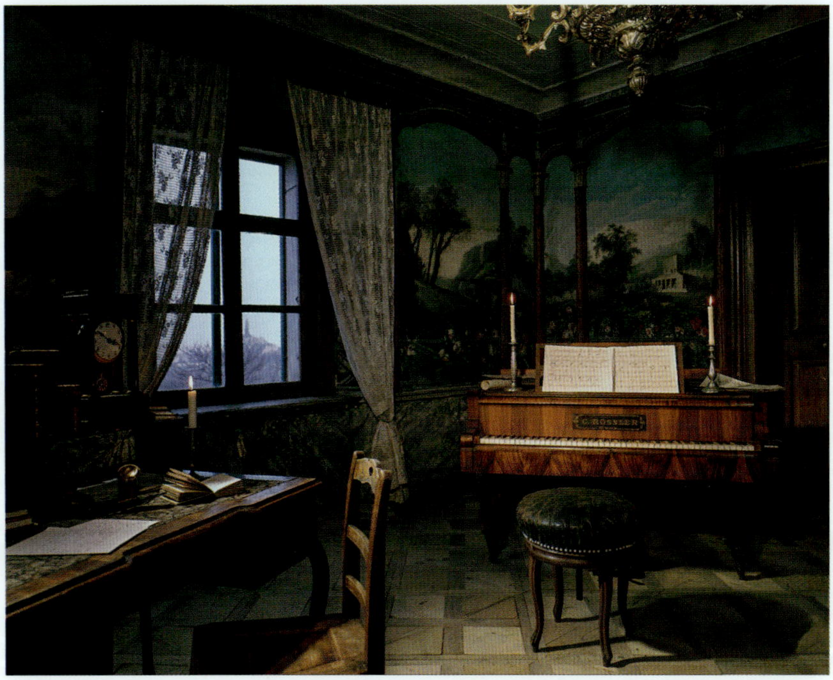

Erich Lessing: Haus von Beethovens Bruder in Gneixendorf, Innenansicht des Musikzimmers, Foto

bewegen (seinerzeit wurde man erst mit 24 Jahren „großjährig"). An seine Stelle trat Beethovens Jugendfreund Stephan von Breuning (1774–1827). Er sorgte dafür, dass Karls militärische Neigung nun bei der Berufswahl berücksichtigt wurde, und vermittelte ihn als Kadett in das 8. Mährische Infanterie-Regiment.

Vorerst aber musste Karl auf polizeiliche Anweisung Wien verlassen. Beethoven fuhr deshalb mit ihm auf das Gut Gneixendorf seines Bruders Johann. Hier zeigten sich Symptome einer „Wassersucht" bei Beethoven. Als er mit Karl Ende November 1826 nach Wien zurückkehrte, kam die Krankheit zum Ausbruch. Während sich Beethoven in ärztliche Behandlung begeben musste, bereitete sich Karl auf den Eintritt in seine militärische Einheit vor.

Am 2. Januar 1827 begann er seinen Dienst am Standort Iglau (Mähren). Gegen den Rat Stephan von Breunings setzte Beethoven ihn am folgenden Tag zu seinem Alleinerben ein. Er sollte ihn nicht wiedersehen. Von Beethovens Tod – fast drei Monate später – erfuhr Karl zu spät, um am Begräbnis teilnehmen zu können.

Fünf Jahre später schied Karl van Beethoven als Unterleutnant aus dem Militärdienst aus und lebte fortan vom geerbten Vermögen seines Onkels in Wien. Er heiratete 1832 Karolina Barbara Naske (1808–1891), die Tochter des Iglauer Stadtadvokaten, und wurde Vater von fünf Kindern (geboren zwischen 1831 und 1852). Auch das Erbe seines anderen Onkels Johann van Beethoven fiel ihm 1848 zu, sodass die größer gewordene Familie ohne eine Berufstätigkeit Karls auf ausreichendes Einkommen zurückgreifen konnte. Am 13. April 1858 starb er an Leberkrebs.

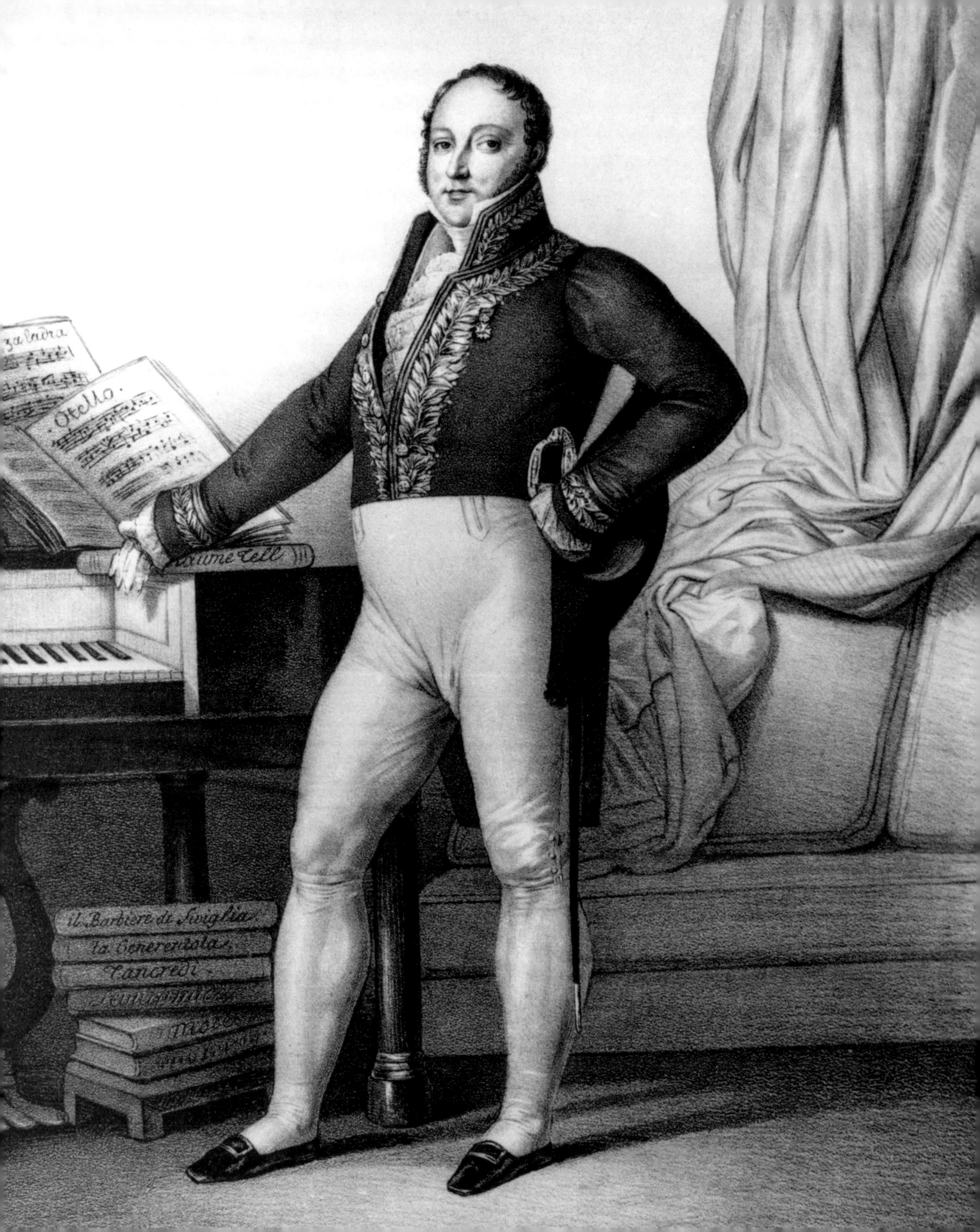
za ladra
Otello
il Barbiere di Siviglia
la Cenerentola
Tancredi

ROSSINI IN WIEN

Im Frühjahr 1822 machte sich der gefeierte italienische Opernkomponist Gioachino Rossini (1792–1868) von Neapel nach Wien auf, wo nicht weniger als sieben seiner Opern in der dreimonatigen Saison vom 13. April bis zum 8. Juli auf die Bühne gebracht werden sollten. Der Rossini-Taumel in der Stadt, der bereits 1819 begonnen hatte, steuerte auf seinen Höhepunkt zu. Aber Rossini hörte auch Beethovens *Eroica* und kannte bereits einige weitere Werke des Älteren. Es bedurfte einer Vermittlung durch den Dichter Giuseppe Carpani (1751–1825), ehe die beiden so grundverschiedenen Komponisten zu einem Treffen – und zwar in Beethovens Wohnung – zusammenfanden. Nach ein paar Nettigkeiten und einem Lob für Rossinis Oper *Der Barbier von Sevilla* beliebte Beethoven in einer Art vergiftetem Kompliment seinem Gast zu empfehlen, nichts anderes als heitere Opern (Opere buffe) zu komponieren. Seine übergriffige Belehrung, dass Italiener unfähig zur Behandlung ernster Stoffe seien, führte dazu, dass dieser Besuch ein schnelles Ende fand.

Rossini erinnerte sich später an Beethovens „undefinierbare Traurigkeit, die in allen seinen Zügen lag – während unter dicken Brauen wie aus dem Grunde von Höhlen Augen hervorblitzten, die, obwohl klein, einen zu durchbohren schienen." Noch schockierender wirkte der heruntergekommene Zustand von Beethovens enger, verschmutzter und unaufgeräumter Wohnung, durch deren Deckenrisse Wasser eindrang, auf Rossini, der selbst eine luxuriöse Villa in Bologna und große Ländereien in Sizilien sein eigen nannte.

Als er noch am selben Tag an einem Galadinner beim österreichischen Kanzler Metternich teilnahm, brachte er das Gespräch auf Beethovens ärmliche Wohnverhält-

◄

Louis Dupré: Gioacchino Rossini, Porträt in der Uniform eines Mitglieds des Institut de France, Lithografie, 1830

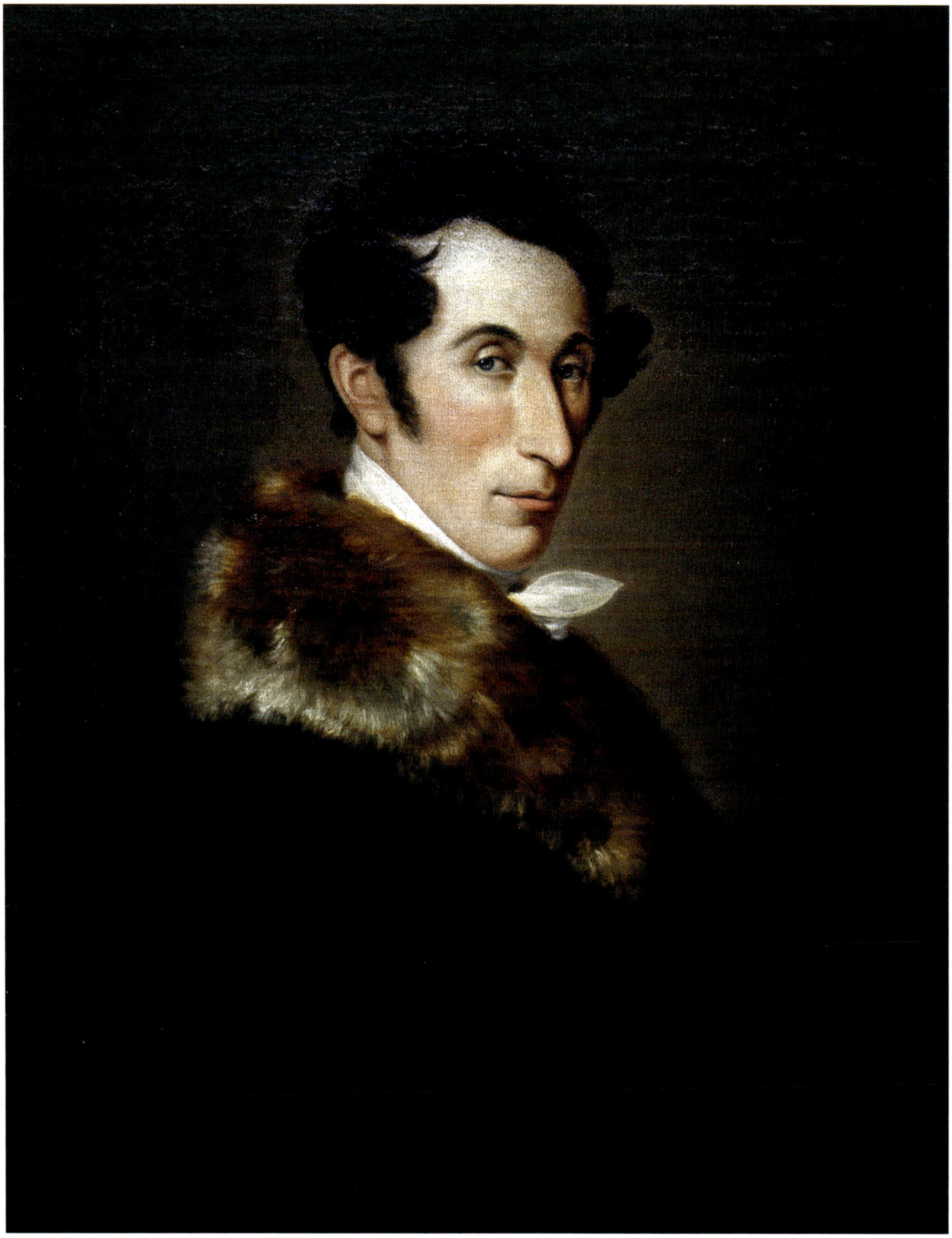

nisse und meinte, dieser verdiene eine bessere Wohnung und mehr Anerkennung durch die Wiener. Er dachte sogar daran, eine Subskription zu initiieren. Dabei zeigte sich jedoch, dass Beethoven für die musikalisch weniger interessierten Angehörigen der höheren Wiener Gesellschaft eher so etwas wie ein wunderlicher Vogel, ein Außenseiter war. Man behauptete wohl nicht ganz unbegründet: Gebt ihm ein Haus, und er wird es verkaufen. Auch sei er weder in der Lage Bedienstete zu halten noch ein Haus zu versorgen. Rossinis Hilfsangebot zugunsten des in seinen Augen bedeutendsten Komponisten seiner Zeit verlief somit im Sande.
Zu einer erneuten Begegnung zwischen Beethoven und Rossini kam es nicht. Gleichwohl erklangen in einem so programmgewichtigen Konzert wie dem vom 23. Mai 1824 im großen Redoutensaal in Wien Rossinis Terzett *Tremate, empi, tremate* op. 116 und die Arie *Di tanti palpiti* aus seiner Oper *Tancredi* – eingerahmt vom Kyrie aus der *Missa solemnis* und vom Finale der *Neunten Sinfonie* Beethovens. Im selben Jahr bemerkte dieser gegenüber dem Londoner Harfen- und Klavierfabrikanten Johann Andreas Stumpff (1769–1846), den er gerade in Wien kennengelernt hatte, halb resignierend und halb kokettierend: „Rossini und Konsorten, die sind eure Helden. Von mir wollen sie nichts mehr." Und der Breslauer Organist Karl Gottlieb Freudenberg (1797–1869), der Beethoven 1825 anlässlich eines Besuchs in Wien aufgesucht hatte, überlieferte, dieser habe eingeräumt, „Rossini sei ein Talent und melodienvoller Komponist, seine Musik passe für den frivolen, sinnlichen Zeitgeist".

Robert Schumann über die Begegnung der ungleichen Meister Beethoven und Rossini: *Der Schmetterling flog dem Adler in den Weg, dieser wich aber aus, um ihn nicht zu zerdrücken mit dem Flügelschlag.*

Rossini überlebte Beethoven um mehr als vierzig Jahre. Zunächst galten beide als Antipoden der Musik ihrer Zeit, bevor die Heroengeschichtsschreibung ab der zweiten Hälfte des 19. Jahrhunderts Rossini marginalisierte.
Der Besuch eines anderen Komponisten ersten Ranges bei Beethoven sollte ebenfalls die einzige Begegnung der beiden bleiben. Carl Maria von Weber (1786–1826), der gerade die Uraufführung seiner Oper *Euryanthe* in Wien vorbereitete, nahm eine Einladung Beethovens in dessen Badener Wohnung am 5. Oktober 1823 an und berichtete tags darauf seiner Frau über seinen Gastgeber: „Dieser empfing mich mit einer Liebe, die rührend war; gewiss 6–7 Mal umarmte er mich aufs Herzlichste und rief endlich in voller Begeisterung: ‚Ja, du bist ein Teufelskerl, ein braver Kerl!' Wir brachten den Mittag miteinander zu, sehr fröhlich und vergnügt. Dieser raue, zurückstoßende Mensch machte mir ordentlich Cour [den Hof], ... dieser Tag wird mir immer höchst merkwürdig bleiben ... Es gewährte mir eine eigene Erhebung, mich von diesem großen Geiste mit solch liebevoller Achtung überschüttet zu sehen. Wie betrübend ist seine Taubheit, man muss alles aufschreiben." Auf Webers

◄ *Ferdinand Schimon: Carl Maria von Weber, Gemälde, 1825*

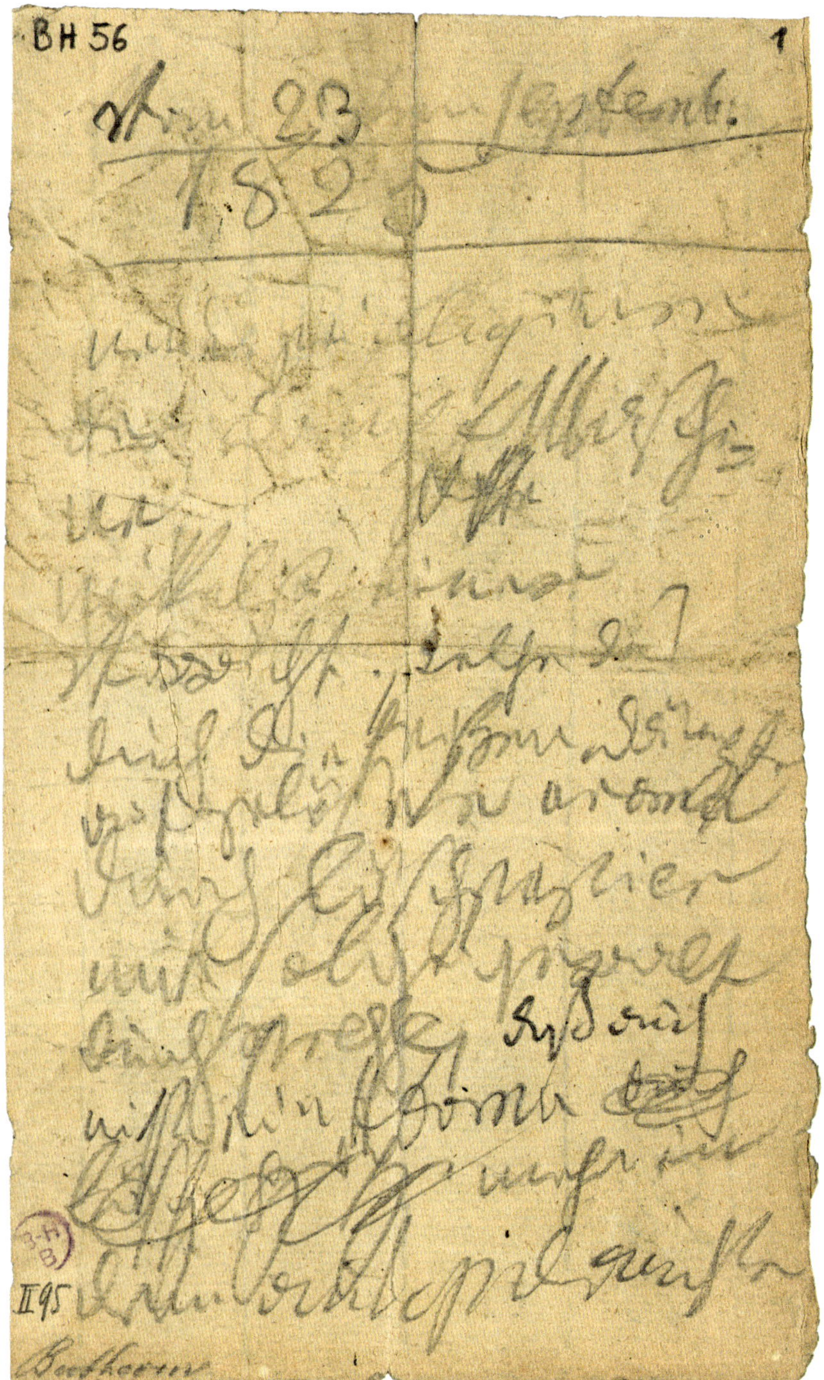

Ludwig van Beethoven, Beschreibung einer Kaffeemaschine vom 23. September 1825, Autograf. In der Art, wie Beethoven sonst in den Konversationsheften die Beiträge seiner Gesprächspartner notieren ließ, hat er hier selbst seine Gedanken zu einer technischen Neuheit festgehalten. Zeilengemäße Übertragung: „Vom 23ten Septemb. / 1825 / neues privilegium / der Dampf (Kaffe) Maschi- / ne / mittelst einer / Vorricht., welche das / durch die heißen Dämpfe / aufgelösete aroma / durch löschpapier / mit solcher gewalt / durchpreße, daß auch / nicht ein Atoma / mehr in / dem ausgelaugten / [Fortsetzung auf der nächsten Seite (nicht in der Abbildung)] Kaffepulv. / zurückbleib. / könne, wodurch / Ersparung / an Kaffe u. / Geschwindig- / keit gewon- / nen wird."

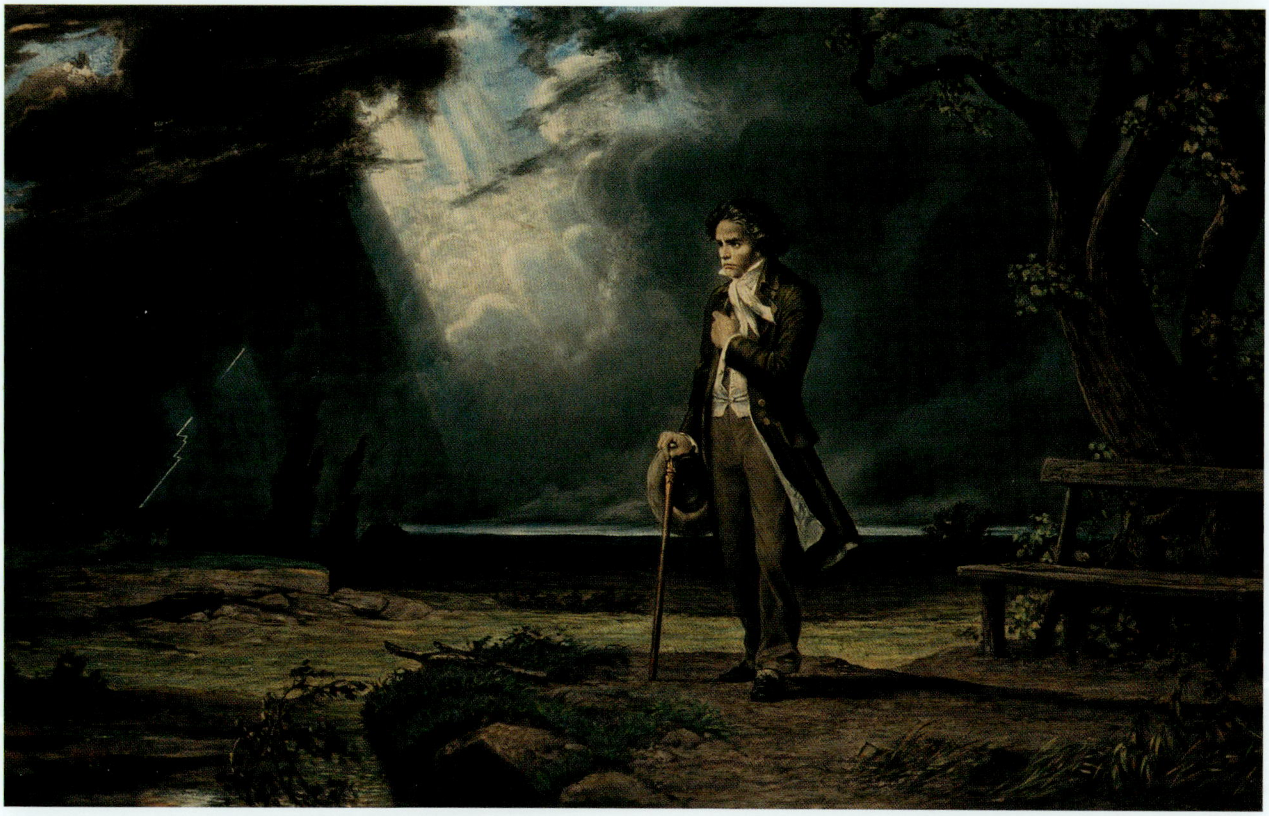

Carl Schweninger d. J. (1854–1912): *Ludwig van Beethoven*, Gemälde. Der Wiener Salonmaler, von dem zahlreiche Bilder in der auflagenstarken Zeitschrift „Die Gartenlaube" abgedruckt wurden, porträtierte neben Beethoven auch die Komponisten Schubert und Wagner.

Vorschlag, Beethoven möge doch in das Land gehen, wo man ihn am meisten verehrt – nach England nämlich –, konnte dieser nicht eingehen; seine inzwischen vollständige Ertaubung erlaubte ihm keine Konzertauftritte mehr, weder als Pianist noch als Dirigent.

Weber musste tatsächlich von Beethovens Aufmerksamkeiten überrascht sein, hatte er doch in seinem Romanfragment *Tonkünstlers Leben* (um 1809) am Beispiel der langsamen Einleitung der *Vierten Sinfonie* ziemlich despektierlich über Beethovens Kompositionsweise vom Leder gezogen. Die wechselseitige Kenntnis von *Fidelio* bzw. *Freischütz* ließ später jedoch bei Weber und Beethoven eine hohe Wertschätzung füreinander wachsen. Im Gegensatz zu Rossini fühlten sie sich in ihrem Bemühen um eine neue, spezifisch deutsche Oper im Geiste verbunden.

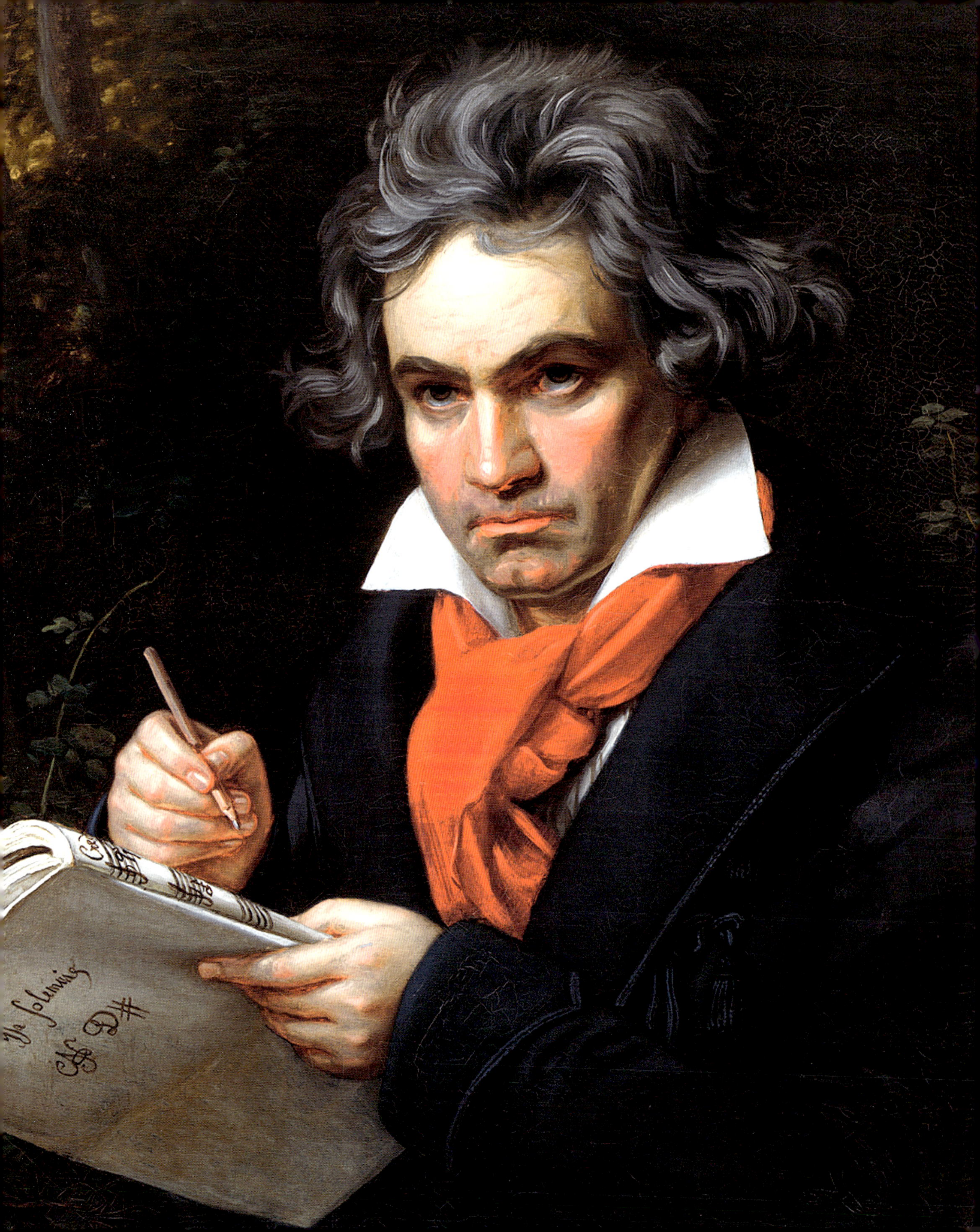

MISSA SOLEMNIS

◀
Joseph Karl Stieler: Beethoven mit dem Manuskript der „Missa solemnis", Ölgemälde, 1820. Das mit Beethoven befreundete Ehepaar Franz und Antonie von Brentano machte ihn mit dem bayrischen Hofmaler Stieler bekannt und erteilte diesem den Auftrag zu einem Porträt. Der Porträtierte und der Porträtist diskutierten ausgiebig die Frage, welches Werk das abgebildete Notenmanuskript enthalten solle, und einigten sich auf das Credo der „Missa solemnis". Ungewöhnlich war die Darstellung des Komponisten „während des Schaffensprozesses" (mit einem Stift und Noten). Auch wird hier ein Beethoven-Bild zum ersten Mal in die von ihm so geliebte freie Natur eingefügt. Wie Beethoven meinte, sei es „das gelungenste" der von ihm entstandenen Bildnisse, ein „künstlerisches Meisterstück". Reproduktionen verschenkte er an Freunde und Bekannte.

Kirchenmusik stand nicht im Zentrum des Komponisten Beethoven. Nur drei einschlägige Werke sind von ihm überliefert: das Oratorium zu Ostern *Christus am Ölberge* op. 85 (1803), die *C-Dur-Messe* op. 86 (1807) und die *Missa solemnis* op. 123 (ab 1819). Seine Bindung zur Religion dürfte eher lose gewesen sein; sie riss jedoch nie ab. Immerhin hatte er bereits als Jugendlicher in Bonn regelmäßig den Organistendienst versehen. Liturgische Inhalte und Abläufe waren ihm vertraut. Gebete (z. B. mit dem heranwachsenden Neffen) gehörten für ihn ebenso zum Alltag wie philosophisch begründetes gelebtes Christentum zur bürgerlichen Aufklärung, der sich Beethoven nahe fühlte. Als seine Vorbilder benannte er 1820 den griechischen Philosophen Sokrates und Jesus. Doch er befasste sich auch mit anderen Religionen wie dem Hinduismus und mit dem Freimaurertum.

Als bekannt wurde, dass Erzherzog Rudolph im März 1820 zum Erzbischof von Olmütz (Mähren) inthronisiert werden sollte, trug ihm Beethoven in einem Brief ein Jahr zuvor für diesen Tag an, dass „ein Hochamt von mir zu den Feierlichkeiten für I.K.H. [Ihro Kaiserliche Hoheit] soll aufgeführt werden, [er] wird für mich der schönste meines Lebens sein, und Gott wird mich erleuchten, dass meine schwachen Kräfte zur Verherrlichung dieses feierlichen Tages beitragen."

Nicht nur Dankbarkeit für die fortwährende Unterstützung durch den Erzherzog, sondern auch die berechtigte Hoffnung auf eine Kapellmeisterstelle in dessen Diensten (die bereits Gegenstand eines früheren Gesprächs gewesen war) dürfte Beethoven zu diesem Angebot veranlasst haben. Auch der autografe Eintrag über dem Kyrie der neuen Messe (der im späteren Druck fehlt) wird wohl in diesem Sinne als

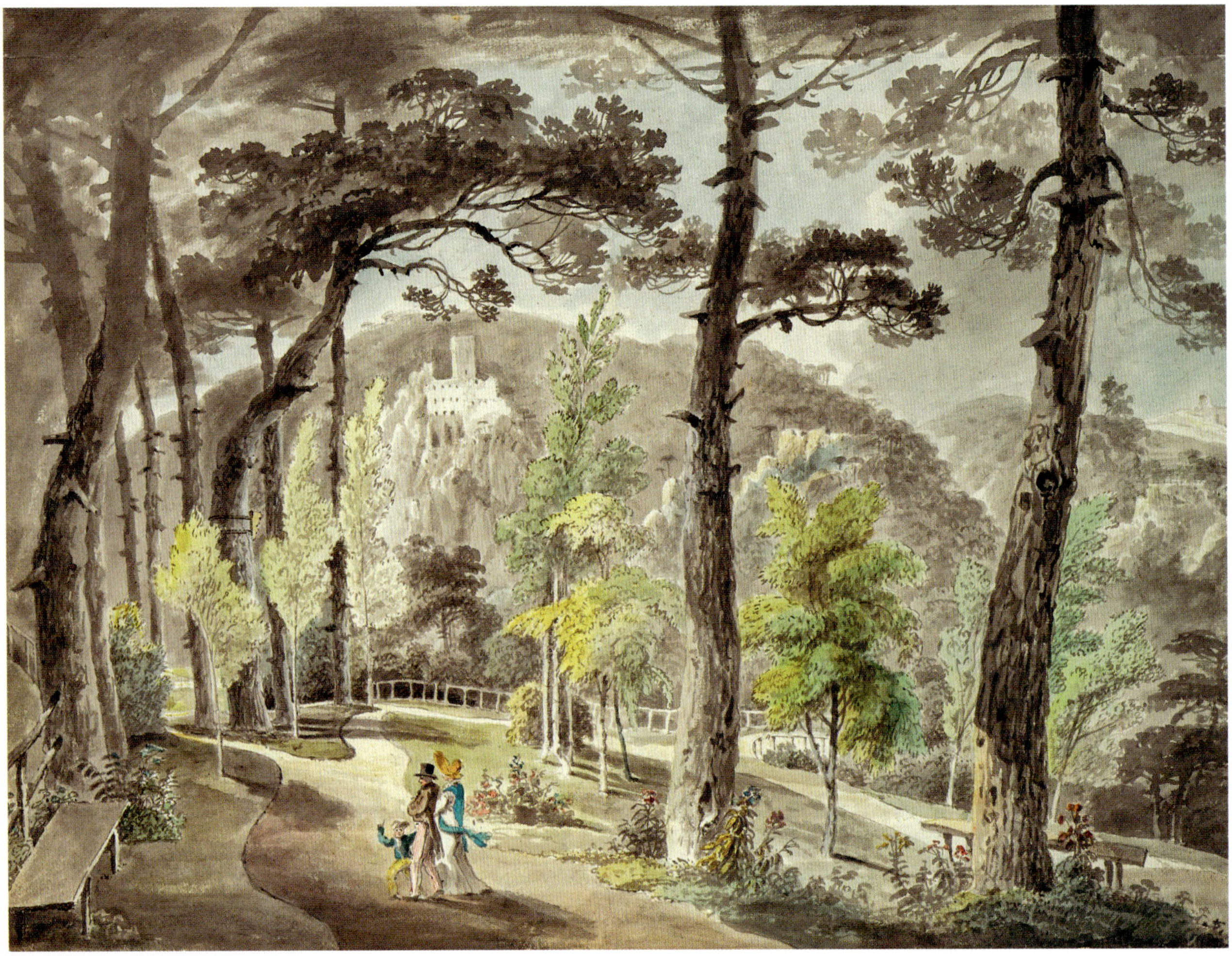

▲

Norbert Bittner: Brühl. Promenade in Hinterbrühl, Aquarell, 1818. Hier ging Beethoven während seiner Mödlinger Sommeraufenthalte regelmäßig spazieren.

eine sehr persönliche Widmung an den Freund und nicht etwa als globale humanistische Botschaft zu deuten sein: „Von Herzen – möge es wieder – zu Herzen gehen!" Beethoven hatte sich freilich in der Zeit verkalkuliert. Eine so monumentale Messe, die da unter seinen Händen entstand, konnte nicht innerhalb von weniger als zwölf Monaten fertiggestellt werden, zumal die Komposition anderer Werke wie der Klaviersonaten op. 109 bis 111 oder auch die gerichtlichen Querelen rund um den Neffen drängten. Und so musste zur Bischofsweihe Rudolphs am 20. März 1820 eine Messe von Johann Nepomuk Hummel aufgeführt werden. Der neue Erzbischof war darüber nicht erfreut und machte keinerlei Anstalten, Beethoven zum Kapellmeister zu berufen. Erst nach drei weiteren Jahren, nach einer Kette von Versprechungen, unwürdigem Geschacher bei Preisverhandlungen, Verzögerungen und Hinhaltungen gegenüber mehreren Verlagen und nach Nutzung eines Darlehens seines Bruders Johann, mit dem er viele Jahre überworfen gewesen war, überreichte Beethoven

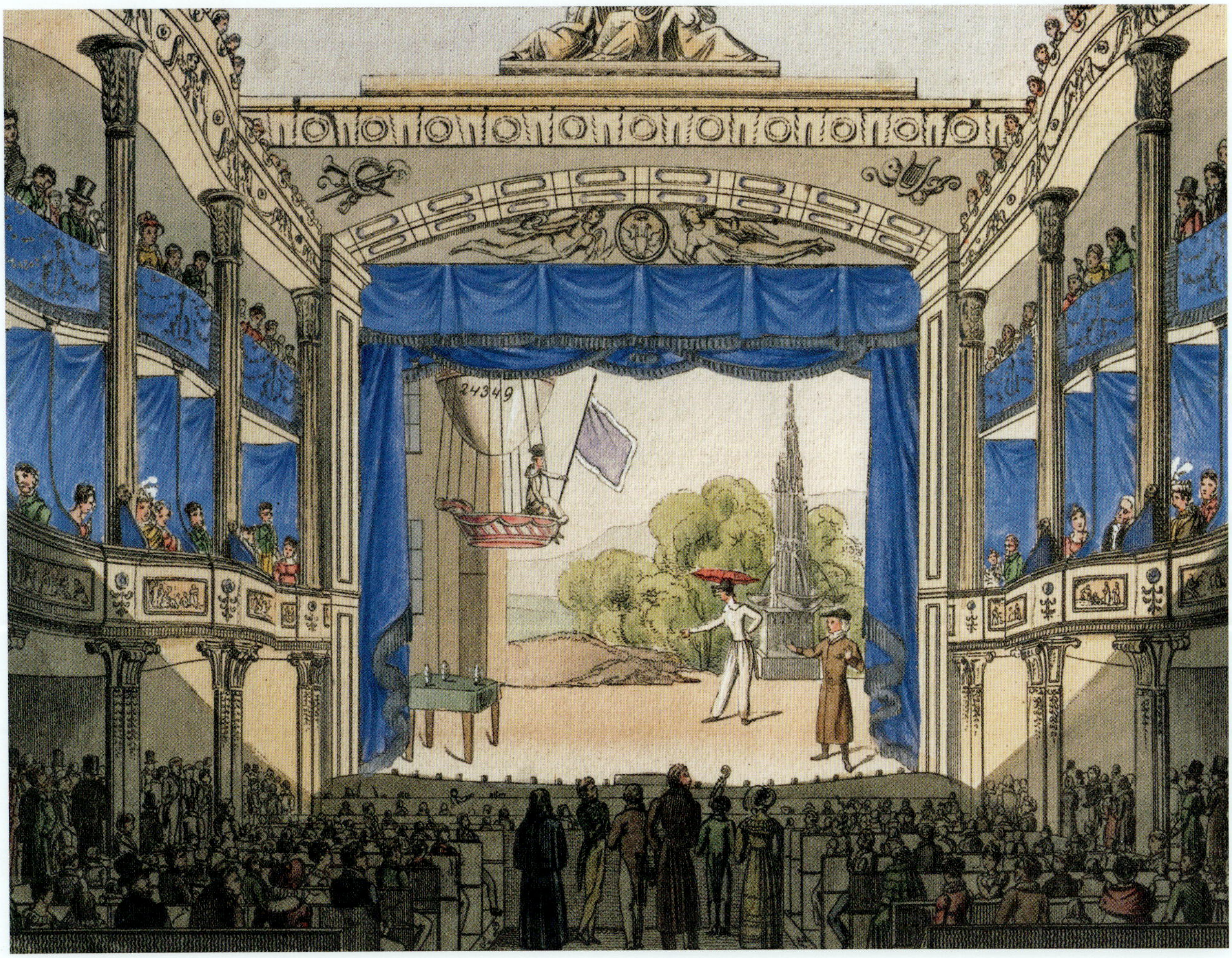

▲

Anonym: Wien, Theater in der Josefstadt. Eröffnung des Theaters mit der Aufführung von „Die Weihe des Hauses" von Ludwig van Beethoven, kolorierte Radierung, 1822. Das Theater – gegründet 1788 – wurde 1822 abgerissen und in vergrößerter Form wiederaufgebaut. Aus diesem Anlass führte Beethoven am 3. Oktober 1822 seine eigens dafür komponierte Ouvertüre „Die Weihe des Hauses" op. 124 auf. Die Fertigstellung der „Missa solemnis" op. 123 verzögerte sich dadurch weiter.

am 19. März 1823 dem Erzbischof Rudolph das Widmungsexemplar jener fertigen Messe, die er als „Missa solemnis" bezeichnete.

Für eine Aufführung innerhalb der Liturgie eines Gottesdienstes war die *Missa solemnis* mit etwa 90 Minuten doppelt so lang wie erlaubt. Und eine konzertante Darbietung von Messkompositionen scheiterte an der Zensur. Beethoven blieb nur die Notlösung übrig, Teile des Werkes unter verschleiernden Bezeichnungen wie „Hymnen" oder „Oratorium" in öffentlichen Konzerten aufführen zu lassen. Unter diesen misslichen Bedingungen unterbreitete er noch im selben Jahr zahlreichen einflussreichen Persönlichkeiten, insbesondere dem europäischen Hochadel, ein Subskriptionsangebot zum Erwerb handschriftlicher Kopien der *Missa solemnis*. Beethoven schaffte es immerhin, zehn der 28 Angeschriebenen diese Abschriften zu verkaufen – mit einem Reinerlös von 1.650 Gulden. Die üblichen Verlagshonorare konnten damit nicht mithalten.

15

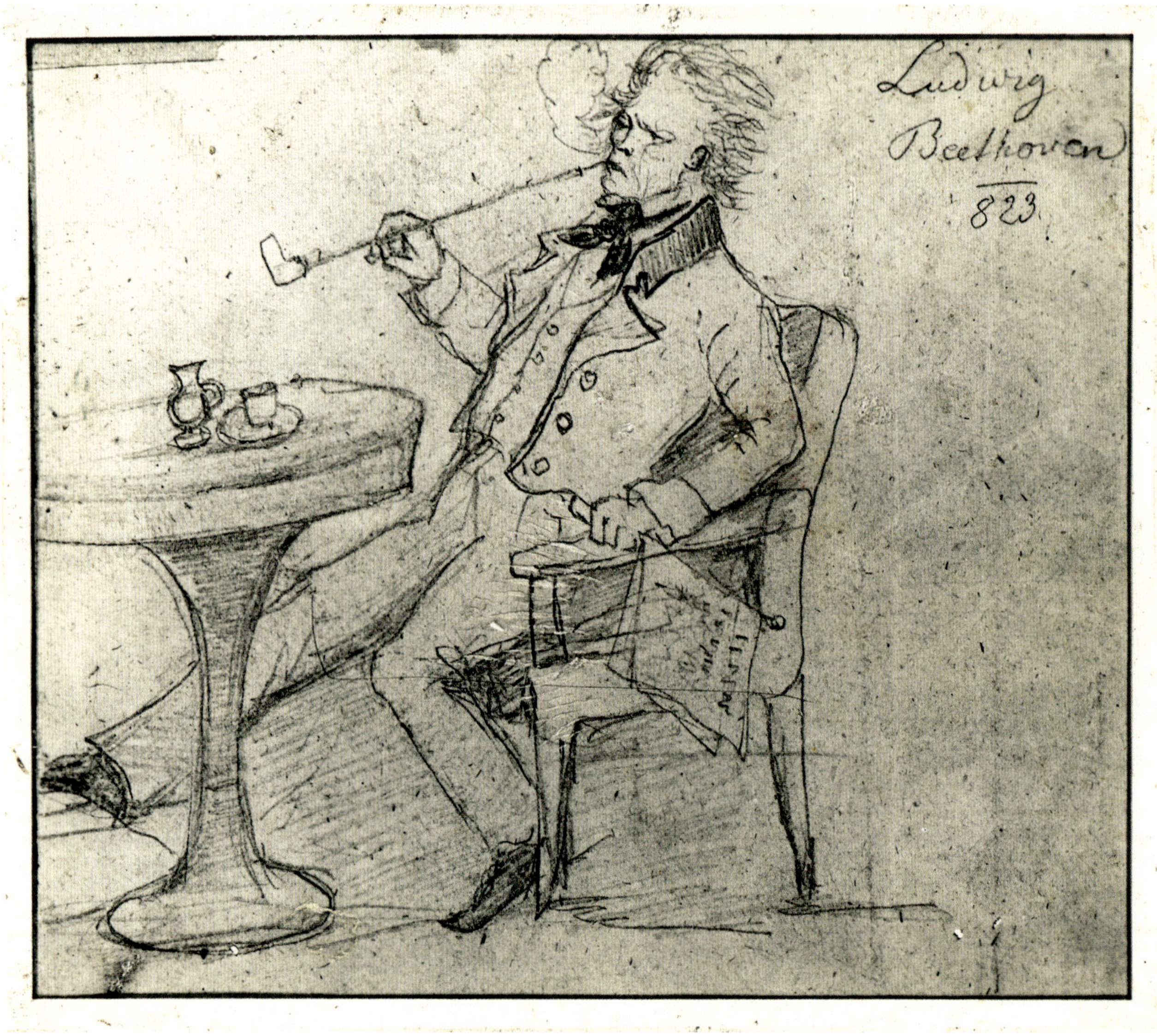

Einer der Subskribenten war der russische Fürst Nikolai Borisowitsch Galitzin (1794–1866) – selbst Cellist und Verehrer Beethovens, der für ihn 1823 die Streichquartette op. 127, 132 und 130 komponiert hatte. Er setzte die – mit hohem Probenaufwand vorbereitete und überaus erfolgreiche – Uraufführung der vollständigen *Missa solemnis* am 7. April 1824 im fernen St. Petersburg mit der Petersburger Philharmonischen Gesellschaft durch, am Rande Europas. Im liturgischen Kontext durfte die Messe erst viel später zum ersten Mal erklingen: am 29. März 1830 im nordböhmischen Warnsdorf – nahe der sächsischen Grenze am Rande des Habsburgerreiches.

◀

Eduard Klosson: Beethoven im Café, Zeichnung, 1823. Beethoven besuchte gern Gasthäuser und nahezu täglich ein Café in Wien, um sich zu entspannen und ungezwungene Konversation mit Freunden über Konversationshefte zu führen. Die Situation eines Kaffeehauses erlaubte dem Gehörlosen aber auch, ohne Erregung von Aufsehen zu schweigen und ggf. das Geschehen nur zu beobachten. Der künstlerische Laie Klosson, der sich als Student in Wien aufhielt (später ist er österreichischer Beamter geworden), beobachtete dabei seinerseits den Komponisten in jenen Monaten, als er an der Fertigstellung der „Missa solemnis" arbeitete, mit den unverzichtbaren Attributen Kaffee, langstielige Pfeife und Zeitung.

In Wien beeilte man sich, nach der Petersburger Uraufführung nun bald wenigstens eine Teilaufführung zustande zu bringen. Tatsächlich gelang sie am 7. Mai 1824 in einer Akademie Beethovens im ausverkauften Kärntnertortheater mit Kyrie, Credo und Agnus Dei sowie der Ouvertüre *Die Weihe des Hauses* und der *Neunten Sinfonie*. Für die übrigen Teile der Messe hatte die Probenzeit nicht ausgereicht.
Mit der *Missa solemnis*, in der er sein größtes Werk sah, schlug Beethoven ein neues Kapitel in der Geschichte der Messvertonung auf. Zwar bewahrte er Traditionen kontrapunktischer Gestaltung, wie sie für liturgische Musik in lateinischer Sprache charakteristisch waren; doch er führte zugleich eine neuartige Einheit von Gesang und Orchester zu einer geradezu philosophisch fundierten sinfonischen Überhöhung. Insofern ist der Deutung der *Missa solemnis* durch Theodor W. Adorno (1903–1969) als „verfremdetes Hauptwerk" zu widersprechen. Vielmehr findet hier eine beispiellose Befreiung und Ausweitung musikalischer Ausdrucksmöglichkeiten (z. B. auch im theatralischen Sinne) im Rahmen der Messe statt, in der sich religiöse und philosophische Reflexion verbinden. Beethoven selbst teilte 1824 in einem Brief mit, die Missa sei dazu bestimmt, „bei den Singenden als bei den Zuhörenden religiöse Gefühle zu erwecken und dauernd zu machen".

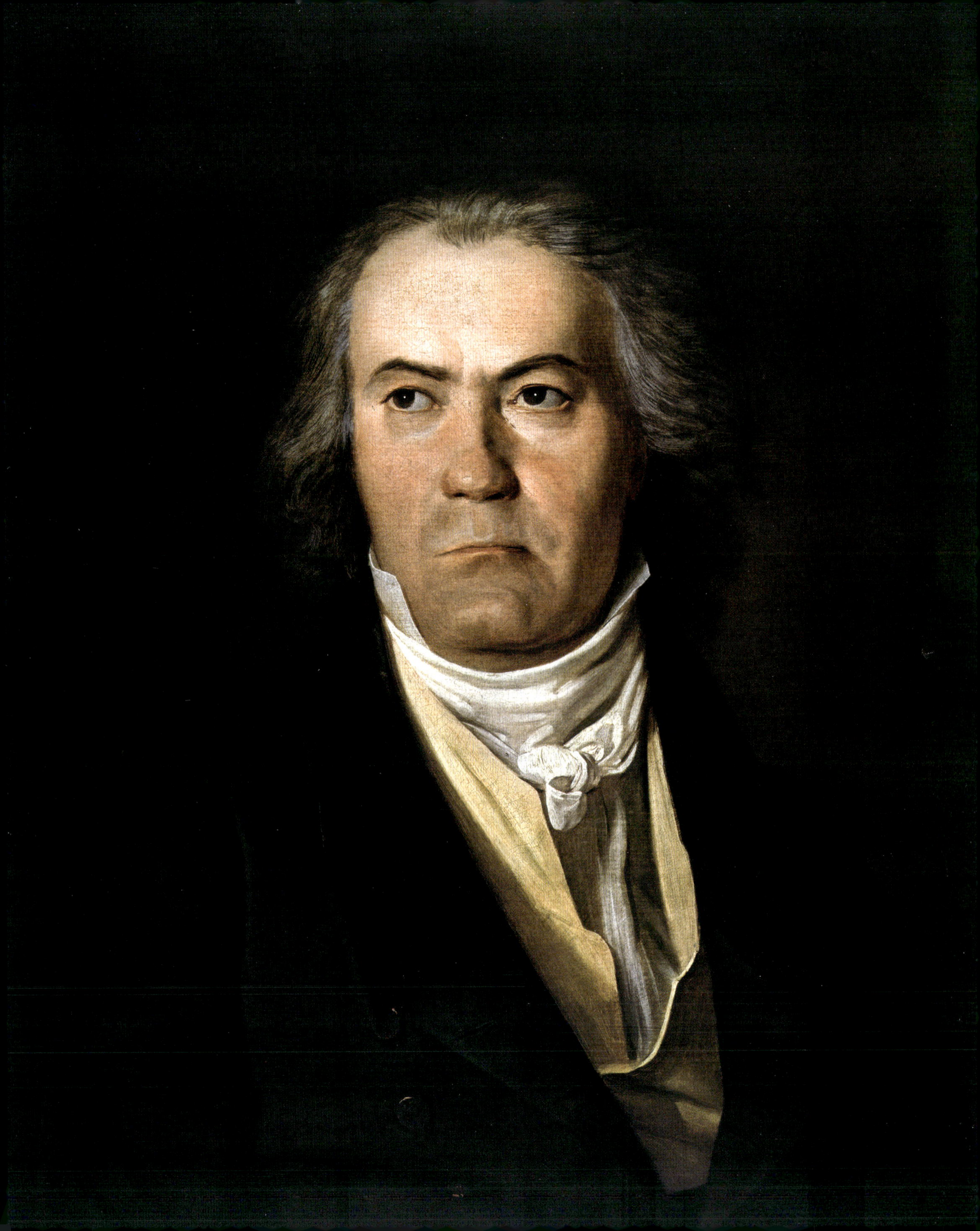

16

DIE NEUNTE

◀

Ferdinand Georg Waldmüller: Ludwig van Beethoven, Ölgemälde, 1823. Im Auftrag des Leipziger Musikverlages Breitkopf & Härtel im Haupt-Entstehungsjahr der Neunten Sinfonie gemalt, verbrannte das Original dieses Altersbildnisses 1943 bei einem Bombenangriff. Es kam Beethovens tatsächlichem Aussehen als Mittfünfziger sehr nahe, wie Vergleiche mit amtlich vermessenen Schädelformen nach der Exhumierung von 1863 ergaben.

Als der mittellos gewordene Friedrich Schiller 1785 in einem Bauernhaus in Gohlis bei Leipzig auf Bitten seines dortigen Freundes und Förderers Christian Gottfried Körner (1756 – 1831) eine *Ode an die Freude* für die Leipziger Freimaurerloge „Minerva zu den drei Palmen" (damals eine der größten deutschen Logen) gedichtet hatte, entstanden innerhalb weniger Jahre zahlreiche Vertonungen. Auch Beethoven notierte 1793 – kurz nach seiner Übersiedlung von Bonn nach Wien – dazu einen musikalischen Einfall. Detailliertere Skizzen folgten ab 1815 im Zusammenhang mit einer Anfrage der Philharmonischen Gesellschaft London, ob er für sie eine Sinfonie schreiben würde. Ferdinand Ries übermittelte 1817 ein erweitertes und präzisiertes Angebot. Demnach sollte Beethoven im bevorstehenden Winter nach London kommen und Konzerte leiten, außerdem zwei neue Sinfonien exklusiv für die Londoner komponieren und diese auch selbst dort uraufführen. Beethoven sagte am 9. Juli 1817 zwar zu, doch er vertröstete die Interessenten – ähnlich wie im Fall der *Missa solemnis* – immer wieder mit dem Verweis auf andere Verpflichtungen oder krankheitsbedingte Verzögerungen. Nachdem er insbesondere 1823 intensiv an der neuen Sinfonie gearbeitet hatte, schickte er erst wenige Tage vor der Wiener Uraufführung der *Neunten Sinfonie* op. 125 am 7. Mai 1824 im Kärntnertortheater eine Kopie des Werkes nach London (hier erklang es am 21. März 1825 unter fremder Leitung). Zu einer solch aufwändigen langen Reise wie nach London, die ohne eine ständige Begleitperson undenkbar gewesen wäre, konnte sich Beethoven inzwischen nicht mehr entschließen.

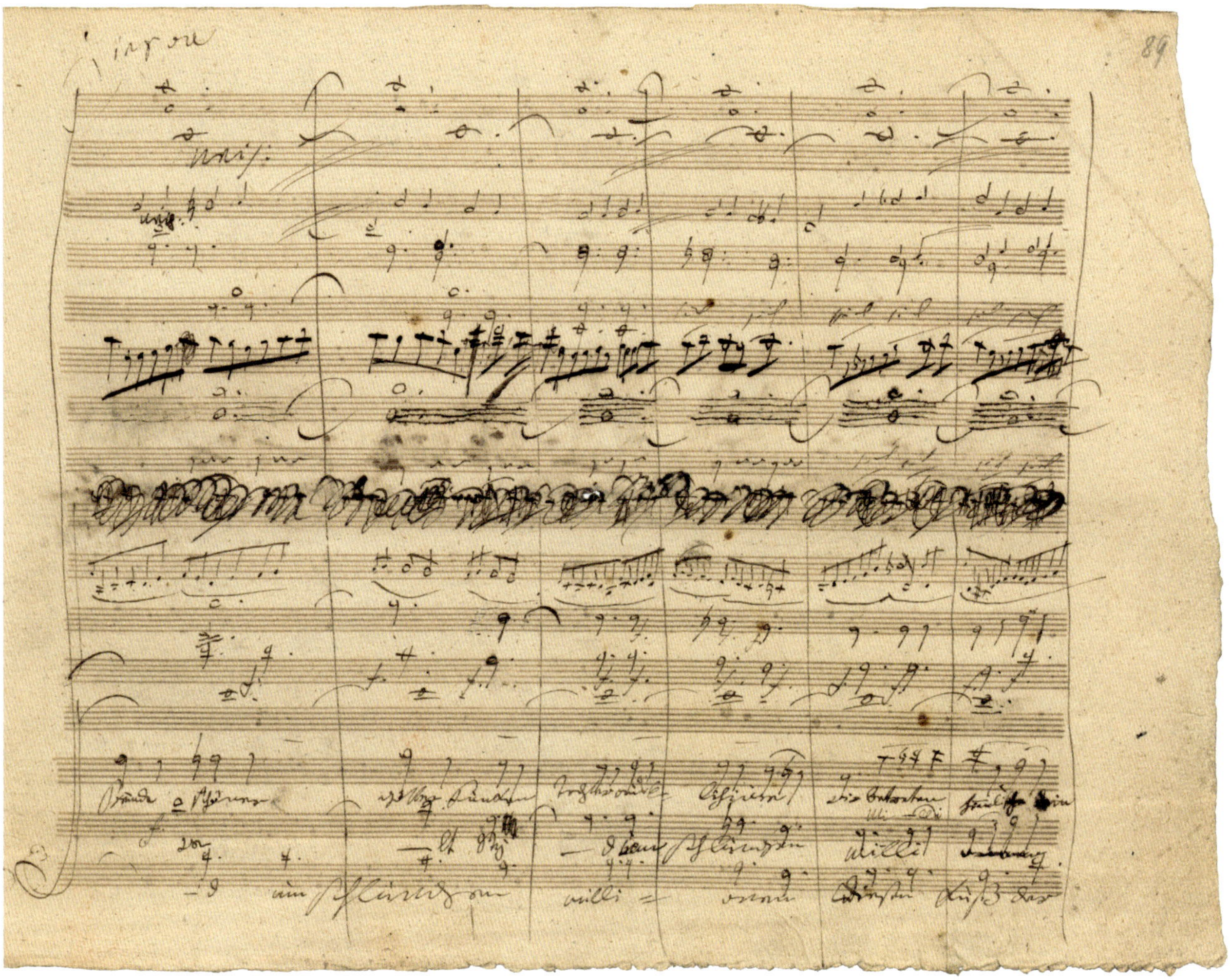

Die Uraufführung vor etwa 2000 Zuhörern wurde zu einem Meilenstein der Wiener Musikgeschichte. Die exponierte Sopranpartie sang Henriette Sontag (1806–1854), die später als eine der anmutigsten Opernsängerinnen ihrer Generation galt, mit einer Stimme voller Klarheit und Leichtigkeit. Bei den Proben hatte sie versucht, Beethoven im Interesse einer stimmgemäßen Gesangsweise zu gewissen Änderungen des Notentextes zu bewegen, was dieser allerdings konsequent ablehnte. Dies nahm sie mit den Worten „so quälen wir uns denn in Gottes Namen weiter" hin. Aus dem Orchester des Kärntnertortheaters waren 42 Streicher sowie Bläser in verdoppelter Besetzung vorgesehen. Der Chor bestand überwiegend aus Knaben- und Männerstimmen des Theaters, die im Sopran und Alt von wenigen Frauenstimmen verstärkt wurden.
Nicht weniger als drei Dirigenten standen auf dem Podium. Die Gesamtleitung lag in den Händen des Kapellmeisters am Kärntnertortheater Michael Umlauf

▲
Seite aus der autografen Partitur der Neunten Sinfonie (Finalsatz). Anhand unterschiedlicher Federstrich-Stärken, periodischer Tilgungen eines Notensystems im Taktabstand oder der kompletten Überkringelung eines Instrumentalparts sind mehrere Korrekturphasen erkennbar.

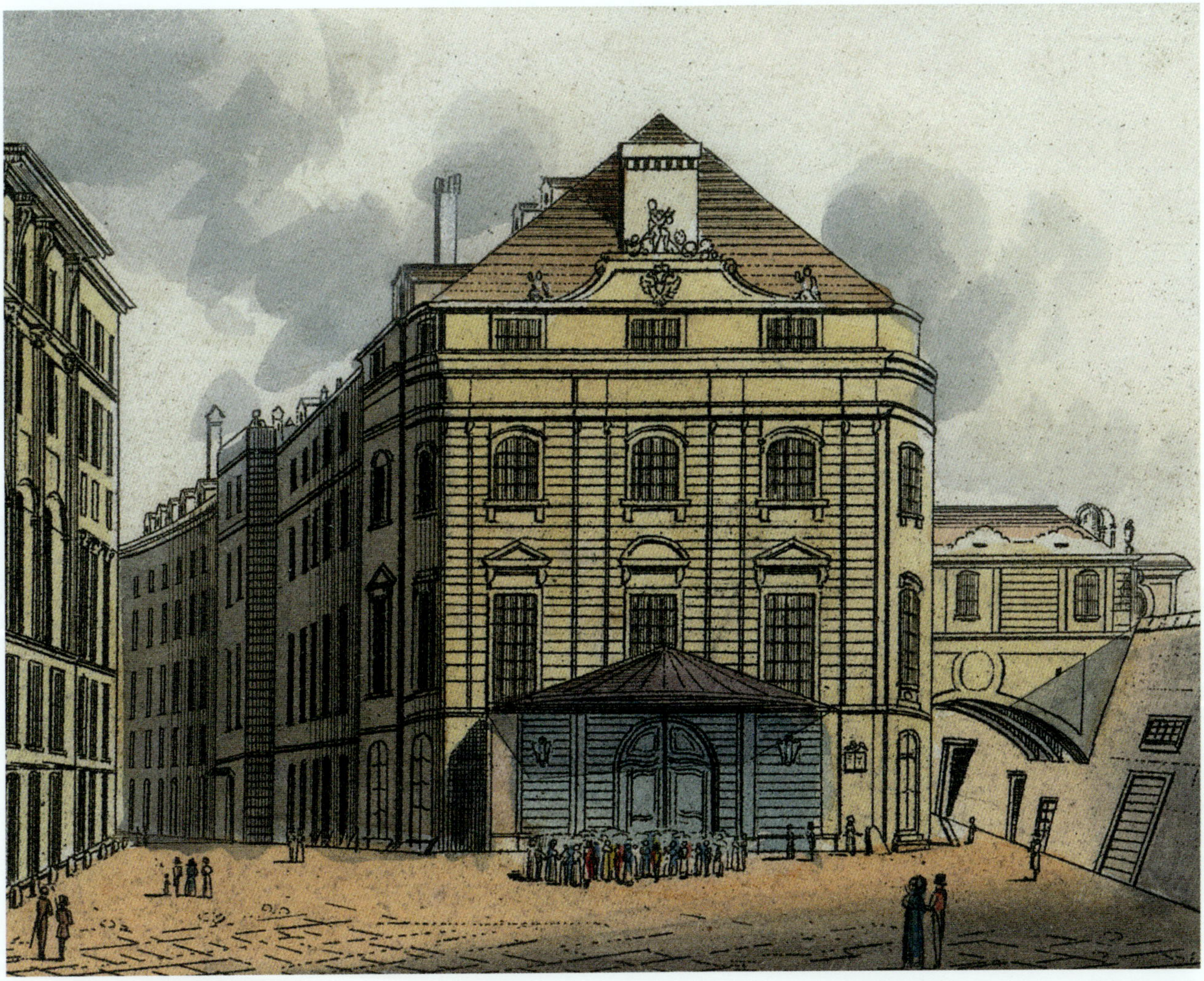

▲

Johann Wenzel Zinke: K. K. Hoftheater nach dem Kärntnertor, Stich nach einer Zeichnung von Eduard Gurk, um 1830. Im 1761 nach einem Brand neu erbauten Kärntnertortheater fand am 7. Mai 1824 die Uraufführung von Beethovens Neunter Sinfonie statt.

(1781 – 1842). Ihm assistierte als Konzertmeister Ignaz Schuppanzigh, der stehend eigens das Orchester anführte. Als Dritter (formal als Erster) dirigierte Beethoven. Hatte er selbst darauf bestanden oder hatte man ihn auf diese Weise bewusst in das Unternehmen eingebunden? – Während Umlauf die Aufführung souverän und mit ruhiger Hand leitete und sich damit die Aufmerksamkeit der Musiker sicherte, versuchte Beethoven schräg hinter ihm, nicht nur das Tempo vorzugeben, sondern darüber hinaus mit wilden Gebärden und Verrenkungen „wie ein Wahnsinniger", wie Augenzeugen berichteten, für die Interpretation Impulse zu setzen.
Dennoch durfte Beethoven an diesem Abend einen seiner größten Triumphe erleben. Mit den Schlusstakten des vierten Satzes gerieten Musiker wie Zuhörer in Ekstase. Der Saal tobte. Henriette Sontag und die Altistin Caroline Unger drehten den gehörlosen Beethoven behutsam zum Publikum. Dort wurden Hüte und weiße

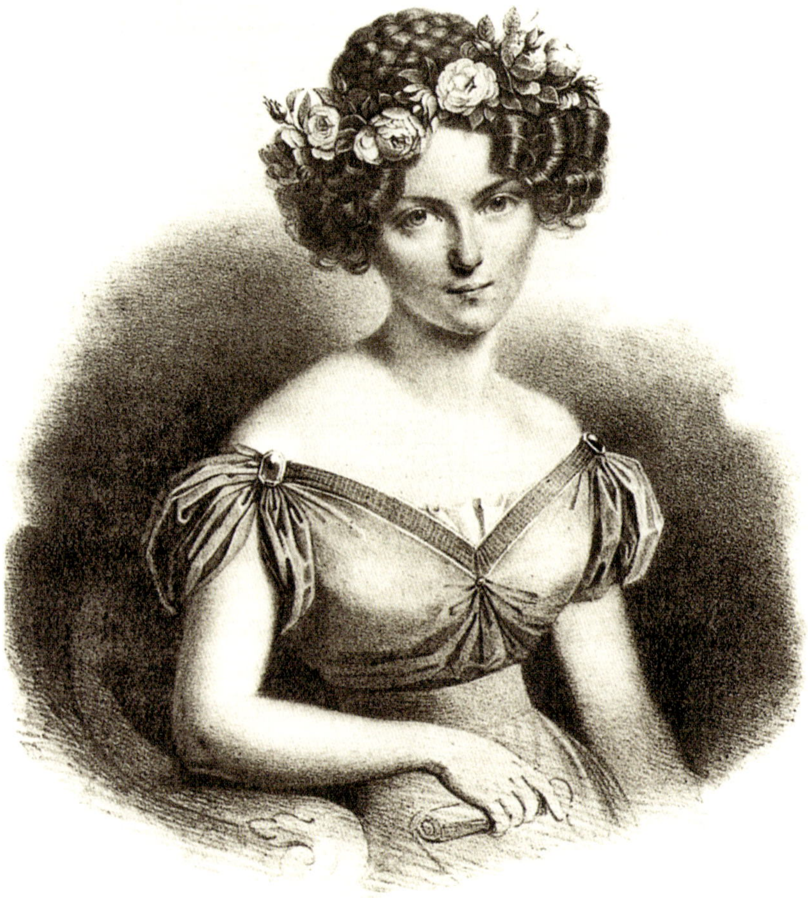

◀ *Anonym: Henriette Gertrude Walpurgis Sontag, Lithografie nach einem Gemälde von Franz Krüger um 1830. Die erst 18-jährige Sopranistin wirkte bei der Uraufführung der Neunten Sinfonie mit.*

Taschentücher geschwenkt, um ihm die Begeisterung auch auf optische Weise zu zeigen. Nicht weniger als fünfmal wurde Beethoven nach vorn gerufen.
Er widmete die *Neunte Sinfonie* 1826 dem preußischen König Friedrich Wilhelm III. (1770–1840) und schickte ihm eine besonders schön geschriebene Kopie des Werkes nach Berlin. Dieser bedankte sich mit einem Brillantring, den Beethoven zum Preis von 300 Gulden verkaufte, um die für ihn unbefriedigende Einnahmesituation des Projektes „Neunte Sinfonie" zu verbessern.
Mit diesem Werk stieß Beethoven das Tor zu einer neuen Welt auf, in der Musik den Anspruch erheben konnte, ihre Zuhörer zugleich zu verbessern, zu erschüttern und ihnen die Vision eines Ideals im Sinne einer Botschaft zu vermitteln. Die Gattung der Sinfonie, die noch keine hundert Jahre etabliert war, wurde durch die massive Einbeziehung des Gesangs – solistisch wie chorisch – gleichsam aus den Angeln gehoben. Auch gab es niemals zuvor ein sinfonisches Werk mit 70 Minuten Aufführ-

rungsdauer. Schillers *Ode an die Freude*, aus der Beethoven nicht alle Strophen zur Vertonung vorsah, verkörpert – damals wie heute – ein Humanitätsideal von universaler Gültigkeit. Die betörende Schlichtheit jener Liedmelodie, die Beethoven dafür ersann und die jedermann mitsingen kann, steht in einem denkbar großen Kontrast sowohl zur komplexen „übersinfonischen" Gestaltung des Finalsatzes (einschließlich der häufig von vorsätzlicher Anstrengung gezeichneten Gesangspartien) als auch zu dessen rauschhaftem überschwänglichem Ende, das wie eine Vorwegnahme der besungenen Menschheitsverbrüderung in namenloser Freude wirkt.

So konnte die „Freudenmelodie" Symbol für (verwirklichte, ersehnte oder vorgespiegelte) Werte wie Frieden, Freiheit, Humanität, Moralität, Ideenaufbruch, Erhabenheit, Pathos oder auch nur Feierlichkeit aus sehr unterschiedlichen Anlässen werden. Friedrich Engels wünschte sie sich in den 1880er Jahren anstelle der Internationale als Arbeiterhymne. Pierre de Coubertin, der Begründer der Olympischen Spiele der Neuzeit, empfahl sie 1896 als offizielle olympische Hymne. In den 1920er Jahren machten die englischen Sozialisten sie zu ihrer Hymne. Stalin verkündete 1936 mit der *Neunten* eine neue totalitäre Verfassung; Wilhelm Furtwängler gratulierte mit ihr 1942 zu Hitlers Geburtstag. Sie erklang ebenso zur Gründung der DDR 1949 wie zur wiedergewonnenen deutschen Einheit 1990. Von 1952 bis 1964 war die Freudenmelodie die Hymne der gesamtdeutschen Mannschaft bei den Olympischen Spielen. Heute dient sie als Hymne des Europarates (seit 1972) und der Europäischen Gemeinschaft (seit 1985). Das Autograf der *Neunten Sinfonie* schließlich wurde 2001 von den Vereinten Nationen zum Teil des Weltdokumentenerbes erklärt – als erste Notenhandschrift überhaupt.

Brüderlichkeit als erhofftes Ideal einer künftigen Gesellschaft verband sich für Beethoven in der *Neunten* mit dem Glauben an die moralische „Besserung", den moralischen Fortschritt des Menschen. Dass dieser Glaube auch durch die spätere Geschichte immer wieder in Frage gestellt, wenn nicht gar ad absurdum geführt werden sollte, konnte Beethoven nicht erahnen. Das Wissen darum bleibt heute jedoch eine Hypothek beim Hören und Musizieren dieses Bekenntniswerkes.

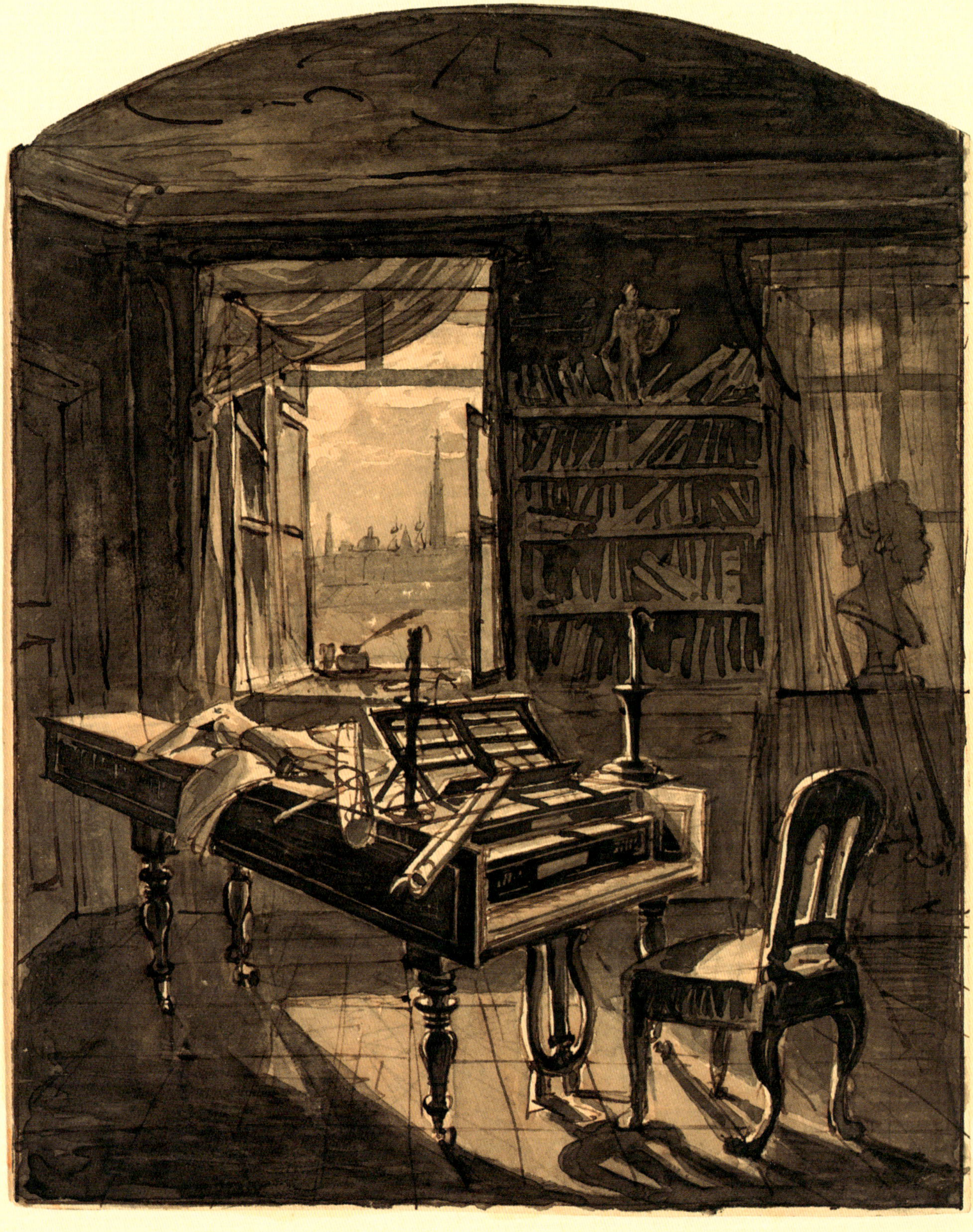

DIE LETZTEN JAHRE

◀
Johann Nepomuk Hoechle: Beethovens Arbeitszimmer im Schwarzspanierhaus, Zeichnung, 1827, entstanden wenige Tage nach dem Tod Beethovens. Den Hammerflügel hatte ihm 1817 die Londoner Klavierfabrik Broadwood & Sons geschenkt.

Beethovens Verhalten in der Öffentlichkeit wirkte mit den Jahren immer merkwürdiger – insbesondere auf Menschen, die ihn nicht kannten. Schrullige Angewohnheiten, widersprüchliche Gefühlsausbrüche oder ungepflegte Kleidung nahmen Freunde und Bekannte meist geduldig hin, weil sie wussten, welche Persönlichkeit und welches musikalische Genie sich dahinter verbargen. Obwohl gerade unbedachte politische Äußerungen in der Restaurationszeit schwerwiegende Folgen haben konnten, genoss Beethoven bei der Obrigkeit eine gewisse Narrenfreiheit, die auch mit seiner Taubheit zusammenhing.

Zu Beginn der 1820er Jahre hatte er sich einmal auf einem Spaziergang von Baden nach Wiener Neustadt verirrt. Er versuchte sich zu orientieren und schaute in die Fenster der Häuser. Mit seinem alten, verschlissenen Mantel hielt man ihn für einen Bettler und ließ ihn von der Polizei verhaften. Erst ein herbeigeholter, in der Nähe wohnender Musikdirektor, der ihn von öffentlichen Auftritten am Klavier kannte, konnte ihn kurz vor Mitternacht identifizieren und mit nach Hause nehmen.

Unter den Musikinstrumenten Orgel, Klavier, Geige und Bratsche, deren Spiel Beethoven in seiner Kindheit und Jugend erlernt hatte, faszinierte ihn das Klavier am meisten – zum einen wegen der Möglichkeit, auch außerhalb des Kirchenraumes komplexe mehrstimmige Kompositionen durch einen einzelnen Spieler zum Klingen zu bringen. Zum anderen nahm Beethoven regen Anteil an der atemberaubenden Entwicklung des Klavierbaus seiner Zeit. Hatte er als Kind noch Clavichord und Cembalo traktiert, so verfolgte er später genau die technischen Neuerungen von Pianoforte und Hammerklavier, mit denen ungleich größere dynamische

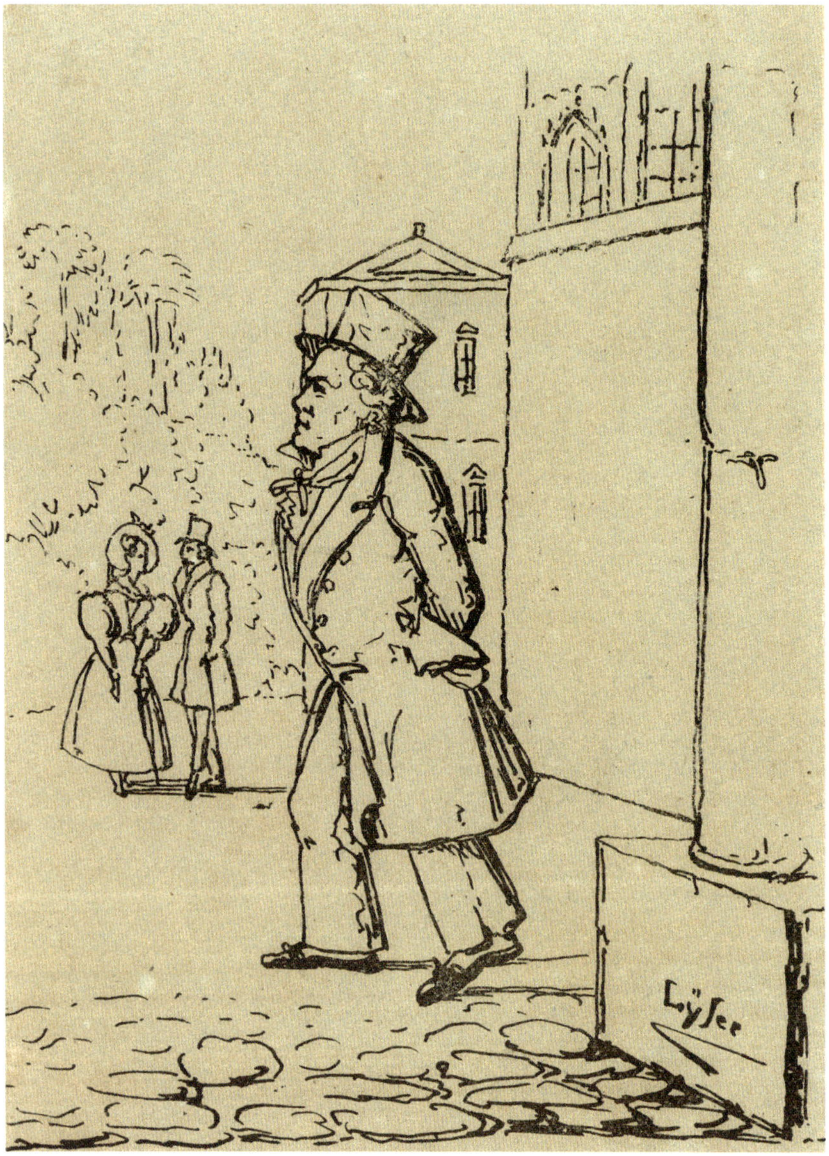

Johann Peter Lyser: *Ludwig van Beethoven in den Straßen Wiens*, Lithografie nach einer Zeichnung 1833. Beethovens Jugendfreund Stephan von Breuning meinte dazu, Lyser habe Figur und Gang des Komponisten treffend wiedergegeben.

Schattierungen bis hin zu einer bislang ungekannten kraftvoll überwältigenden Attitüde darstellbar wurden. Ohne leistungsfähige, moderne Klavierinstrumente wäre die Entstehung von 32 Klaviersonaten Beethovens in den Jahren von 1794 bis 1822 kaum denkbar gewesen. Einige von ihnen erhielten später von Verlegern markante Beinamen, die allerdings kaum etwas über die Musik selbst aussagen (Mondschein-, Sturm-, Lebewohl- oder Hammerklavier-Sonate; Pathétique oder Appassionata). Die Funktion dieser gattungsprägenden Sonaten weitete sich in jenem Zeitraum von der ausschließlich privaten Unterhaltung zur öffentlichen Auf-

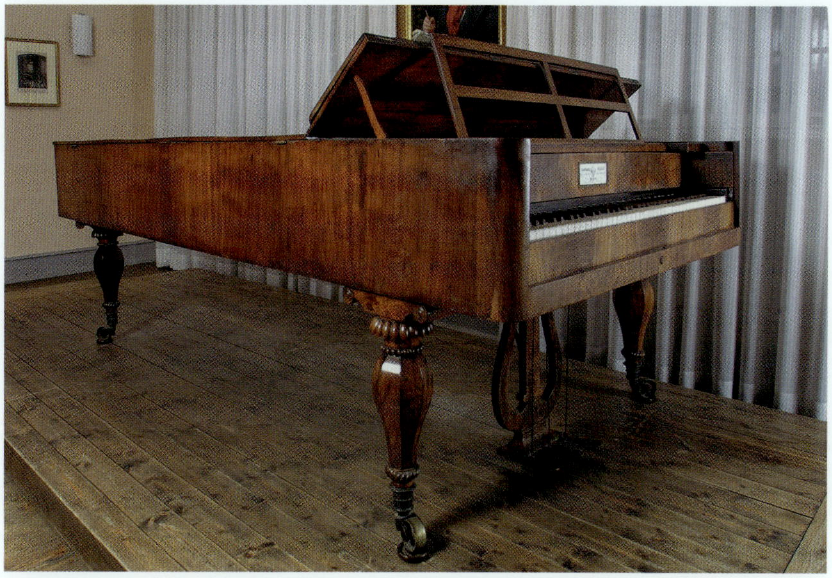

Beethovens letztes Instrument: Hammerflügel von Conrad Graf, Wien, 1826. Das Instrument diente ursprünglich als Leihgabe während der Reparatur des Broadwood-Flügels, wurde Beethoven aber auf Lebenszeit überlassen. Heute ist es Eigentum des Beethoven-Hauses Bonn.

führung in einem Konzert. Dass sich Beethoven mindestens zweimal – 1816 und 1823, wenngleich ohne Erfolg – mit der Planung einer Gesamtausgabe seiner Klavierwerke befasste, zeigt, welchen Stellenwert er diesen innerhalb seines Gesamtwerkes beimaß und wie hoch das Interesse der Verleger daran war. Ähnlich wie in den späten Streichquartetten hat er auch in seinen späten Klaviersonaten mit musikalischen Mitteln „letzte Dinge" verhandelt.

Wichtiger als absatzfördernde Werkbezeichnungen waren Beethoven Widmungen, mit denen er seine Werke geradezu systematisch ausstattete. Insgesamt 105 Kompositionen widmete er insgesamt 62 überwiegend adligen, aber auch bürgerlichen Personen, davon 21 Damen. Am häufigsten figurierten seine Mäzene als Widmungsträger (allen voran Erzherzog Rudolph von Österreich mit allein 14 Zueignungen). Als Motive lassen sich Ehrerbietung, Dankbarkeit, Freundschaft oder Zuneigung erkennen. Nicht zuletzt aber nutzte Beethoven das Mittel der Widmung zum Knüpfen und Pflegen von Netzwerken, zur Durchsetzung insbesondere unternehmerischer Ziele.

Beethoven, der als Künstler eigentlich den Anspruch erhob, sich nicht mit solch schmutzigen Angelegenheiten wie Geld befassen zu müssen, war ein überaus gewiefter Taktiker, wenn es darum ging, finanzielle Vorteile gegenüber Mäzenen, Auftraggebern, Verlegern oder Konzertveranstaltern zu realisieren. Das im 19. Jahrhundert gern bediente Klischee vom genialen und zugleich verarmten Künstler hat mit Beethoven nichts zu tun. Bereits in den 1790er Jahren konnte er beispielsweise ein Reitpferd mieten und einen Bediensteten einstellen. Das schließt nicht aus, dass er häufig mit gravierenden finanziellen Engpässen zu kämpfen hatte. Es gab Zeiten, in denen er dringend auf private Darlehen angewiesen war; es kam jedoch auch vor, dass er selbst Darlehen vergab.

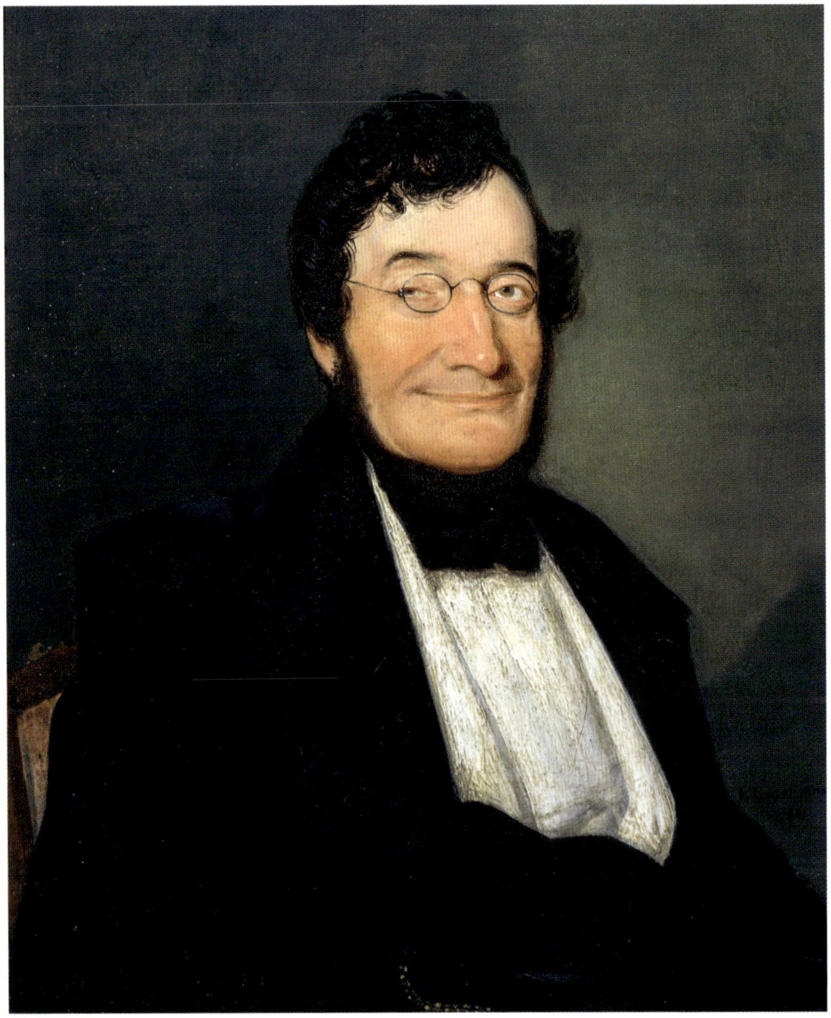

◀ *Leopold Groß: Nikolaus Johann van Beethoven (Beethovens jüngster Bruder), Gemälde, 1841*

Das feste Jahresgehalt in Höhe von 600 Gulden, das Fürst Lichnowsky ihm von 1801 bis 1806 zahlte, vor allem aber die Leibrente von 4.000 Gulden des Wiener Adelstriumvirats Erzherzog Rudolph / Fürst Kinsky / Fürst Lobkowitz, die Beethoven von 1809 (mit Unterbrechungen) bis zu seinem Lebensende bezog, ermöglichten ihm bei ausgeglichenem Lebensstil (von dem freilich kaum die Rede sein konnte) ein sorgenfreies Dasein. Allerdings ging diese Sicherheit mit den beiden österreichischen kriegs- und inflationsbedingten Staatsbankrotten von 1811 und 1816 zeitweise verloren.
Ab 1815 belasteten die Kosten für Ausbildung und Ausstattung des Neffen Beethovens Budget überdurchschnittlich. Für dessen Erbe erwarb er 1819 acht Aktien der *Privilegierten österreichischen National-Bank*. Eine davon musste er im September 1821 infolge längerer Krankheit und damit verbundener Einkommenseinbußen wieder verkaufen. An den übrigen sieben hielt er fortan eisern fest. Dabei dienten

sie ihm auch als Darlehenssicherheit, oder sie wurden beliehen. Ihr Kurs stand zum Zeitpunkt des Erwerbs bei 500 Gulden und stieg bis März 1825 auf 1.202 Gulden. Unter Berücksichtigung von Dividenden und Ausschüttungen verdreifachte sich der Wert von Beethovens Aktienanlage also innerhalb von nur sechs Jahren. Zum Zeitpunkt seines Todes machten die Aktien knapp drei Viertel seines hinterlassenen Vermögens aus, dessen Kaufkraft nach heutigen Maßstäben auf insgesamt fast 150.000 Euro beziffert werden kann. Bevor der Neffe Karl über dieses Erbe verfügen konnte, hatte Beethoven dafür gesorgt, dass seine verschuldete Schwägerin Johanna – Karls Mutter – darauf keinen Zugriff erhielt.

Als Beethoven im Herbst 1826 einen geeigneten Aufenthaltsort zusammen mit dem Neffen (der die Stadt wegen einer polizeilichen Auflage verlassen musste) außerhalb Wiens suchte, entschied er sich widerstrebend für das Gut „Wasserhof" in Gneixendorf bei Krems. Es gehörte seinem jüngsten Bruder Nikolaus Johann van Beethoven, der es als selbständiger Apotheker in Linz zu einem beträchtlichen Vermögen gebracht hatte und seither seine Briefe mit dem Namenszusatz „Gutsbesitzer" unterschrieb. Beethoven spießte diesen aus seiner Sicht skurrilen Usus seines Bruders einmal auf, indem er ihm eine kurze Antwort mit den abschließenden Worten „Beethoven. Hirnbesitzer" zukommen ließ. Gleichwohl nahm er ab 1822 gern die kaufmännische Expertise Nikolaus Johanns zur Regelung eigener Geschäfte in Anspruch; sogar Darlehen ließ er sich von seinem Apotheker-Bruder gewähren. Daraus entstanden wiederum neue Konflikte.

Der wohl schwerwiegendste Konflikt zwischen beiden ging bereits auf das Jahr 1812 zurück, als Beethoven seinem Bruder Nikolaus Johann vergeblich die Heirat mit dessen Haushälterin Therese Obermayer (1787–1828) auszureden versucht hatte. Später bezeichnete er sie, die eine außerehelich geborene fünfjährige Tochter in

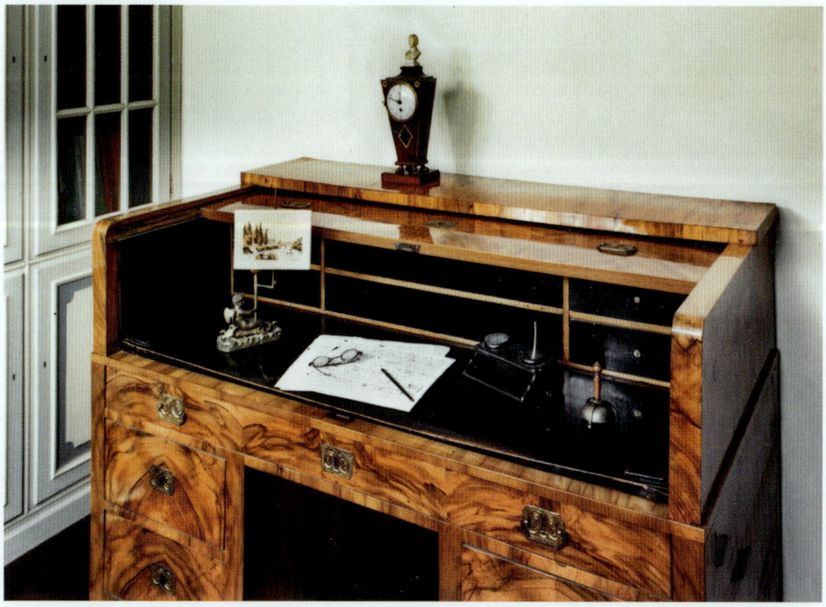

Beethovens Schreibtisch aus der Wohnung im Schwarzspanierhaus. Er stand im „Notenzimmer", wo der Komponist vor allem Notenhandschriften, Notizen und Skizzen aufbewahrte. Ob dem ein Ordnungsprinzip zugrundelag, blieb sein Geheimnis. Auch die aufwendig gestaltete Biedermeier-Tischstanduhr stammt aus Beethovens Besitz.

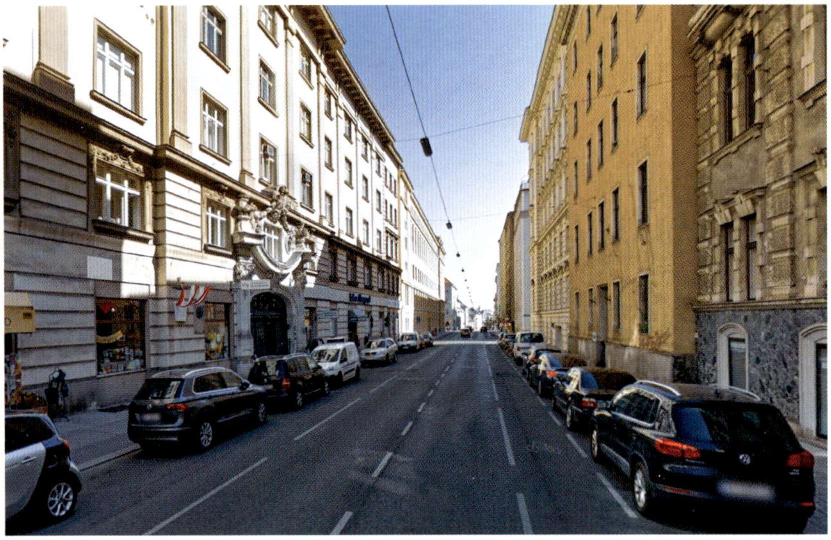

◂

Nachfolgebau des Schwarzspanierhauses. Das ehemalige Konventgebäude des Schwarzspanierklosters war zu Beethovens Zeiten ein großes Mietshaus, in dessen zweitem Stock der Komponist während der letzten beiden Lebensjahre eine Wohnung gemietet hatte. Zu Beginn des 20. Jahrhunderts wurde es abgerissen und durch einen Neubau ersetzt.

die am 8. November 1812 geschlossene Ehe mitgebracht hatte, als „vormalige und jetzige Hure" und schmähte Mutter und Tochter in einem anderen Brief als die „beiden Kanaillen Fettlümmel und Bastard".
Der Aufenthalt in Gneixendorf belastete Beethoven so sehr, dass er ihn vorzeitig abbrach. Mangels anderer Möglichkeiten reiste er bei herbstlichem Wetter in einer offenen Kutsche nach Wien zurück und erkrankte schwer. Damit begann der endgültige gesundheitliche Verfall des Meisters.
Als Beethoven am späten Nachmittag des 26. März 1827 in seiner Wohnung im Schwarzspanierhaus starb, hatte ihn in Erwartung seines nahenden Endes neben mehreren Verwandten und anderen Freunden der Komponist Anselm Hüttenbrenner (1794–1868) aufgesucht. Er wachte bei ihm bis zur letzten Stunde. Selbstironisch soll Beethoven noch auf dem Totenbett die Kaiser Augustus (63 v. Chr.–14 n. Chr.) zugeschriebenen Worte „Plaudite amici, comoedia finita est" („Spendet Beifall, Freunde, die Komödie ist zu Ende") zitiert haben.
Die für den 29. März 1827 angekündigte Beerdigung löste die größte Trauerprozession aus, die Wien jemals erlebt hat. Etwa 20.000 Menschen folgten Beethovens Sarg von der Aussegnung im Innenhof des Schwarzspanierhauses zur Dreifaltigkeitskirche. Mehrfach musste das Militär ordnend und absperrend eingreifen. Zahlreiche Ohnmächtige mussten vor und in der Kirche weggetragen werden. Für die wenigen hundert Meter brauchte der Trauerzug mehr als eine Stunde. Nach der Einsegnung wurde der Sarg in einem vierspännigen Galawagen zum mehrere Kilometer entfernten Währinger Friedhof überführt – wiederum in Begleitung einer großen Menschenmenge, nun ergänzt durch etwa 200 Pferdekutschen.
Am Eingang zum Friedhof trug der Schauspieler Heinrich Anschütz (1785–1865) eine Grabrede vor, die der österreichische Schriftsteller Franz Grillparzer, der Beethoven aus mehreren Begegnungen kannte, auf Bitten von Anton Schindler verfasst hatte.

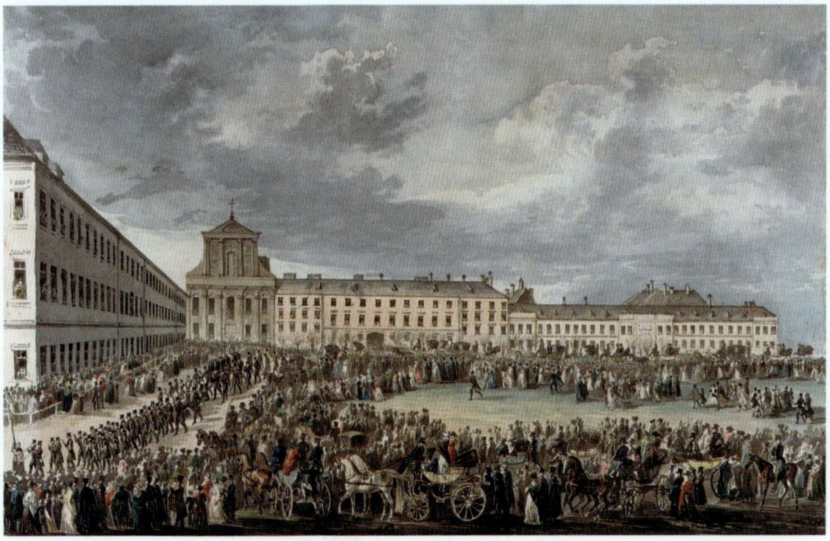

Franz Stöber: Beethovens Leichenzug, Aquarell, 1827. Im Hintergrund das Schwarzspanierhaus, Beethovens letztes Wohnhaus.

Auf Veranlassung der Direktion der *Gesellschaft der Musikfreunde* wurden Beethovens sterbliche Überreste 1863 exhumiert und nach genauer Vermessung und Anfertigung von Gipsabdrücken in einem Prunksarg in einem neuen Grab beigesetzt.

Aus Franz Grillparzers Grabrede für Beethoven am 29. März 1827: *Indem wir hier an dem Grabe dieses Verblichenen stehen, sind wir gleichsam die Repräsentanten einer ganzen Nation, des deutschen gesamten Volkes, trauernd über den Fall der einen hochgefeierten Hälfte dessen, was uns übrig blieb von dem dahingeschwundenen Glanze heimischer Kunst, vaterländischer Geistesblüte. … Der Meister des tönenden Lieds, der Tonkunst holder Mund, der Erbe und Erweiterer von Händel und Bach, von Haydns und Mozarts unsterblichem Ruhm hat ausgelebt, und wir stehen weinend bei den zerrissenen Saiten des verklungenen Spiels. …*

Seine wirklich letzte Ruhe hat Beethoven erst 1888 gefunden, als die Gebeine nach einer nochmaligen Exhumierung auf den 1874 eröffneten repräsentativen Wiener Zentralfriedhof überführt worden sind.

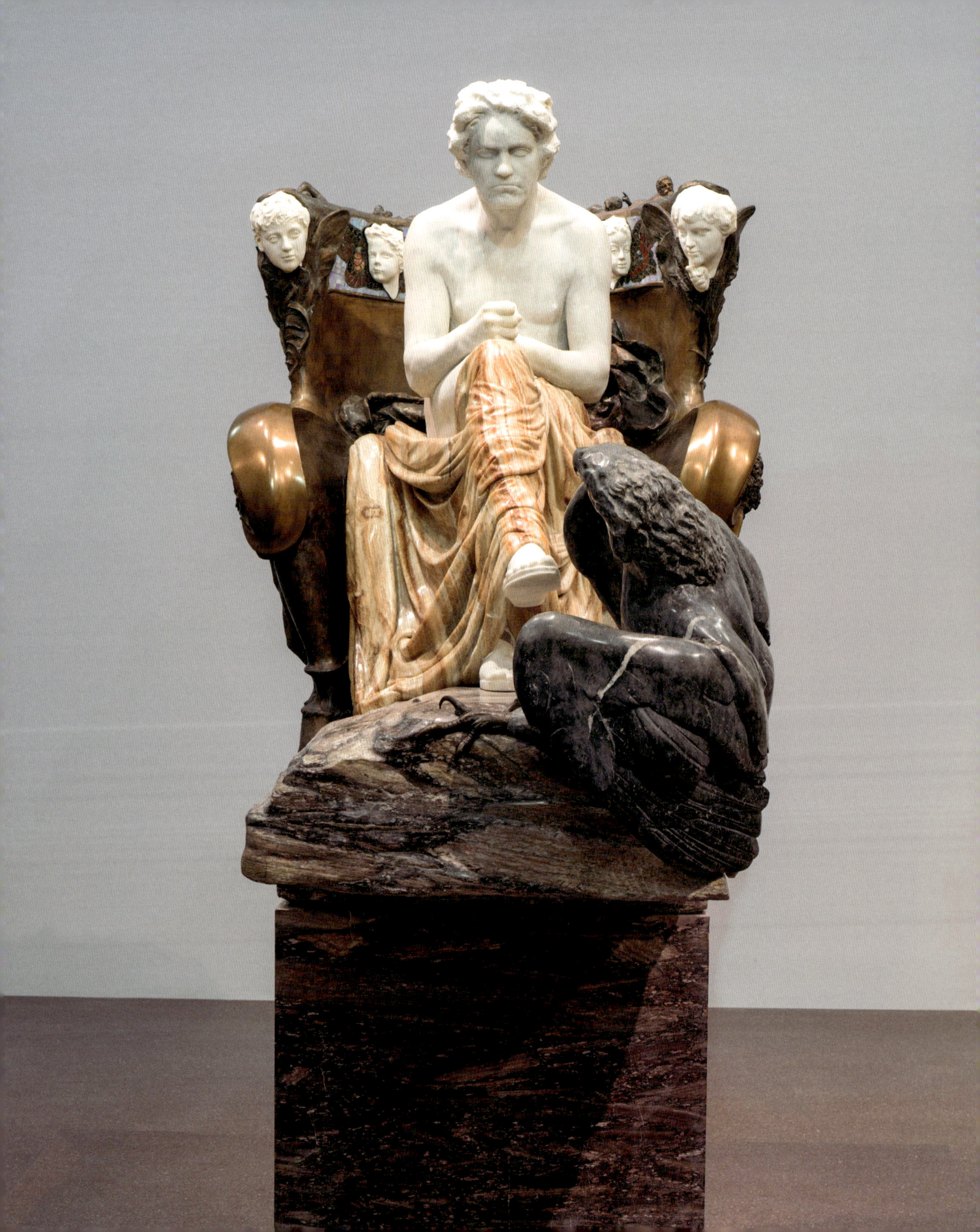

KLINGER UND KLIMT

◀

Max Klinger: Beethoven-Denkmal, 1902. Marmor, Onyx, Elfenbein, verschiedene Schmucksteine, Bronze. Museum der bildenden Künste Leipzig.

Wie kaum ein anderer Komponist hat Beethoven bildende Künstler zu eigenwilligen und stilbildenden Darstellungen inspiriert. Im Falle von Max Klinger (1857–1820) und Gustav Klimt (1862–1918) wurde zu Beginn des 20. Jahrhunderts die Beethoven-Plastik bzw. der Beethoven-Fries zu einem jeweils herausragenden Hauptwerk ihres Schöpfers. Während bei Klinger die heroisch ausgerichtete Beethoven-Verehrung der Romantik als Vergötterung in der bildenden Kunst ihren abschließenden Höhepunkt erreichte, setzte mit Klimt zur gleichen Zeit eine überaus stilisierende und partiell abstrahierende, gleichwohl sinnliche und bildkräftige Kunst der Beethoven-Deutung ein, die bis heute ihre Spuren hinterlassen hat.
Fast zwangsläufig musste Klinger eine dreidimensionale Darstellung als lebensgroße Plastik mit zahlreichen zusätzlichen Attributen vom Thron bis zum Adler wählen. Demgegenüber wich Klimt mit seinem zweidimensionalen, über zwei Meter hohen und fast 34 Meter langen Fries auf eine Gestaltung aus, die die Wahrnehmbarkeit des Kunstwerks als Ganzes deutlich übersteigt. Monumentalität als Prinzip findet bei den beiden bildkünstlerischen Beethoven-Interpreten einen entgegengesetzten Ausdruck.
Bereits 1885 begann Klinger mit der Planung einer Beethoven-Statue. Ohne Auftrag und auf eigene Kosten (allein für das verwendete Material brachte er 150.000 Reichsmark auf) schuf er zunächst einen Entwurf und anschließend die aufwändig gestaltete Endfassung der Plastik. Den Marmorarbeiten widmete er sich ab 1894, dem Thron ab 1897. Er wurde 1901 in einer Nacht in nur einem Stück aus der Wachsform gegossen.

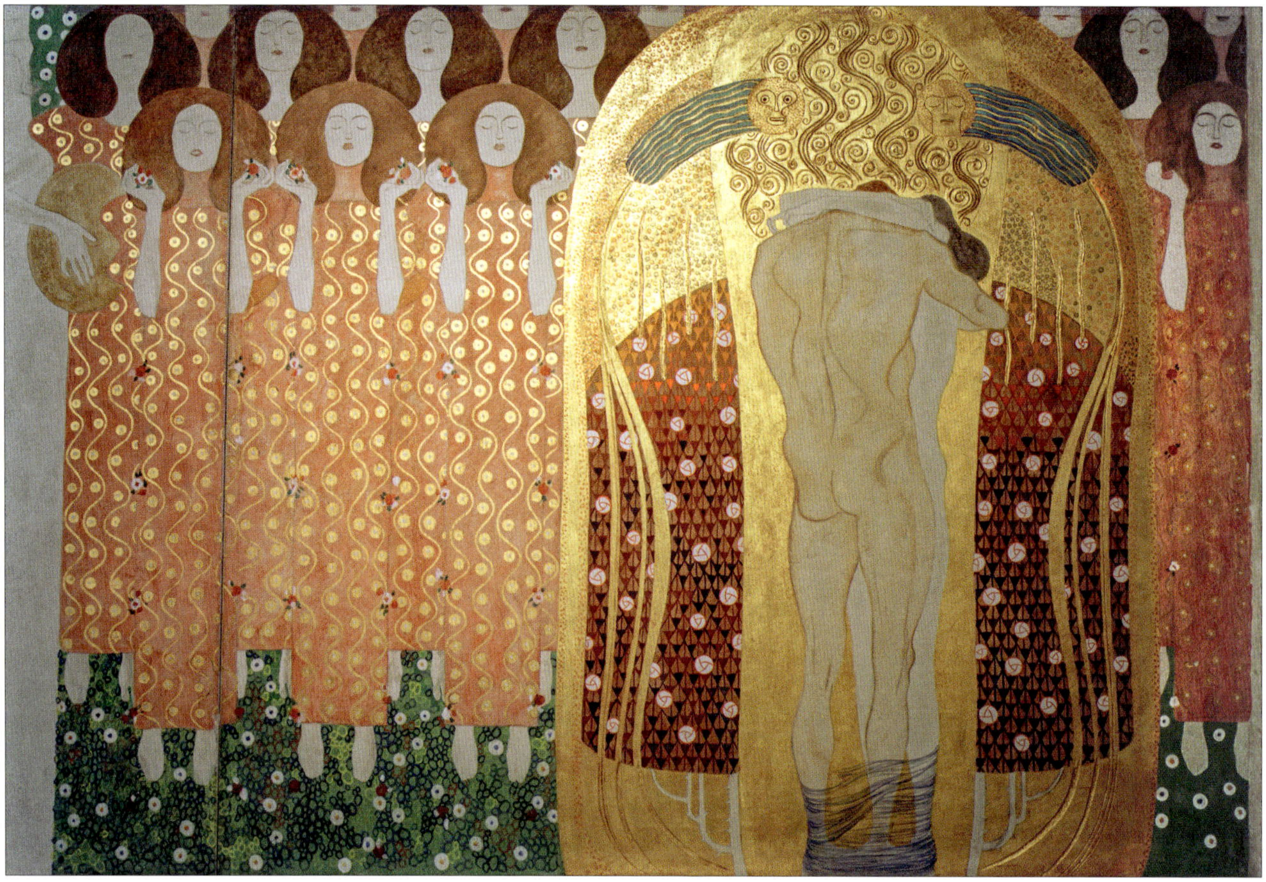

▲ *Gustav Klimt: Beethovenfries, 1902, daraus: Rechte Längswand: „Diesen Kuss der ganzen Welt: Chor der Paradiesengel. Freude schöner Götterfunke. Diesen Kuss der ganzen Welt!" (Detail). Kaseinfarben auf verputzten Holzlatten, Blattgold, Halbedelsteine, Perlmutt, Gips, Kohlestift, Bleistift auf Stuckgrundierung. Gebäude der Wiener Secession.*

Beethoven wird wie der höchstgestellte antike Gott Zeus dargestellt. Damit schafft Klinger eine Verbindung von griechischer Mythologie und Christentum. Dem Komponisten fehlen jegliche Attribute, die auf die Musik hinweisen würden – Beethoven ist weit darüber hinaus für die Menschheit bedeutsam. Stattdessen sind an den Seiten und im Rücken des Throns, auf dem Beethoven fast nackt vornübergebeugt sitzt, zahlreiche biblische Szenen angebracht, darunter Adam und Eva oder die Kreuzigung Christi. Davor sitzt ein Adler, der Vogel des Zeus, der nach der Mythologie den gefesselten Prometheus bestrafen soll.
Die Darstellung ist von luxuriöser Vielfalt der Motive, Materialien und Farben. Klinger verwendete für Oberkörper und Füße Marmor von der griechischen Insel Syros, für das Gewand gelbbraun gestreiften Alabaster aus Tirol, für den Felssockel und den Adler dunkelroten Pyrenäenmarmor, für die Augen des Adlers Bernstein, für die Krallen Bronze, für die vier Engelsköpfe am oberen Thronrand Elfenbein; die Engelsflügel wurden aus antiken Glasflüssen, Achaten, Jaspis und Perlmutter zusammengesetzt und mit Goldfolie unterlegt. Hinzu kamen der reichgeschmückte Bronzeguss des Throns und die Vergoldung der Armlehnen.

Auch Gustav Klimt bediente sich der griechischen Mythologie und verwendete ungewöhnlich viele verschiedene Materialien in verschiedenen Farben für seinen *Beethovenfries*, dessen Motive auf eine geistige Interpretation der *Neunten Sinfonie* von Beethoven durch Richard Wagner aus dem Jahr 1846 zurückgehen: „Zuerst entwarf ich nun in Form eines Programms, wozu mir das nach Gewohnheit zu bestellende Textbuch zum Gesang der Chöre einen schicklichen Anlass gab, eine Anleitung zum gemütlichen Verständnis des Werkes, um damit – nicht auf die kritische Beurteilung – sondern rein auf das Gefühl der Zuhörer zu wirken."
Nicht weniger als 125 Studien zum *Beethoven-Fries* sind überliefert. Angesichts seiner sonst üblichen Arbeitsweise dürfte Klimt mehr als doppelt so viele angefertigt haben. Mit der Tendenz zu kräftigen Konturen und geschmeidigen Linien lässt sich darin ein veränderter Gestaltungswille erkennen. Ornamente können im Fries unterschiedliche Funktionen ausüben: klar und streng wie im *Chor der Paradiesengel,* pulsierend und sinnlich wie bei den *Feindlichen Gewalten,* kostbar und reich wie in der Umarmung bei *Diesen Kuss der ganzen Welt.*
Nach dem von dem Jugendstil-Architekten Josef Hoffmann (1870–1956) als Gesamtkunstwerk konzipierten Projekt, das Kunst und Kult, Museum und Tempel sowie Schönheit und Weihe zu vereinen trachtete, wurden beide Kunstwerke auf der 14. Ausstellung der Wiener Secession im Frühjahr 1902 der Öffentlichkeit vorgestellt. Im Hauptsaal des Secessionsgebäudes thronte Klingers *Beethoven* als Inbegriff des reinen „Kunstwollens". Auf diese Position nahm Klimt mit seiner Bildfolge Bezug und ordnete sie im oberen Wandbereich des linken Nebensaales an – so, dass dessen dreifach durchbrochene Längsseite aus verschiedenen Richtungen den Blick auf die Klinger-Plastik freigab.
Nicht lange währte diese Art von künstlerischer Koexistenz. Klimts Fries sollte eigentlich nach Ende der Ausstellung 1902 abgetragen und zerstört werden, blieb aber vorerst doch an Ort und Stelle. Nach Abbau und Depoteinlagerung im folgenden Jahr erlebte er eine wahre Odyssee in Privatbesitz und kehrte erst 1986 wieder in das Gebäude der Wiener Secession zurück. Zum Ankauf des Klinger-Werkes, das innerhalb von zehn Wochen sagenhafte 60.000 Besucher angezogen hatte, konnte sich die Stadt Wien nach dem Ende der Secessionsausstellung nicht entschließen. So wurde es an seinen Entstehungsort zurückgeschickt. Klingers Heimatstadt Leipzig brachte die damals unvorstellbare Honorarsumme von 250.000 Reichsmark auf (nach heutiger Kaufkraft über anderthalb Millionen Euro) und errichtete auf Geheiß des Künstlers einen neuen, apsisartigen Seitenflügel des Museums der bildenden Künste für die kultgemäße Aufstellung. Dafür spendete Klinger ein Fünftel seines Honorars zurück. Auch im (infolge von Kriegszerstörungen erforderlich gewordenen) Neubau dieses Museums hat *Beethoven* von Max Klinger – nach einem Intermezzo im Leipziger Gewandhaus – 2004 wieder einen exponierten Platz gefunden.

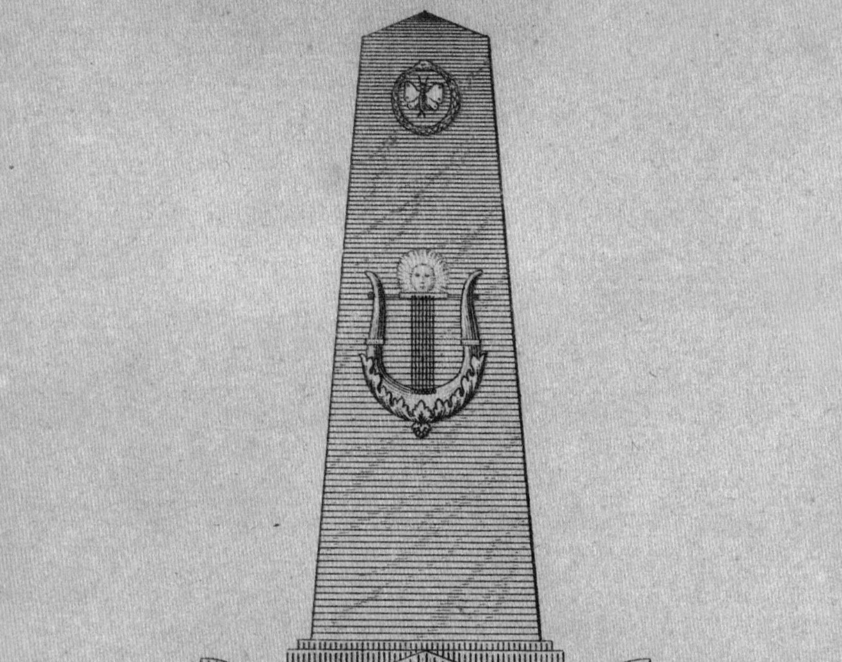

Beethoven's Grabstein
auf dem Währinger Friedhofe nächst Wien.

Ganze Höhe 11 Schuh 6 Zoll.

MYTHOS BEETHOVEN

◀
Beethovens Grabstein auf dem Währinger Ortsfriedhof (Grabstelle heute im „Schubert-Park"), um 1829. Anonymer Stich mit der Abbildung des von Ferdinand Schubert entworfenen Grabmales, das 1828 von Freunden und Verehrers Beethovens in Auftrag gegeben worden war. Es wurde mit der Umbettung der Gebeine 1888 für den Ehrenhain auf dem Wiener Zentralfriedhof nachgebildet.

Max Klingers Beethoven-Plastik und Gustav Klimts Beethoven-Fries waren Ergebnis und zugleich erneuter Impulsgeber eines ausgeprägten Beethoven-Mythos. Dessen spezielle Qualität erwuchs aus der Vielfalt offenkundiger, jedoch nicht vordergründig erklärbarer Widersprüche und Grenzüberschreitungen in Beethovens Leben, in seiner Kunst und im Verhältnis zwischen beiden.

Ihn als Vollender der Wiener Klassik zu verstehen, ist zwar mit Blick auf Haydn und Mozart legitim. Es verkennt aber, dass Beethoven viel mehr das Neuartige, das Ungehörte und damit Unerhörte, ja, das Umstürzlerische in der Musik suchte und fand. Eher stieß er etwas Neues an, als dass er etwas Altes abschloss. Dies haben bereits die Zeitgenossen (nicht etwa erst die Nachwelt) gespürt und wiederholt in Worte gefasst.

In der 1807/08 entstandenen *Fünften Sinfonie c-Moll* op. 67, der „Schicksalssinfonie", zerschlägt Beethoven mit dem berühmtesten, weil lapidarsten Motiv der Musikgeschichte die Stille der Anfangserwartung. Der Schriftsteller Ernst Theodor Amadeus („E. T. A.") Hoffmann (1776–1822) postulierte mit seiner Rezension dieses Werkes 1810 in der *Allgemeinen musikalischen Zeitung* nicht weniger als eine neue, eine romantische Musikästhetik.

Was sich bei Mozart angekündigt hat, setzt sich bei Beethoven mit Macht fort: eine ungeheure Individualisierung der musikalischen Sprache, die nahezu alle Gattungen erfasst. Hatte Haydn noch über 100 und Mozart etwa 40 Sinfonien komponiert, so sind es bei Beethoven nur neun. Es sind neun höchst unterschiedliche und eigenständige Einzelmonumente geworden, sodass kaum ein späterer

E. T. A. Hoffmann in der AmZ vom 4. und 7. Juli 1810 über Beethovens Fünfte Sinfonie: *Beethovens Musik bewegt die Hebel des Schauers, der Furcht, des Entsetzens, des Schmerzes, und erweckt jene unendliche Sehnsucht, die das Wesen der Romantik ist. Beethoven ist ein rein romantischer (und ebendeshalb ein wahrhaft musikalischer) Komponist … Er ist Haydn und Mozart ganz an die Seite zu stellen. Er trennt sein Ich von dem inneren Reich der Töne und gebietet darüber als unumschränkter Herr. … Tief im Gemüte trägt Beethoven die Romantik der Musik, die er mit hoher Genialität und Besonnenheit in seinen Werken ausspricht. Lebhafter hat der Rezensent dies nie gefühlt, als bei der vorliegenden Sinfonie, die in einem bis zum Ende fortschreitenden Klimax jene Romantik Beethovens mehr, als irgendein anderes seiner Werke entfaltet, und den Zuhörer unwiderstehlich fortreißt in das wundervolle Geisterreich des Unendlichen.*

Komponist von Sinfonien bis ins 20. Jahrhundert hinein es gewagt hat, diese Zahl zu überschreiten.

Nicht nur die musikalische Sprache an sich und die Stringenz ihrer Ausformung tragen in einer weiteren Perspektive zum Mythos Beethoven bei. Dass sich ein Komponist mit seiner Musik gleichsam an die gesamte Menschheit (die seinerzeit noch weitgehend fragmentiert und wenig vernetzt war) wendet, indem er übergreifende Themen wie Freiheit und Brüderlichkeit verhandelt und um der Klarheit der Botschaft willen Gesangstexte in einen dafür eigentlich nicht vorgesehenen instrumentalen Kontext zwingt, ist neu. Ein vergleichbarer Universalitätsanspruch mit vergleichbaren musikalischen Auswirkungen ist erst wieder bei Gustav Mahler zu finden.

Eine besondere Rolle spielt der Geniekult um Beethoven. Einen Komponisten als genial zu begreifen und anzuerkennen, war beispielsweise schon im Falle Händels oder Mozarts üblich. Bei Beethoven jedoch verband sich damit ein besonderes Persönlichkeitsbild, und zwar das des finster dreinblickenden, in höhere Sphären

Der große französische Schriftsteller Romain Rolland in seinem ersten Beethoven-Buch (1903): *Ein Armer, noch mehr: ein Unglücklicher, noch mehr: ein Einsamer, ein Kranker, noch mehr – der ganz Schmerz Gewordene, dem die Welt ihre Freude versagt, wird selbst zum Schöpfer der Freude und schenkt sie der Welt! Aus seinem Elend schmiedet er sie, stolz bekennt er es in dem Wort, das sein Leben zusammenfasst, in dem Wort, das jeder heroischen Seele zum Ziele leuchtet: Durch Leiden zur Freude.*

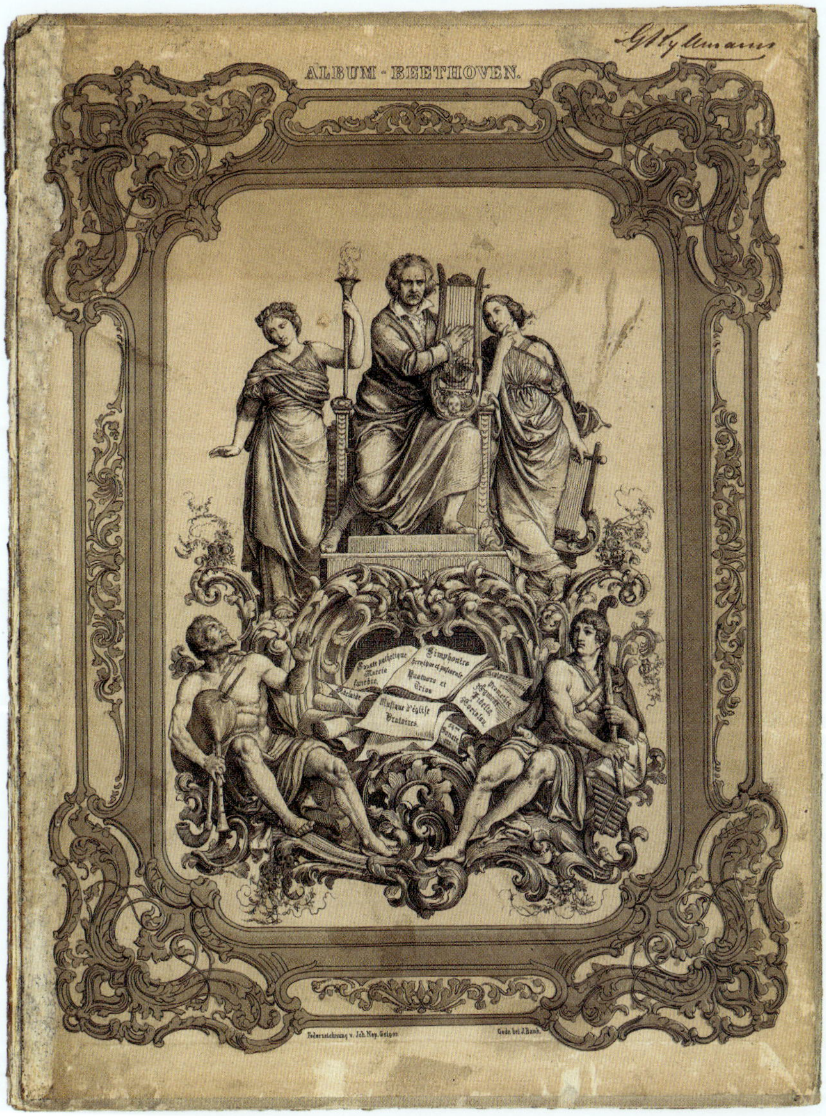

Peter Johann Nepomuk Geiger: Beethoven-Allegorie, Lithographie, 1842; Einband eines Albums mit Klavierstücken Beethovens und anderer Komponisten, Wien 1842

entrückten, sozial wenig kompetenten und soziale Normen verletzenden oder gar ignorierenden Einzelgängers. Hier handelt es sich allerdings um eine Überzeichnung, bei der beispielsweise Beethovens Kommunikationsfreude übersehen wird. Und da, wo dieses Bild stimmig scheint, geht es nicht zuletzt auf die gravierenden Folgen der unaufhaltsamen Ertaubung zurück.

Beethoven war gefeierter Pianist und gefeierter Komponist. Gleichzeitig litt er an einer für einen Musiker besonders schicksalhaften Krankheit: der fortschreitenden und schließlich vollständigen Gehörlosigkeit. Allein diese Konstellation, die er nach Art eines Helden zu bewältigen versuchte („ich will dem Schicksal in den Rachen

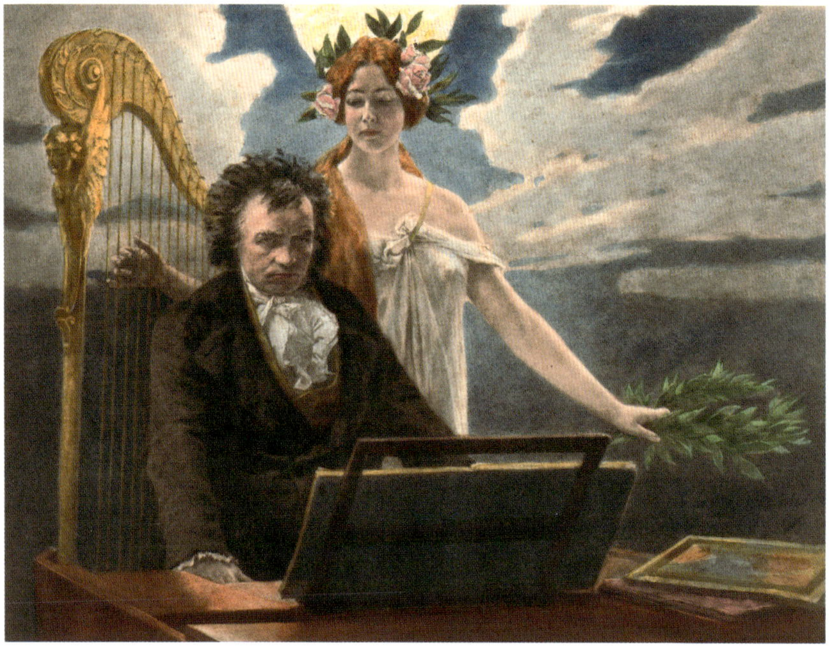

◄
Rudolf Eichstaedt: Beethoven und die Muse, Heliogravüre nach einem Gemälde aus der Zeit um 1901. Die Allegorie zeigt hinter Beethoven am Flügel eine in ein antikisches Gewand gekleidete junge Frau mit Lorbeerkranz und Blüten im Haar. Sie greift mit der rechten Hand in die Saiten einer Standharfe und hält in der Linken einen weiteren Lorbeerkranz. Damit gibt sie sich als Personifikation der musikalischen Inspiration und des Ruhmes zu erkennen.

greifen"), wirkt sich hochgradig mythosbildend aus. Doch nicht alle Komplikationen, die er im Kontakt mit Menschen verschiedenster Art auslöste, lassen sich damit erklären. Hier kommt Beethovens überaus narzisstische Persönlichkeitsstruktur ins Spiel, die ihm bei der Durchsetzung seiner Ziele sowohl von Nutzen sein als auch im Wege stehen konnte. Auch sie, die genialen Künstlern traditionell eher zugestanden wird als dem gewöhnlichen Mann auf der Straße, schließt den Kreis zum Mythos vom Genie Beethoven.

Heute gilt Beethoven als Paradigma eines Genies weit über die Musik hinaus. So können selbst Repräsentanten anderer Künste oder Wissenschaftler als Genie „wie Beethoven" charakterisiert werden, um ihre Leistung, ihr Verdienst oder ihre Originalität als fraglos außergewöhnlich zu kennzeichnen.

Ein Komponist, der unverheiratet geblieben ist, begründet allein deshalb noch keinen Mythos (zu denken wäre hier z. B. an Händel oder Schubert). Dies ändert sich allerdings, wenn – wie bei Beethoven – der Betreffende eine „unsterbliche Geliebte" sein eigen nennt, wenn er dies in einem ebenso ergreifenden wie erschütternden Liebesbrief niederlegt, aus dem die Perspektivlosigkeit dieser Liebe hervorgeht. Wenn überdies unklar ist, ob dieser Brief jemals seine Empfängerin erreicht hat, und wenn Generationen von Forschern der Frage nachgehen, an wen er sich tatsächlich richtet, dann ist gar ein Überschuss an mythoszeugendem Potenzial angehäuft.

Mit dem Wechsel von Bonn nach Wien bereitete Beethoven – ohne es zunächst zu wollen – den Schritt in die Selbständigkeit vor. Obwohl er anschließend bis zuletzt eine feste höfische Anstellung anstrebte, wurde er einer der ersten Komponisten von Rang, der unternehmerisch erfolgreich war und mittels mäzenatischer Unter-

►
Joseph Adolf Lang: Beethoven in den Wolken thronend, Aquatinta-Radierung, 1905

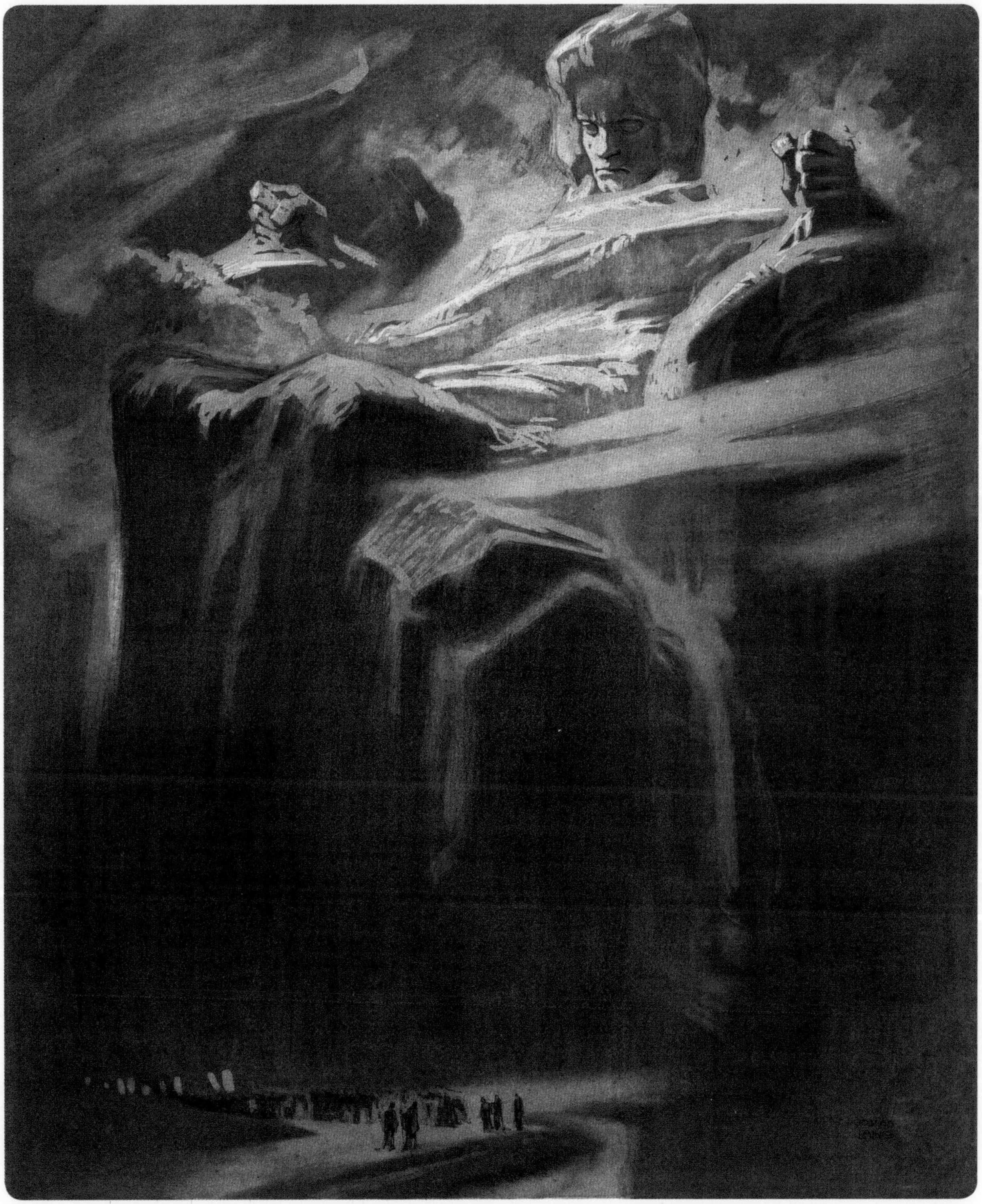

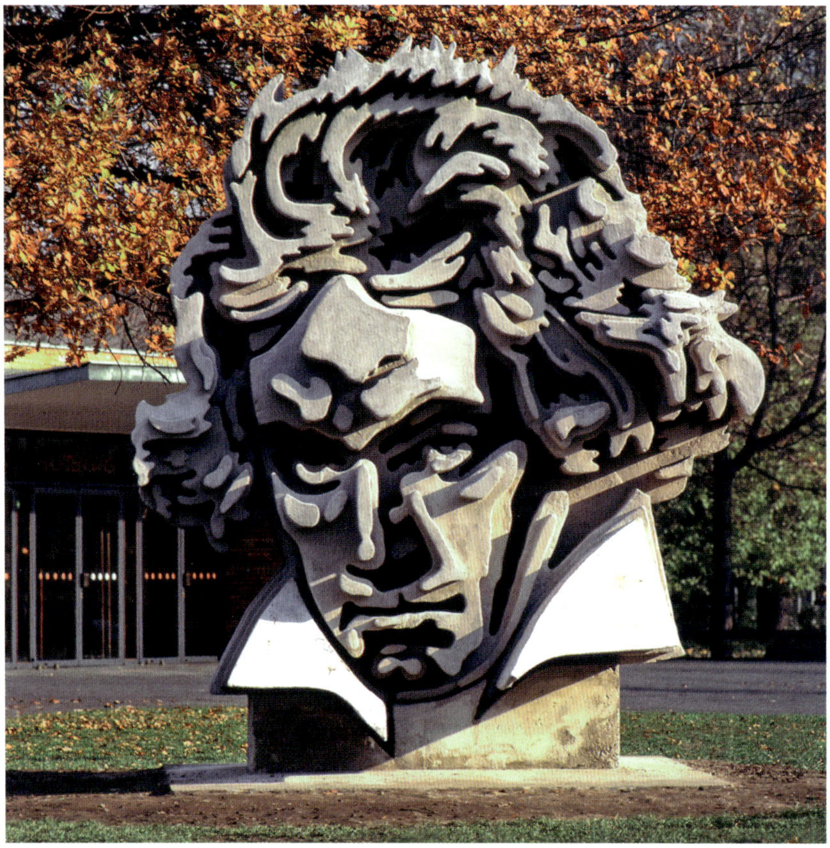

◀ *Klaus Kammerichs: Beethoven-Denkmal „Beethon" vor der Bonner Beethovenhalle, Beton mit Eisenarmierung und acrylversiegelter Oberfläche (Höhe ca. 3,20 m), 1986. Ausgangspunkt ist das Beethoven-Porträt von Joseph Karl Stieler (1820). Als „Augentäuschungsskulptur" angelegt, lässt Kammerichs' Denkmal den Kopf Beethovens erst mit einem gewissen Abstand erkennen. Aus der Nähe scheinen nur einzelne Strukturen – und noch kein „Mythos Beethoven" – wahrnehmbar.*

stützung von seiner Kunst leben konnte. Dies konnte Beethoven nur erreichen, weil ihn die meisten Zeitgenossen weit über Wien hinaus als Star vergötterten. Nicht allein sein wahlweise bewunderter oder belächelter Habitus, sondern die exzeptionelle Qualität seiner Musik (und seines Klavierspiels) machte dies möglich. All diese Aspekte führten dazu, dass Beethoven wie wohl kein anderer Musiker auch die Schriftsteller (neben den bildenden Künstlern) inspiriert hat. Lew Tolstoi, Rainer Maria Rilke, Marcel Proust, Thomas Mann oder Milan Kundera fügten ihn in Romanen oder Novellen ein – in der Regel unter Umgehung seines Namens. Damit problematisierten und beförderten sie zugleich seinen Mythos.

Jede Generation prägt ihr eigenes Verhältnis zu Beethoven, zur Interpretation und zur Rezeption seiner Werke aus. Doch er bleibt ein Mythos. Alle wiederkehrenden Versuche einer Entmythologisierung werden daran nichts ändern. Seine Musik ist ebenso einzigartig, erhebend und verstörend wie der Mensch, der sie hervorgebracht hat.

DER AUTOR

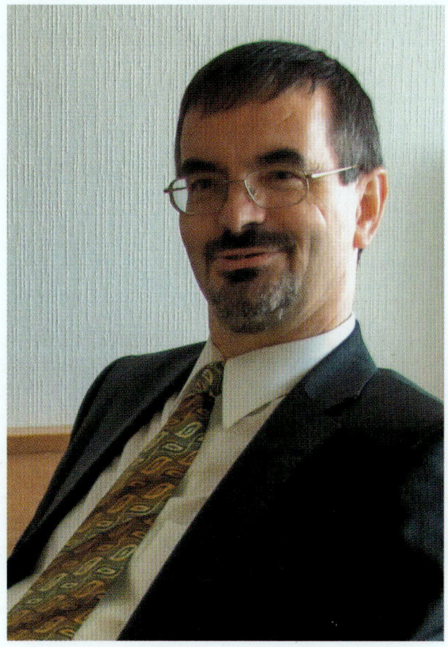

Michael Märker (geb. 1956 in Radebeul) wuchs in Eisenach auf. Er studierte von 1975 bis 1980 Musikwissenschaft und lehrte zunächst als wissenschaftlicher Assistent, später als Dozent bis 1998 an der Universität Leipzig, deren Institut für Musikwissenschaft und Musikpädagogik er 1992/93 leitete. Seine Promotion (1984) ging kompositionstechnischen Fragen bei Johann Sebastian Bach nach; die Habilitation (1990) befasste sich mit der Geschichte der protestantischen Kirchenmusik im 17. und 18. Jahrhundert. Zusätzlich nahm Märker von 1990 bis 1999 Lehraufträge zur Musikgeschichte und Musikästhetik an der Hochschule für Musik und Theater „Felix Mendelssohn Bartholdy" in Leipzig sowie an der Evangelischen Hochschule für Kirchenmusik in Halle (Saale) wahr. Er schrieb zudem zahlreiche Einführungstexte für das Gewandhaus Leipzig, den Mitteldeutschen Rundfunk und andere Konzertveranstalter bzw. CD-Produzenten sowie Musikrezensionen. Nach Ablauf der Befristung seiner Universitätsdozentur wechselte Märker den Hauptberuf und war ab 1999 an einer Privatbank im Raum Mainz/Wiesbaden Spezialberater für Investments sowie Filialdirektor. Daneben setzte er seine Publikations-, Editions- und Vortragstätigkeit fort und leitete spezielle Kultur- und Musikreisen. Seit 2013 ist er ausschließlich freiberuflich tätig.

LITERATURHINWEISE

Werkausgabe und Werkverzeichnis:
Neue Beethoven-Gesamtausgabe in voraussichtlich 56 Bänden, herausgegeben vom Beethoven-Hans Bonn, München und Duisburg seit 1961
Ludwig van Beethoven. Thematisch-bibliographisches Werkverzeichnis, bearbeitet von Kurt Dorfmüller, Norbert Gertsch und Julia Ronge unter Mitarbeit von Gertraut Haberkamp und dem Beethoven-Haus Bonn, revidierte und wesentlich erweiterte Neuausgabe des Verzeichnisses von Georg Kinsky und Hans Halm, 2 Bände, München 2014

Dokumente und Sammelbände:
Ludwig van Beethoven. Briefwechsel. Gesamtausgabe, hrsg. von Sieghard Brandenburg, 7 Bände, München 1996–1998 (Band 8: Nichtbriefliche Dokumente, in Vorbereitung)
Ludwig van Beethovens Konversationshefte, hrsg. von Dagmar Beck, Grita Herre und Karl-Heinz Köhler, 11 Bände, Leipzig 1972–2001
Bonner Beethoven-Studien (= Veröffentlichungen des Beethoven-Hauses Bonn, Reihe 5), 12 Bände, Bonn 1999–2016

Gesamtdarstellungen:
Albrecht Riethmüller (Hrsg.): *Das Beethoven-Handbuch*, Laaber 2008–2019: 1. *Beethovens Orchesterwerke und Konzerte* (2012); 2. *Beethovens Klavierwerke* (2012); 3. *Beethovens Kammermusik* (2014); 4. *Beethovens Vokalmusik und Bühnenwerke* (2014); 5. *Beethovens Welt* (2019); 6. *Das Beethoven-Lexikon* (2008)
Sven Hiemke (Hrsg.): *Beethoven-Handbuch*, Kassel 2009
Jan Caeyers: *Beethoven. Der einsame Revolutionär. Eine Biographie*, München 2012
Martin Geck: *Beethoven. Der Schöpfer und sein Universum*, München 2017
Eleonore Büning: *Sprechen wir über Beethoven. Ein Musikverführer*, Salzburg/München 2018

ABBILDUNGSNACHWEIS

S. 6 Beethoven-Haus Bonn, B 983
S. 8 Thomas Wolf, www.foto-tw.de – eigenes Werk, CC BY-SA 3.0 de, https://commons.wikimedia.org/w/index.php?curid=26232243
S. 9 Beethoven-Haus Bonn
S. 10 Beethoven-Haus Bonn, B 2242
S. 12 Stadtmuseum Bonn
S. 14 http://www.portraitindex.de/documents/obj/33206189, gemeinfrei, https://commons.wikimedia.org/w/index.php?curid=8542488
S. 15 © Rheinisches Bildarchiv, rba_c005846
S. 16 Beethoven-Haus Bonn, B 2369
S. 17 akg-images, akg 762
S. 20 Beethoven-Haus Bonn, B 2125
S. 22 Beethoven-Haus Bonn, B 1
S. 23 Beethoven-Haus Bonn, B 962
S. 24 Holger Uwe Schmitt – own work, CC BY-SA 4.0, https://commons.wikimedia.org/w/index.php?curid=46407179
S. 26 Kunsthistorisches Museum Wien, Bilddatenbank, gemeinfrei, https://commons.wikimedia.org/w/index.php?curid=637565
S. 29 Beethoven-Haus Bonn, B 2262
S. 31 Gugerell – own work, CC0, https://commons.wikimedia.org/w/index.php?curid=43278726
S. 32 Haydn-Haus, Eisenstadt
S. 34/li Leopold Kupelwieser – http://www.oel-bild.de/Bilder/Johann-Georg-Albrechtsberger.jpg, gemeinfrei, https://commons.wikimedia.org/w/index.php?curid=840061
S. 34/re Willibrord Joseph Mähler – Sammlungen der Gesellschaft der Musikfreunde, gemeinfrei, https://commons.wikimedia.org/w/index.php?curid=5312393
S. 35 Beethoven-Haus Bonn, W 161
S. 36 Beethoven-Haus Bonn, NE 81, Band I, Nr. 156
S. 38 akg-images, akg 7827
S. 41 akg-images, akg 125171
S. 42 akg-images, akg 89799
S. 43 akg-images, akg 1684021
S. 44 akg-images, akg 379839
S. 45 akg-images, akg 250402
S. 46/li Johann Baptist von Lampi – gemeinfrei, https://commons.wikimedia.org/w/index.php?curid=60888
S. 46/re akg-images, akg 2040223
S. 48 Welleschik – eigenes Werk, CC BY-SA 3.0, https://commons.wikimedia.org/w/index.php?curid=4048261
S. 50 Beethoven-Haus Bonn, R 2
S. 52 Beethoven-Haus Bonn, Sammlung H. C. Bodmer, HCB Bi 1
S. 53/o Bwag – eigenes Werk, CC BY-SA 4.0, https://commons.wikimedia.org/w/index.php?curid=70175334
S. 53/u akg-images, akg 2412334
S. 57 © WIEN MUSEUM
S. 58 Gemeinfrei, https://commons.wikimedia.org/w/index.php?curid=817721
S. 60/o HeinzLW – eigenes Werk, CC BY-SA 3.0 at, https://commons.wikimedia.org/w/index.php?curid=21136142
S. 60/u Beethoven-Haus Bonn, NE 81, Bd. VIII, Nr. 31
S. 61/o akg-images, akg 5693259
S. 61/u Jacques-Louis David – wartburg.edu, gemeinfrei, https://commons.wikimedia.org/w/index.php?curid=5719207
S. 62 akg-images, akg 379839
S. 63/li Beethoven-Haus Bonn, B 1925
S. 63/re akg-images, akg 127686
S. 64 akg-images, akg 158446
S. 66/o akg-images, akg 286561
S. 66/u bpk / Museum der bildenden Künste, Leipzig
S. 67 Heinrich Christoph Kolbe – Der ursprünglich hochladende Benutzer war Hajotthu in der Wikipedia auf Deutsch, gemeinfrei, https://commons.wikimedia.org/w/index.php?curid=44308179
S. 69 Beethoven-Haus Bonn, Mö 1
S. 70 Beethoven-Haus Bonn, B 475
S. 73 Beethoven-Haus Bonn, B 206
S. 74 Beethoven-Haus Bonn, B 489
S. 75 Beethoven-Haus Bonn, B 486/b
S. 76 Beethoven-Haus Bonn, Sammlung H. C. Bodmer, NE 81, Band III, Nr. 570
S. 77 Joseph Willibrord Mähler – Übertragen aus de.wikipedia nach Commons durch 2T mithilfe des CommonsHelper. (24. Juni 2009 (original upload date)). Original uploader was Geheimnisforscher at de.wikipedia. (Originaltext: gemeinfrei), gemeinfrei, https://commons.wikimedia.org/w/index.php?curid=10659834
S. 78 Beethoven-Haus Bonn, B 254
S. 81 Beethoven-Haus Bonn, NE 150
S. 84 Beethoven-Haus Bonn, B 2941
S. 86/li Friedrich Wilhelm Bollinger – Dieses Bild stammt aus der Digitalen Bibliothek Gallica und ist verfügbar unter der ID btv1b8416412s, gemeinfrei, https://commons.wikimedia.org/w/index.php?curid=47447691

S. 86/re akg-images, akg 2193443
S. 87/li Beethoven-Haus Bonn, B 2121
S. 87/re Druckerei Wiener Hoftheater – Papiervorlage von 1814, gemeinfrei, https://commons.wikimedia.org/w/index.php?curid=19287651
S. 87/u akg-images, akg 638376
S. 88 akg-images, akg 906
S. 89 Archiv der Staatstheater Dresden, Klaus Gigga
S. 90 Beethoven-Haus Bonn, B 2315
S. 92 akg-images, akg 79332
S. 93 akg-images, akg 4615463
S. 94 akg-images, akg 452227
S. 95 Beethoven-Haus Bonn, B 2388
S. 96 Beethoven-Haus Bonn, B 204/a
S. 98 akg-images, akg 5713450
S. 99 Beethoven-Haus Bonn, B 1461
S. 100 Beethoven-Haus Bonn, B 1452
S. 101 Beethoven-Haus Bonn, Sammlung H. C. Bodmer, BBi 3/20
S. 102/o Beethoven-Haus Bonn, B 2958
S. 102/u akg-images, akg 69146
S. 103 akg-images, akg 184967
S. 104 akg-images, akg 462031
S. 106 Ferdinand Schimon – Dresden, Städtische Galerie, Public Domain, https://commons.wikimedia.org/w/index.php?curid=56845859
S. 108 Beethoven-Haus Bonn, BH 56
S. 109 akg-images, akg 5708865
S. 110 Joseph Karl Stieler – http://www.fraunhofer.de/archiv/presseinfos/pflege.zv.fhg.de/german/press/pi/pi2002/08/md_fo6a.html, gemeinfrei, https://commons.wikimedia.org/w/index.php?curid=165990
S. 112 akg-images, akg 112515
S. 113 akg-images, akg 69686
S. 114 Beethoven-Haus Bonn, NE 81, Bd. VI, Nr. 1005
S. 116 akg-images, akg 719
S. 118 bpk / Staatsbibliothek zu Berlin
S. 119 Beethoven-Haus Bonn, B 2122
S. 120 Franz Krüger – gemeinfrei, https://commons.wikimedia.org/w/index.php?curid=620845
S. 122 © WIEN MUSEUM
S. 124 Beethoven-Haus Bonn, B 45/a
S. 125 Beethoven-Haus Bonn, Mö 2
S. 126 © WIEN MUSEUM
S. 127 Beethoven-Haus Bonn, B 1932
S. 129 Beethoven-Haus Bonn, B 209
S. 130 bpk / Museum der bildenden Künste, Leipzig / Michael Ehritt
S. 132 akg-images, akg 2125710
S. 134 Beethoven-Haus Bonn, B 1481
S. 137 Beethoven-Haus Bonn, C 252 / 38
S. 138 Beethoven-Haus Bonn, B 389
S. 139 Beethoven-Haus Bonn, B 865
S. 140 Foto Michael Sondermann / Urheber Klaus Kammerichs
Cover Beethoven-Haus Bonn, B 1025a

In wenigen Fällen gelang es nicht, die Urheber bzw. Rechteinhaber ausfindig zu machen. Wir bitten diejenigen, die Rechte geltend machen können, sich mit dem Verlag in Verbindung zu setzen.

Johannes Forner

Ludwig van Beethoven

Die Klaviersonaten. Betrachtungen zu Werk und Gestalt

Allgemein verständliche Einführung in das umfangreiche Klaviersonatenschaffen Beethovens. Enthält auch die oftmals übergangenen drei „Kurfürstensonaten" aus Beethovens Kindheit!

Mit diesem Buch liegt eine allgemein verständliche Gesamtschau des Klaviersonatenschaffens Beethovens vor. Es möchte die Freunde Beethovenscher Klaviersonaten und all jene, die es werden wollen, erreichen – Spielende ebenso wie nur Hörende, Studierende an den Musikhochschulen ebenso wie die heranwachsende, an klassischer Musik interessierte Generation in den Musikschulen und im Bereich des Privatunterrichts, nicht zuletzt die Klavierlehrer und Musikpädagogen.

Johannes Forner, Musikwissenschaftler und einer der profundesten Kenner des Beethovenschen Werkes, hat Vorlesungen zu diesem Thema an der Hochschule für Musik und Theater „Felix Mendelssohn Bartholdy" Leipzig gehalten und das ehrgeizige Projekt des Leipziger Pianisten Alexander Meinel, der von 1999 bis 2002 alle 32 Klaviersonaten mit Opuszahlen zunächst im erzgebirgischen Schneeberg, später auch in Leipzig mit viel Erfolg interpretiert hat, wissenschaftlich begleitet. In das Buch bezieht er auch die drei meist übergangenen „Kurfürstensonaten" (WoO 47) aus Beethovens Bonner Kindheit mit ein. So spannt sich ein Bogen von 1783 bis 1822, von den ersten Anfängen bis zur letzten Sonate op. 111. Notenbeispiele auf aktuellem wissenschaftlichem Stand veranschaulichen die Erläuterungen.

Ein Glossar im Anhang gibt kurze Informationen zu wichtigen Fachbegriffen, und eine Zeittafel dient der Einordnung des Klaviersonatenschaffens in die Biographie Beethovens.

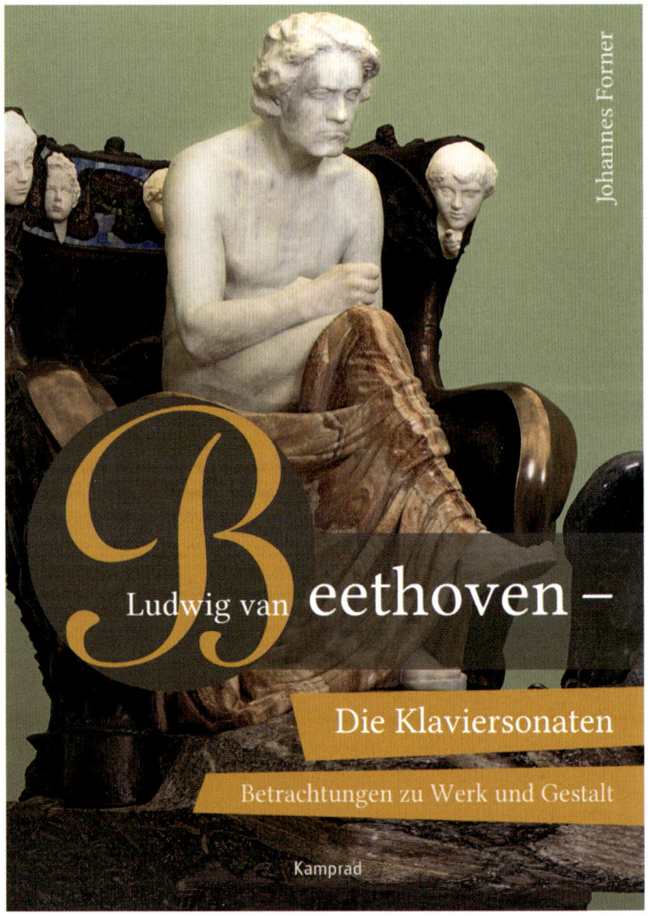

Festeinband
Format (B x H): 17 x 24 cm
180 Seiten
ca. 140 Abbildungen und Notenbeispiele einfarbig
ISBN: 978-3-930550-83-8
24,80 €

Bestellung unter:
Verlag Klaus-Jürgen Kamprad
Theo-Neubauer-Straße 7 • 04600 Altenburg
Tel.: 03447-375610 • www.vkjk.de